今注本二十四史

漢書

漢 班固 撰 唐 顏師古 注

孫曉 主持校注

中國社會科學出版社

八 志〔二〕

漢書　卷二一下

律歷志第一下[1]

[1]【今注】案，《漢書·律歷志》共分上、下兩卷，這兩卷的結構和分工如下：上卷的前半部分記載樂律音階和原理，以及長度、重量、容積等的量度單位。上卷的後半部分爲曆議，論述曆法的起源、發展歷史和曆法中的一些基本數據的來歷，以及與音樂、爻象的關係等。下卷爲《三統曆》的曆法，也叫曆術，共分統母、紀母、五步、統術、紀術、歲術、世經七目。

統母。[1]日法八十一。[2]元始黃鐘初九自乘，一龠之數，得日法。閏法十九，因爲章歲。合天地終數，[3]得閏法。[4]統法一千五百三十九。[5]以閏法乘日法，得統法。[6]元法四千六百一十七。參統法，得元法。[7]會數四十七。參天九，兩地十，得會數。[8]章月二百三十五。五位乘會數，得章月。月法二千三百九十二。[9]推大衍象，得月法。[10]通法五百九十八。四分月法，得通法。[11]中法十四萬五百三十。以章月乘通法，得中法。[12]周天五十六萬二千一百二十。以章月乘月法，得周天。[13]歲中十二。以三統乘四時，得歲中。[14]月周二百五十四。以章月加閏法，得月周。[15]朔望之會

百三十五。[16] 參天數二十五，兩地數三十，得朔望之
會。[17] 會月六千三百四十五。以會數乘朔望之會，得
會月。[18] 統月一萬九千三十五。[19] 參會月，得統月。[20]
元月五萬七千一百五。參統月，得元月。[21] 章中二百
二十八。以閏法乘歲中，得章中。[22] 統中一萬八千四
百六十八。以日法乘章中，得統中。[23] 元中五萬五千
四百四。參統中，得元中。[24] 策餘八千八十。什乘元
中，以減周天，得策餘。[25] 周至五十七。參閏法，得
周至。[26]

[1]【今注】統母：即三統術的母數，主要是指推算太陽、月
亮運動位置以及年、月、日、時的一些基本數據。

[2]【顏注】孟康曰：分一日爲八十一分，爲三統之本母也。
【今注】日法：一日的時間單位，定爲八十一分。《三統曆》的一
分，相當於現今的 17.7 分鐘。古代曆法中又有朔日法和氣日法之
別。《三統曆》以一個朔望月爲 $29\frac{43}{81}$ 日，故這個八十一分又稱爲朔

日法。而一歲的日數 $= 12\frac{7}{19}$ 月 $= 365\frac{385}{1539}$ 日，這個分母 1539 即爲氣
日法。

[3]【今注】合天地終數：等於天地終數九、十之和。

[4]【今注】閏法：即閏周，中國古代曆法，在南齊改用《大
明曆》以前，一直使用十九年七閏的閏周。

[5]【今注】案，蔡琪本、大德本無"一"字。

[6]【今注】統法：一統的歲數。由於要求一統之後的合朔冬
至又回到同一時刻，沒有零數，故以閏法乘日法得統法。

[7]【今注】參統法得元法：爲了使冬至合朔之日的干支也回
到同一干支，所以，需要將一統歲數乘以三，稱之爲三統爲一元。

[8]【今注】會數：日月交會的分數，也是日月交會的大周期與小周期的倍數：6345÷135＝47。

[9]【今注】章月：一章的總月數。一章十九年中，有總月數爲：12×19+7＝235。其中七爲一章中的閏月數。

[10]【今注】月法：一個月的分數 $29\frac{43}{81}=\frac{2392}{81}$，其分數 2392 稱爲月法。

[11]【今注】通法：通法即弦法。一個朔望月分爲四弦：合朔至上弦，上弦至滿月，滿月至下弦，下弦至合朔。故四分月法爲通法。

[12]【今注】中法：章月乘通法得中法，爲一章歲中總月分的四分之一。

[13]【今注】周天：天球大圓的總分數。太陽在黄道上運行一周爲 $365\frac{385}{1539}$ 日，相當於太陽運行一周所經過的圓周長 $365\frac{385}{1539}$ 度。它的總分數爲 562120。

[14]【今注】歲中：一歲的中氣數。

[15]【今注】月周：在一章歲期間，月亮運行的周數。

[16]【今注】案，蔡琪本、大德本、殿本“百”前有“一”字。

[17]【今注】朔望之會：日月交會的周期。一百三十五月中，發生日月食二十三次。

[18]【今注】會月：日月交會的大周期。六千三百四十五月（五百一十三年）發生交食一千零八十一次。即 47×135＝6345。

[19]【今注】案，蔡琪本、殿本無“一”字。

[20]【今注】統月：一統的月數。

[21]【今注】元月：一元的月數。

[22]【今注】章中：一章的中氣數。

[23]【今注】統中：一統的中氣數。

［24］【今注】元中：一元的中氣數。

［25］【今注】策餘：即一歲中三百六十日剩下的餘分。由於一乾卦和坤卦合計爲三百六十策，故借以爲名。此處的什字即十。

［26］【今注】周至：冬至合朔相會的大周期五十七歲。

統母。[1]木金相乘爲十二，是爲歲星小周。小周乘《巛》策，爲千七百二十八，是爲歲星歲數。[2]見中分二萬七百三十六。[3]積中十三，中餘百五十七。[4]見中法一千五百八十三。[5]見數也。見閏分萬二千九十六。[6]積月十三，月餘一萬五千七十九。[7]見月法三萬七十七。[8]見中日法七百三十萬八千七百一十一。[9]見月日法二百四十三萬六千二百三十七。[10]

［1］【今注】統母：紀術的母數，爲三統曆法的第二目。紀術是計算五星運動的方法。它的母數，每顆星各有一組，以下按不同行星分別介紹它們的母數。

［2］【今注】案，“木金相乘爲十二”至“歲星歲數”所述是據河圖之數，木三乘金四得十二。爲歲星的小周，即木星在恒星間運行一周所需的歲數。坤策爲一百四十四，與小周相乘，得一千七百二十八，爲《三統曆》歲星運行的大周期。又，殿本“千”前有“一”字。

［3］【今注】見中分：木星在一個大周期中經過的中氣數。1728×12＝20736。

［4］【今注】積中十三中餘百五十七：行星每出現一次所經過的中氣整數，其分數部分稱爲中餘。用見中法去除見中分，其整數商稱爲積中，餘數稱爲中餘。就木星而言，用一千五百八十三去除二萬零七百三十六，得十三又一千五百八十三分之一百五十七，其

中十三爲積中，一百五十七爲中餘。其他行星類推。

[5]【今注】見中法：行星在一個大周期中出現的次數，如木星在一千七百二十八年中出現一千五百八十三次。 案，蔡琪本、大德本無“一”字。

[6]【今注】見閏分：某行星在一個大周期中所積累的閏分，以章月減章中乘以歲數而得，如木星的見閏分爲：（235－228）×1728＝12096。

[7]【今注】積月十三月餘一萬五千七十九：行星每出現一次所經過的整數月稱爲積月，其分數部分稱爲月餘。以章中乘歲數，再加見閏分，再除以見月法，其整數商稱爲積月，餘數爲月餘。對木星而言，以二百二十八乘一千七百二十八，加一萬二千零九十六，得四十萬六千零八十，再除以三萬零七十七，得十三萬又三萬零七十七分之一萬五千零七十九，其中十三爲積月，一萬五千零七十九爲月餘。案，蔡琪本、大德本無“一”字。

[8]【今注】見月法：行星的一個大周期所包含的閏法。以閏法乘見中法而得。19×1583＝30077。

[9]【今注】見中日法：日法乘周至乘見中法得見中日法。81×57×1583＝7308711。

[10]【今注】見月日法：日法乘見月法得見月日法。81×30077＝2436237。

金火相乘爲八，又以火乘之爲十六而小復。小復乘《乾》策，爲三千四百五十六，是爲太白歲數。[1]見中分四萬一千四百七十二。[2]積中十九，中餘四百一十三。[3]見中法二千一百六十一。[4]復數。見閏分二萬四千一百九十二。[5]積月十九，月餘三萬二千二十九。[6]見月法四萬一千五十九。[7]晨中分二萬三千三百二十八。[8]積中七，中餘千七百一十八。[9]夕中分一萬八千一百四十四。^[10]積中八，中餘八百五十六。^[11]晨閏分萬三千六百八。^[12]積月十一，月餘五千一百九十一。^[13]夕閏分萬五百八十四。^[14]積月八，月餘二萬六千八百四十八。^[15]見中日法九百九十七萬七千三百三十七。^[16]見月日法三百三十二萬五千七百七十九。^[17]

[1]【今注】案，"金火相乘爲八"至"是爲太白歲數"所述，據河圖之數，金四火二，故相乘爲八。又以火乘之爲十六而小復；再以火二相乘爲十六，而得到運行十周的小周期（金星的會合周期爲十六年行十周）。由於金星或於早晨，或於傍晚各出現一次，故祇稱復而不稱見。木乘《坤》策、金乘《乾》策，木三爲陽性，當以陰性《坤》策一百四十四相配；金四爲陰性，當以陽性《乾》策二百一十六相配。16×216＝3456，爲太白歲數，即大周。

[2]【今注】見中分：如歲星法，12×3456＝41472。

[3]【今注】案，如歲星法，41472÷2161＝19 $\frac{413}{2161}$，故曰積中十九，中餘四百一十三。

[4]【今注】見中法：金星在三千四百五十六年的大周期中，分別於早晚各出現二千一百六十一次。

[5]【今注】見閏分：二百三十五減去二百二十八，再乘三千四百五十六，得見閏分二萬四千一百九十二。

[6]【今注】積月十九月餘三萬二千二十九：以二百二十八乘三千四百五十六，加二萬四千一百九十二，得八十一萬二千一百六十，再除以四萬一千零五十九，得十九又四萬一千零五十九分之三萬二千零三十九。分別爲積月和月餘。案，二十九，大德本、殿本作"三十九"。

[7]【今注】見月法：以十九乘以二千一百六十一，得見月法四萬一千零五十九。

〔8〕【今注】晨中分：因金星的晨見率爲十六分之九，故將四萬一千四百七十二乘十六分之九，便得晨中分二萬三千三百二十八。

〔9〕【今注】積中七中餘千七百一十八：此爲晨見之積中和中餘。將二萬三千三百二十八，除以二千一百六十一，得十又二千一百六十一分之一千七百一十八，故得十爲積中，一千七百一十八爲中餘。案，積中七，大德本、殿本誤作"積中十"。

〔10〕【今注】夕中分：金星的夕見率爲十六分之七，故將四萬一千四百七十二與之相乘而得夕見分一萬八千一百四十四。案，一萬，蔡琪本、大德本、殿本作"萬"。

〔11〕【今注】積中八中餘八百五十六：此爲夕見之積中和中餘。將夕中分除以見中法，得：$18144÷2161=8\frac{856}{2161}$。故得積中八，中餘八百五十六。

〔12〕【今注】晨閏分：以十六分之九乘見閏分，得晨閏分。$24192×\frac{9}{16}=13608$。

〔13〕【今注】積月十一月餘五千一百九十一：此爲晨見的積月和月餘。以章中乘歲數，再乘晨見率，加晨閏分，再除以見日法而得。$(228×3456×\frac{9}{16}+13608)÷41059=11\frac{5191}{41059}$，故曰積月十一，月餘五千一百九十。

〔14〕【今注】夕閏分：金星夕見率爲十六分之七，見閏分乘十六分之七而得夕閏分。$24192×\frac{7}{16}=10584$。

〔15〕【今注】積月八月餘二萬六千八百四十八：此爲夕見之積月和月餘。以章中乘歲數再乘夕見率，加夕閏分，再除以見月法而得：$(228×3456×\frac{7}{16}+10584)÷41059=8\frac{26848}{41059}$。故得積月八，月

餘二萬六千八百四十八。

[16]【今注】見中日法：同歲星紀母，以八十一乘五十七，再以二千一百六十二減一後相乘，而得見中日法：81×57×（2162−1）= 9977337。

[17]【今注】見月日法：以日法八十一，乘以見月法四萬一千零五十九，得見月日法三百三十二萬五千七百七十九。

土木相乘而合經緯爲三十，是爲鎮星小周。小周乘《巛》策，爲四千三百二十，是爲鎮星歲數。[1]見中分五萬一千八百四十。[2]積中十二，中餘一千七百四十。[3]見中法四千一百七十五。見數也。[4]見閏分三萬二百四十。[5]積月十二，月餘六萬三千三百。[6]見月法七萬九千三百二十五。[7]見中日法一千九百二十七萬五千九百七十五。[8]見月日法六百四十二萬五千三百二十五。[9]

[1]【今注】案，按河圖陰陽數，木爲三、土爲五，三與五相乘，又經緯相合而得三十，爲土星的小周，即土星的恒星周期。土星爲陽數，對應於陰策，故乘《坤》策一百四十四，得四千三百二十，爲鎮星的大周期，稱爲鎮星歲數。

[2]【今注】見中分：將歲數四千三百二十乘以歲中十二，得五萬一千八百四十，爲見中分。

[3]【今注】積中十二中餘一千七百四十：以土星大周的見數四千一百七十五去除五萬一千八百四十，得十二又四千一百七十五分之一千七百四十，故十二爲積中，一千七百四十爲中餘。案，十二，大德本作“十一”；蔡琪本、大德本無“一”字。

[4]【今注】見中法：土星在四千三百二十年的大周期中，出

現四千一百七十五次。稱爲見中法，也即見到的次數。

　　[5]【今注】見閏分：以二百三十五月減去二百二十八月，再乘四千三百二十，得見閏分。

　　[6]【今注】積月、月餘：以二百二十八乘四千三百二十，加三萬零二百四十，得一百零一萬五千二百，再除以七萬九千三百二十五，得 $12\frac{63300}{79325}$，故十二爲積月，月餘爲六萬三千三百。

　　[7]【今注】見月法：十九乘四千一百七十五得見月法七萬九千三百二十五。爲土星一個大周期所含閏法。

　　[8]【今注】見中日法：日法八十一乘周至五十七，再乘見數四千一百七十五，得見中日法：$81×57×4175＝19275975$。案，蔡琪本、大德本無“一”字。

　　[9]【今注】見月日法：以日法八十一，乘見月法七萬九千三百二十五，得見月日法六百四十二萬五千三百二十五。

　　火經特成，故二歲而過初，[1]三十二過初爲六十四歲而小周。[2]小周乘《乾》策，則太陽大周，爲一萬三千八百二十四歲，是爲熒惑歲數。[3]見中分十六萬五千八百八十八。[4]積中二十五，中餘四千一百六十三。[5]見中法六千四百六十九。見數也。[6]見閏分九萬六千七百六十八。[7]積月二十六，月餘五萬二千九百五十四。[8]見月法一十二萬二千九百一十一。[9]見中日法二千九百八十六萬七千三百七十三。[10]見月日法九百九十五萬五千七百九十一。[11]

　　[1]【今注】火經特成故二歲而過初：火星運行有特點，它繞行一周不到兩年。

[2]【今注】三十二過初爲六十四歲而小周：經過六十四歲繞行三十四周而完成一個小周。

[3]【今注】案，河圖之數，火爲二陰性，故求大周用《乾》策二百一十六乘小周，得到火星與太陽合的大周期：$64 \times 216 = 13824$，稱之爲熒惑歲數。案，蔡琪本、大德本無"一"字。

[4]【今注】見中分：以歲數乘歲中十二，得見中分十六萬五千八百八十八。

[5]【今注】積中二十五中餘四千一百六十三：以六千四百六十九去除見中分十六萬五千八百八十八，得 $165888 \div 6469 = 25\frac{4163}{6469}$，故得積中 25，中餘 4163。

[6]【今注】見中法：火星在一萬三千八百二十四年的大周期中出現六千四百六十九次。所以也稱見數。

[7]【今注】見閏分：火星在大周期中所積累的閏分。$(235 - 228) \times 13824 = 96768$。

[8]【今注】積月二十六月餘五萬二千九百五十四：以二百二十八乘一萬三千八百二十四，再加八萬六千七百六十八，再除以十二萬二千九百一十一，得數爲二十六又十二萬二千九百一十一分之五萬二千九百五十四：$(228 \times 13824 + 86768) \div 122911 = 26\frac{42954}{122911}$，故二十六爲積月，四萬二千九百五十四爲月餘。"五萬"當爲"四萬"之誤。

[9]【今注】見月法：以十九乘六千四百六十九，得見月法十二萬二千九百一十一。　案，蔡琪本、大德本、殿本"十二萬"前無"一"字；二，殿本作"一"。

[10]【今注】見中日法：以八十一乘五十七，再乘六千四百六十九而得見中日法二千九百八十六萬七千三百七十三。

[11]【今注】見月日法：以八十一乘十二萬二千九百一十一，得見月日法九百九十五萬五千七百九十一。

水經特成，故一歲而及初，六十四及初而小復。[1]小復乘《巛》策，則太陰大周，爲九千二百一十六歲，是爲辰星歲數。[2]見中分十一萬五百九十二。[3]積中三，中餘二萬三千四百六十九。[4]見中法二萬九千四十一。復數也。[5]見閏分六萬四千五百一十二。[6]積月三，月餘五十一萬四百二十三。[7]見月法五十五萬一千七百七十九。[8]晨中分六萬二千二百八。[9]積中二，中餘四千一百二十六。[10]夕中分四萬八千三百八十四。[11]積中一，中餘一萬九千三百四十三。[12]晨閏分三萬六千二百八十八。[13]積月二，月餘十一萬四千六百八十二。[14]夕閏分二萬八千二百二十四。[15]積月一，月餘三十九萬五千七百四十一。[16]見中日法一億三千四百八萬二千二百九十七。[17]見月日法四千四百六十九萬四千九十九。[18]

[1]【今注】案，"水經特成"至"而小復"是説，水星有特點，繞行一周爲一歲，經過六十四歲而完成一個小的周期。因爲水星有時晚見西方，有時又晨見東方，故稱復而不稱見。

[2]【今注】案，"小復乘巛策"至"是爲辰星歲數"所述是河圖數，水爲一陽，故對應於陰策，以小周乘《坤》策一百四十四得九千二百一十六而水星與太陽同位，144×64＝9216，故得九千二百一十六歲爲水星大周，又稱爲歲數。

[3]【今注】見中分：大周乘歲中十二，得見中分十一萬零五百九十二。

[4]【今注】積中三中餘二萬三千四百六十九：以水星大周中早晚各出現的次數二萬九千零四十一，除見中分十一萬零五百九十

二，得 $110592 \div 29041 = 3\frac{23469}{29041}$，故得積中三，中餘二萬三千四百六十九。案，三，殿本作"二"。

[5]【今注】見中法：水星在九千二百一十六年的大周期中早晚各出現二萬九千零四十一次，故曰見復數。

[6]【今注】見閏分：以二百三十五減二百二十八，再乘九千二百一十六，得見閏分六萬四千五百一十二。

[7]【今注】積月三月餘五十一萬四百二十三：以二百二十八乘九千二百一十六，加六萬四千五百一十二，再除以五十五萬一千七百七十九，得 $(228 \times 9216 + 64512) \div 551779 = 3\frac{510423}{551779}$，故得積月三，月餘五十一萬零四百二十三。

[8]【今注】見月法：十九乘見中法二萬九千零四十一，得見月法五十五萬一千七百七十九。

[9]【今注】晨中分：以見中分十一萬零五百九十二乘以晨見率十六分之九，得晨中分六萬二千二百零八。

[10]【今注】積中二中餘四千一百二十六：此爲晨見積中、中餘。以六萬二千二百零八，除以二萬九千零四十一，得 $62208 \div 29041 = 2\frac{4126}{29041}$，故積中爲二，中餘爲四千一百二十六。

[11]【今注】夕中分：以十一萬零五百九十二乘夕見率十六分之七而得四萬八千三百八十四。

[12]【今注】積中一中餘一萬九千三百四十三：此爲夕見積中、中餘。以四萬八千三百八十四，除以二萬九千零四十一而得。案，蔡琪本、大德本無"一"字。

[13]【今注】晨閏分：由見閏分乘晨見率十六分之九而得。

[14]【今注】積月二月餘十一萬四千六百八十二：此爲晨見積月、月餘。以二百二十八乘九千二百一十六，再乘十六分之九，再加三萬六千二百八十八，再除以五十五萬一千七百七十九，得

（228×9216×$\frac{9}{16}$+36288）÷551779 = 2$\frac{114682}{551779}$，故得積月二，月餘十一萬四千六百八十二。

[15]【今注】夕閏分：以六萬四千五百一十二，乘以十六分之七，而得夕閏分二萬八千二百二十四。

[16]【今注】積月一月餘三十九萬五千七百四十一：此爲夕見積月和月餘。以二百二十八乘九千二百一十六，乘十六分之七，加二萬八千二百二十四，再除以五十五萬一千七百七十九，得：

（228×9216×$\frac{7}{16}$+28224）÷551779 = 1$\frac{395741}{551779}$，故得積月一，月餘三十九萬五千七百四十一。

[17]【今注】見中日法：以八十一乘五十七，再乘二萬九千零四十一而得。

[18]【今注】見月日法：以八十一乘五十五萬一千七百七十九而得。

合太陰太陽之歲數而中分之，[1]各萬一千五百二十。陽施其氣，陰成其物。以星行率減歲數，餘則見數也。[2]東九西七乘歲數，并九七爲法，得一，金、水晨夕歲數。[3]以歲中乘歲數，是爲星見中分。[4]星見數，是爲見中法。[5]以歲閏乘歲數，是爲星見閏分。[6]以章歲乘見數，是爲見月法。[7]以元法乘見數，是爲見中日法。[8]以統法乘見數，是爲見月日法。[9]

[1]【今注】合太陰太陽之歲數而中分之：太陰歲數，指水星大周九千二百一十六。太陽歲數，指火星大周一萬三千八百二十四。合歲數而中分之，將二星大周相加後平分。即（9216+13824）÷2 = 11520。

　　[2]【今注】星行率：即木星、土星、火星三個外行星的行率（某行星繞天的周數，與太陽繞天周數比式的前項），其數值分別爲一百四十五、一百四十五、七千三百五十五。歲數減星行率（太陽繞天周數減去行星繞天周數）的餘數，就是某行星出現的次數。木星：1728－145＝1583，土星：4320－145＝4175，火星：13824－7355＝6469。

　　[3]【今注】東九西七乘歲數并九七爲法得一金水晨夕歲數：金星早晨出現或隱伏都在東方，傍晚則在西方，東方的比率爲十六分之九，西方爲十六分之七。金星的歲數爲三千四百五十六，以早晚比率分別相乘，故曰"並九七爲法"。$3456 \times \dfrac{9}{16} = 1944$，爲金星晨歲數；$3456 \times \dfrac{7}{16} = 1512$，爲金星夕歲數。同理可推得水星晨歲數爲5184，夕歲數爲4033。

　　[4]【今注】星見中分：即行星的見中分。

　　[5]【今注】星見數：爲行星見到的次數。

　　[6]【今注】歲閏：即歲閏分，指閏月數與閏法比式的前項（七）。　星見閏分：即行星的見閏分。

　　[7]【今注】章歲：其數值爲閏法。

　　[8]【今注】以元法乘見數是爲見中日法：這是求見中日法的另一方法。

　　[9]【今注】以統法乘見數是爲見月日法：這是求見月日法的另一種方法。

　　　　五步。[1]木，晨始見，去日半次。[2]順，日行十一分度二，百二十一日。[3]始留，二十五日而旋。[4]逆，日行七分度一，八十四日。復留，二十四日三分而旋。復順，日行十一分度二，百一十一日有百八十二萬八千三百六十二分而伏。[5]凡見三百六十五日有百八十二萬八千三百六十五分，除逆，定行星三十度百六十六萬一千二百八十六分。凡見一歲，行一次而後伏。[6]日行不盈十一分度一。[7]伏三十三日三百三十三萬四千七百三十七分，行星三度百六十七萬三千四百五十一分。壹見，三百九十八日五百一十六萬三千一百二分，行星三十三度三百三十三萬四千七百三十七分。[8]通其率，故曰日行千七百二十八分度之百四十五。[9]

[1]【今注】五步：五大行星在一個會合周期内各個階段的行度和日程的描述。步的本義是推算，但這裏並不涉及五星行度的具體計算，五星行度的計算方法，將在紀術中介紹。

[2]【今注】案，先從會合的合字說起，通常的定義爲行星與太陽會合於同一經度稱之爲合。故一個會合周期爲自合始，經過順行、留、逆行等，又回到星與太陽相合的時間間隔。但在《三統曆》之前，中國尚無合的推算方法，到後漢《四分曆》纔開始出現，故《三統曆》推算行星會合周期的運動從晨始見開始。晨始見的狀態爲行星在黎明時，位於太陽西邊半個星次，即15度的地方，即該行星在黎明日出前剛剛出現於東方地平以上的日期。（見圖1）木星與土星、火星相同，都是外行星，在它們的會合運動中，祇有上合而沒有下合，與内行星的下合相對應，稱之爲沖日。當木星在黎明時於東方晨出以後，經過一個時期順行之後，達到西方照而在恒星間出現停留，停留了若干天之後而發生逆轉，開始逆行，再經過沖日，最後達到東方照而發生停留，停留幾天以後，又開始逆轉而順行，與太陽的角距逐漸接近，相距半次之内發生伏，達到上合以後繼續潛行到晨始見，完成一個會合周期的運動。五步的推算，均以木星的見中日法爲分母。

[3]【今注】順：這是行星在恒星間運動的一種狀態，星在恒星間自西向東運動稱爲順行。每天行十一分之二度，共行一百二十一日。計行二十二度。

[4]【今注】留：也是一種行星運動的狀態，爲行星在恒星間停留不動。木星每次留二十五日。　旋：旋轉，逆轉，由順行轉爲逆行。

[5]【今注】案，逆行和伏是行星的一種運動狀態。逆行爲行星逆着恒星自東向西運動。伏，爲行星運行到靠近太陽半次範圍内，爲太陽的光芒所掩蓋，産生伏而不見星的狀態。太陽前後各半次的範圍内均爲伏而不見。此處的三分、八十二萬八千三百六十五分，都是指木星見中日法七百三十萬八千七百一十一作分母的分子。（見圖2）逆行時，每日星行七分度之一，行八十四日，故共退行一十二度。留以後的順行，仍每日行十一分度之二，行一百一十一日又一百八十二萬八千三百六十二分，共行二十度又一百六十六萬一千二百八十六分。清代方楷《三統曆釋例》説：“順行者，日行每日向右差，而星行每日亦向右差。”“留者，日行而星不行也，譬如今日星在某宿某度，及明日仍在原處”，“而日則每日仍行一度，其去日必每日增遠一度”。又説：“逆行者，木星較恒星行度反速則差而左，日向右而木星向左。”

[6]【今注】除去伏而不見的日期以外，木星一周總共經三百六十五日有餘而行三十度有餘。故曰凡見一歲行一次而後伏。

[7]【今注】日行不盈十一分度一：木星每天的平均行度不足十一分之一度。

[8]【今注】案，“壹見”至“三十七分”言木星自始見至再次始見，往復一周的時間爲三百九十八日餘，木星在恒星間共運行了三十三度餘。

[9]【今注】案，“通其率”至“四十五”是把以上順行減去逆行，加上伏行的度數，得出每天平均行一千七百二十八分之一百四十五度。

金，晨始見，去日半次。[1]逆，日行二分度一，六日。[2]始留，八日而旋。始順，日行四十六分度三十三，四十六日。[3]順，疾，日行一度九十二分度十五，百八十四日而伏。[4]凡見二百四十四日，除逆，定行星二百四十四度。伏，日行一度九十二分度三十三有奇。[5]伏八十三日，行星百一十三度四百三十六萬五千二百二十分。凡晨見、伏三百二十七日，行星三百五十七度四百三十六萬五千二百二十二分。[6]夕始見，去日半次。順，日行一度九十二分度十五，百八十一日百七分日四十五。[7]順，遲，日行四十六分度四十三，四十六日。[8]始留，七日百七分日六十二分而旋。逆，日行二分度一，六日而伏。[9]凡見二百四十一日，除逆，定行星二百四十一度。伏，逆，日行八分度七有奇。伏十六日百二十九萬五千三百五十二分，[10]行星十四度三百六萬九千八百六十八分。一凡夕見伏，二百五十七日百二十九萬五千三百五十一分，[11]行星二百二十六度六百九十萬七千四百六十九分。壹復，五百八十四日百二十九萬五千三百五十二分。行星亦如之，故曰日行一度。[12]

[1]【今注】案，如圖1所示，金星是內行星，與木星、土星、火星等外行星不同，它有兩次合。上合時內行星離地球最遠，顯得光亮弱一點，下合時情況正相反。上合以後，內行星出現在太陽的東邊，表現爲夕始見。由於內行星的視運動比太陽快，此時在天空中表現爲順行。由快到慢，離太陽的角距越來越大。內行星距太陽的角距不能超過最大值，金星爲48°，水星爲28°，在太陽的東

邊稱東大距，西邊稱西大距。當内行星在太陽東邊達到角距極大時稱爲東大距。表現爲留，停留了幾天以後，發生逆轉，開始逆行，與太陽逐漸靠近，最後角距小於半次而成爲伏，伏行一段時間以後，達到下合。内行星比太陽視運動快，下合以後便出現在太陽的西邊，角距大於半次，便達到晨始見。這時見到内行星在星空中快速逆行，經過若干天以後速度纔變慢，達到西大距以後發生停留，停留了幾天以後，開始慢速順行，若干天後速度加快，接近太陽半次時形成伏，進而產生上合，而完成一個會合周期。（見圖3）《漢書·律曆志》是先從晨始見開始計算的。

　　[2]【今注】案，逆行六日，日行二分度一，則六日行計退三度。

　　[3]【今注】案，順行四十六日，日行四十六分度之三十三，則共行三十三度。

　　[4]【今注】案，疾行一百八十四日，日行一度九十二分度十五，共行二百十四度。

　　[5]【顏注】師古曰：奇音居宜反。下皆類此。

　　[6]【今注】案，二十二，蔡琪本、大德本、殿本作“二十”。

　　[7]【今注】案，順行一百八十一日餘，日行一度餘，故得計行二百一十一度。

　　[8]【今注】案，順遲行四十六日，日行四十六分度之四十三，則計行三十三度。又案，四十三，蔡琪本、大德本作“三十三”。

　　[9]【今注】案，逆行六日，日行二分度一，計行退三度。案，二，殿本作“三”。

　　[10]【今注】案，十六，蔡琪本作“六十”。

　　[11]【今注】案，一，蔡琪本、大德本、殿本作“二”。

　　[12]【今注】案，金星所行日數、度數帶分數的分母，都爲金星見中日法九百九十七萬七千三百三十七。由於晨見伏合計爲三百二十七日，夕見伏二百五十七日又一百二十九萬五千三百五十

二，合計金星的會合週期爲五百八十四日有餘。而晨見伏合計行三百五十七度四百三十六萬五千二百二十分，夕見伏行星二百二十六度六百九十萬七千四百六十九分，兩數相加，得五百八十四度一百二十九萬五千三百五十二分，總計日數與金星總行度數相合，故曰"行星亦如之"。由於日期數與行度數相等，故曰"日行一度"。

土，晨始見，去日半次。[1]順，日行十五分度一，八十七日，[2]始留，三十四日而旋。逆，日行八十一分度五，百一日。[3]復留，三十三日八十六萬二千四百五十五分而旋。復順，日行十五分度一，八十五日而伏。[4]凡見三百四十日八十六萬二千四百五十五分，除逆，定餘行星五度四百四十七萬三千九百三十分。[5]伏，日行不盈十五分度三。三十七日千七百一十七萬一百七十分，行星十度八百七十三萬六千五百七十分。[6]壹見，三百七十七日千八百三萬二千六百二十五分，行星十二度千三百二十一萬五百分。[7]通其率，故曰日行四千三百二十分度之百四十五。[8]

[1]【今注】案，土星的見、伏、留的狀況，與木星完全類似，僅見、伏、留的日數和星的行度不同。

[2]【今注】案，順行八十七日，日行十五分度之一，計行五度又十五分度之十二。

[3]【今注】案，逆行一百零一日，日逆行八十一分度之五，計退行六度又八十一分度之十九。

[4]【今注】案，復順行八十五日，日行十五分度之一，計行五度又十五分度之十。

[5]【今注】案，大德本、殿本無"餘"字。

[6]【今注】案，十度，蔡琪本、大德本、殿本作"七度"。

[7]【今注】案，"壹見"至"五百分"，一見，爲一個會合周期，土星的會合周期爲三百七十七日有餘，行星十二度有餘。土星的見中日法爲一千九百二十七萬五千九百七十五，爲日、度分數之共同分母。

[8]【今注】土星每天的平均行度爲四千三百二十分之一百四十五度。

火，晨始見，去日半次。[1]順，日行九十二分度五十三，二百七十六日，[2]始留，十日而旋。逆，日行六十二分度七十，六十二日。[3]復留，十日而旋。復順，日行九十二分度五十三，二百七十六日而伏。[4]凡見六百三十四日，除逆，定行星三百一度。伏，日行不盈九十二分度七十三分，伏百四十六日千五百六十八萬九千七百分，行星百一十四度八百二十一萬八千五分。壹見，七百八十日千五百六十八萬九千七百分，凡行星四百一十五度八百二十一萬八千五分。[5]通其率，故曰日行萬三千八百二十四分度之七千二百五十五。[6]

[1]【今注】案，火星是外行星，故其各個階段的運動狀態與木星相類似，僅見、伏留的日數和行星的行度不同。

[2]【今注】案，順行二百七十六日，日行九十二分度之五十三，計行一百五十九度。

[3]【今注】案，逆行六十二日，日逆行六十二分之十七，計逆退行十七度。又，七十，蔡琪本、大德本、殿本作"十七"，是。

[4]【今注】案，復順行二百七十六日，日行九十二分度之五十三，計行一百五十九度。

[5]【今注】案，"壹見"至"八千五分"，一見爲一個會合周期，火星的會合周期爲七百八十日半有餘，行星四百一十五度有餘。火星的見中日法爲二千九百八十六萬七千三百七十三。爲日、度分數的共同分母。

[6]【今注】案，火星每天的平均行度爲一萬三千八百二十四分之七千三百五十五度。又，二百五十五，蔡琪本、大德本、殿本作"三百五十五"，是。

水，晨始見，去日半次。[1]逆，日行二度，一日。[2]始留，二日而旋。順，日行十分度六，十七日。[3]順，疾，日行一度三分度一，十八日而伏。[4]凡見二十八日，除逆，定行星二十八度。伏，日行一度九分度七有奇，三十七日億二千二百二萬九千六百五分，[5]行星六十八度四千六百六十一萬一百二十八分。凡晨見、伏，六十五日億二千二百二萬九千六百五分，[6]行星九十六度四千六百六十一萬一百二十八分。夕始見，去日半次。順，日行一度三分度一，十六日二分日一。[7]順，遲，日行七分度六，七日。[8]留，一日二分日一而旋。逆，日行二度，一日而伏。[9]凡見二十六日，除逆，定行星二十六度。伏，逆，日行十五分度四有奇，二十四日，行星六度五千八百六十六萬二千八百二十分。凡夕見伏，五十日，行星十九度七千五百四十一萬九千四百七十七分。壹復，百一十五日億二千二百二萬九千六百五分。行星亦如之，故曰日行一度。[10]

[1]【今注】案，水星一個會合週期中各個階段的運動狀態，與金星完全對應，僅是日數和度數上的差異。

[2]【今注】案，逆行一日，日退二度，故這次逆行計退行二度。

[3]【今注】案，留後順行七日，日行七分度之六，計行六度。又，十分，蔡琪本、大德本、殿本作"七分"。

[4]【今注】案，快速順行十八日，日行一度三分度之一，計行二十四度。又，十八，蔡琪本、大德本作"一十八"。

[5]【今注】案，蔡琪本、大德本、殿本"億"前有"一"字。

[6]【今注】案，蔡琪本、大德本、殿本"億"前有"一"字。

[7]【今注】案，夕始見後快速順行十六日半，日行一度三分度之一，共行二十二度。又，蔡琪本、大德本、殿本"日"前有"疾"字。

[8]【今注】案，遲速順行七日，日行七分度之六，共行六度。又，七，蔡琪本作"十"。

[9]【今注】案，留後逆行一日，日行二度，故凡行二度。

[10]【今注】案，水星的見中日法爲一億三千四百零八萬二千二百九十七，爲日數和度數餘分的共同分母。水星的一個會合週期總計爲一百一十五天多，一個會合週期內所行度數也相同，故曰"亦如之"。但無論是金星還是水星，它們的視運動都快慢行度不等，尤其是水星，快時的每日行度可達二度，故此處"日行一度"，是對一個會合週期內的總日數和總行度平均而言的。又，蔡琪本、大德本、殿本"億"前有"一"字。

統術。[1]推日月元統，置大極上元以來，[2]外所求年，[3]盈元法除之，[4]餘不盈統者，[5]則天統甲子以來年數也。[6]盈統，除之，餘則地統甲辰以來年數也。又盈統，除之，餘則人統甲申以來年數也。[7]各以其統首日爲紀。[8]

[1]【今注】統術：推算元、統、正、朔等曆法綱要的方法，爲曆譜中的第四目。方楷《三統曆釋例》說得更爲準確："統術者，推日月運行之躔度，因成閏定歲，及晦、朔、中、次、各節之總法。"所以，首先推算太陽、月亮的行度，是用以確定歲月閏分晦朔中次的依據。它又是一部曆法的總法和綱要。沒有這個綱要，就不成爲曆法。

[2]【今注】大極上元：三統曆中最大的曆法周期，爲二千三百六十三萬九千零四十年。方楷在《三統曆學答問》中用自問自答的方式，探求《三統曆》的曆元和太極上元的真實含義，言要求日月年的干支和七曜回復到具無零數的一個大周期爲二千三百六十三萬九千零四十年的大周期，但《三統曆》的太初元年既是甲子元首，又取其前的三十一元，即十四萬三千一百二十七歲爲上元。並說董方之《三統術衍補》用約分法，推至太極上元之年確實符合五種元素之始，即天正十一月之始、甲子周甲之始、朔旦合朔之始、冬至中氣之始、星紀次之始。但是歲星回復到婺女六度之數却無法得到解釋。所以他提出一個假設爲鴻蒙開闢之始。類似於邵雍《皇極經世》宇宙開闢之歲的說法。案，大，蔡琪本、大德本、殿本作"太"。

[3]【今注】案，外所求年，即算外，不計入年中。

[4]【今注】盈元法除之：滿一元之數，則除棄之，即除去不用。

[5]【今注】餘不盈統者：餘下的數不滿一統之數。

[6]【今注】則天統甲子以來年數：爲從天統甲子日以來的紀年數。

[7]【今注】案，"盈統"至"年數"所述是每一元的元年從甲子日起，一元分三統，第一統首之日爲甲子，第二統首日爲甲

辰，第三統首日爲甲申。其不足一統的餘數，便爲入統以來的歲數。

[8]【今注】各以其統首日爲紀：每個統的統首日分別以甲子、甲辰、甲申作爲冬至合朔之日。方楷答甲子、甲辰、甲申何以爲三統日首時説："三統歲數各一千五百三十九歲，每統化成日數，則爲五十六萬二千一百二十日，從甲子數起，滿周甲六十去之，則所餘者得四十日，再從甲子數起，數至第四十一日必爲甲辰日，此地統統首決爲甲辰日也。三統之歲數日數，本各相等，則地統所餘亦必得四十日，從甲辰數起，至四十一日，必爲甲申日，此人統統首決爲甲申日也。從甲申數起，數不勝數至四十一日，必仍爲甲子日，三統復始而與一元同起算矣。"

推天正，以章月乘人統歲數，盈章歲得一，名曰積月，不盈者名曰閏餘。閏餘十二以上，歲有閏。[1]求地正，加積月一；求人正，加二。[2]推正月朔，以月法乘積月，盈日法得一，名曰積日，不盈者名曰小餘。[3]小餘三十八以上，其月大。[4]積日盈六十，除之，不盈者名曰大餘。數從統首日起，算外，則朔日也。[5]求其次月，加大餘二十九，小餘四十三。小餘盈日法得一，從大餘，數除如法。[6]求弦，加大餘七，小餘三十一。[7]求望，倍弦。

[1]【今注】案，"推天正"至"歲有閏"所述，是由於曆元是從天正冬至算起的，故推所入年的天正，相隔當爲整數年，祇需將每年的月數十二又十九分之七與之相乘，便可得到入統歲數以來的總積月數及閏餘，閏餘即閏分，爲除以十九以後的餘數。由於每歲除十二個朔望月以外，還乘餘閏分十九分之七，滿十九分得一個

月，故當該年閏分滿十二以上，與七分相加，便可得到一個閏月，這就表明該年有閏月。

[2]【今注】案，求地正，即求十二月。求人正，即求農曆正月，順此各加積月一和二。

[3]【今注】推正月朔：此處的積月數即爲以上所求人正之積月數，其積日數爲以積月乘月法，再除以日法，其整數商爲積日數，餘數稱爲小餘。

[4]【今注】小餘三十八以上其月大：由於一個朔望月的日數爲 $29\frac{43}{81}$，其 $38+43=81$，恰爲滿一日之數，故曰"三十八以上其月大"。將兩小餘相加，進位爲大月。

[5]【今注】案，自"積日盈六十"至"則朔日"，推正月朔所得的整日數，以六十干支來推求，當其滿六十時，除棄之，不滿六十之數稱爲大餘，這個大餘的干支名就是正月朔日的干支。由大餘求干支的算法爲，若入天統爲甲子，地統爲甲辰，人統爲甲申。算外的算法是當日不計在內。起，大德本作"相"。

[6]【今注】案，自正月以後的求其他月份，以次遞加一個朔望月日數二十九日又八十一分之四十三。

[7]【今注】案，一個朔望月的四分之一爲弦，上弦爲七日，即四分之一個朔望月爲 $7\frac{33}{81}$，故求弦當加大餘七，小餘三十三，術文小餘三十一當爲三十三之誤。

推閏餘所在，[1]以十二乘閏餘，加十得一。[2]盈章中，數所得，起冬至，算外，則中至終閏盈。[3]中氣在朔若二日，則前月閏也。[4]

[1]【今注】推閏餘所在：文義不通，當爲"推閏月所在"

之誤。

［2］【今注】案，每歲積閏餘十九分之七，乘以十二，即爲每個中氣積閏分七，相乘得二百二十八爲章中之數。

［3］【今注】案，每過一個中氣，閏分就要增加七，當閏分積滿二百二十八時，就要設置一個閏月。推算閏月的月序，從冬至所在月起算，積滿閏分爲閏月，月序從算外計算。閏盈，閏分積滿限額。

［4］【今注】中氣在朔若二日則前月閏也：每當見到中氣在朔日或初二時，就可知道上一個月是閏月。也，大德本作“之”。

推冬至，[1]以算餘乘人統歲數，盈統法得一，名曰大餘，不盈者名曰小餘。[2]除數如法，[3]則所求冬至日也。求八節，加大餘四十五，小餘千一十。[4]求二十四氣，三其小餘，[5]加大餘十五，小餘千一十。推中部二十四氣，[6]皆以元爲法。推五行，其四行各七十三日，統歲分之七十七。中央各十八日，統法分之四百四。冬至後，中央二十七日六百六分。[7]

［1］【今注】推冬至：即推冬至日的干支。

［2］【今注】案，推求冬至干支大小餘的方法爲，以策餘八千零八十乘人統歲數，滿統法一千五百三十九便得到商數一，稱爲大餘，不滿統法的餘數稱爲小餘。

［3］【今注】除數如法：此處四字與前面的“數除如法”，是同一個含義，均爲“滿六十如法除棄之的含義。空虛大餘，按入統首日干支算外推算所求年的冬至干支”。

［4］【今注】案，十，蔡琪本、大德本、殿本作“百”。

［5］【今注】三其小餘：當爲“三分其大小餘”之誤，其中缺

漏“分”和“大”二字。是指二十四節氣中的每個節氣日數，爲八節日數的三分之一。後一個“小餘千一十”當爲“三百三十六”之誤。

[6]【今注】推中部二十四氣：即推周天的二十四氣，都以元爲法。

[7]【今注】案，“推五行”至“六百六分”，是劉歆新創立的五行對應於四季的關係。其義爲：除土以外的四行木火金水各爲七十三日又統法一千五百三十九分之七十七，各對應於春夏秋冬四季。另將中央土各分爲四份，每份十八日又一千五百三十九分之四百零四，置於四行之前。但五行與四季的對應，其冬至、春分、夏至、秋分之後的二十七日又一千五百三十九分之六百零六日，纔是中央各十八日的起始日。土行置於四立之前，自四立之後的七十三日，各對應於四行。

　　推合晨所在星，[1] 置積日，[2] 以統法乘之，[3] 以十九乘小餘而并之。[4] 盈周天，[5] 除去之；不盈者，令盈統法得一度。數起牽牛，算外，則合晨所入星度也。[6] 推其日夜半所在星，[7] 以章歲乘月小餘，[8] 以減合晨度。[9] 小餘不足者，破全度。[10] 推其月夜半所在星，[11] 以月周乘月小餘，[12] 盈統法得一度，以減合晨度。

[1]【今注】合晨：即合辰之義，辰者，日月交會相合之處，每個月的合朔之時，都有一次交會之處，交會所在的位置，稱爲所在星，即位於某宿某次。

[2]【今注】積日：指上文所推合朔時的積日數。

[3]【今注】統法：指一千五百三十九。

[4]【今注】並之：相加。

[5]【今注】盈周天：滿周天五十六萬二千一百二十之數棄之

不用。將棄餘除以統法一千五百三十九，整數商爲度數。

　　[6]【今注】案，《三統曆》以牽牛初度爲曆元。故所求得的合辰度數，當從牽牛初度算外起算。距牽牛初度的度數，就是合辰的位置。

　　[7]【今注】推其日夜半所在星：推算合辰那天夜半太陽所在恒星間的位置。合朔時刻不一定在夜半。故日月距合朔均有行度。

　　[8]【今注】章歲：十九年。　　月小餘：所求月合朔時的小餘。

　　[9]【今注】合晨度：以上所推得的合朔時刻交會位置所得度數。

　　[10]【今注】破全度：小餘不足減時，再從合辰度借一度以減。一度以統法化爲一千五百三十九。

　　[11]【今注】推其月夜半所在星：推算合辰那天夜半月亮所在星宿的位置。

　　[12]【今注】月周：章月加閏法得月周二百五十四。

　　推諸加時，[1] 以十二乘小餘爲實，各盈分母爲法，[2] 數起於子，算外，則所加辰也。

　　[1]【今注】推諸加時：推各種天象發生的時刻。

　　[2]【今注】以十二乘小餘爲實各盈分母爲法：用十二去乘各種天象所得到的小餘，然後再以分母八十一去除，其商數便爲所在時辰。方楷《三統曆釋例》指出，“此以日法八十一起例，其實日法之數不容拘定，隨所得各條小餘之分母爲日法數，故曰各從其母也”。

　　推月食，置會餘歲積月，[1] 以二十三乘之，盈百三十五，[2] 除之。不盈者，加二十三得一月，盈百三十

五，數所得，起其正，算外，則食月也。[3]加時，在望
日衝辰。[4]

[1]【今注】置會餘歲積月：由入統以來的積月數，遞減會月
數六千三百四十五的餘數。

[2]【今注】案，此爲一百三十五個朔望月有二十三次交食的
周期。方楷《三統曆釋例》説：“古人因是分兩項名目，一爲月朔
則曰合，一爲交食則曰會，於是有會數、有會月、有會歲、有會餘
歲各數，然後可以推交食之限。”“若以二十三除以一百三十五，即
得每次入交爲五個月又二十三分月之一十。逢入交之月，其月必
食，此其大較也。推法：先以已知上元以來年數，滿會歲數除去
之，其餘即得會餘歲數。會餘歲數何由得也？因會月數比例而得
也。會月何由得也？因交會合朔月分、食分具終成整之數也。蓋一
百三十五個月得入交二十三次，食分終而月分小餘不能盡，必須曆
四十華食分終，然後與二十七章歲具終，而月分亦盡。今以四十七
乘一百三十五，得六千三百四十五個月，是爲一會月之數，爰以比
例之得式爲，會歲：會月統歲：統月，故會歲之數亦得。既得會餘
歲，而求次式積月，亦比例理也，其式爲，積月：會餘歲＝章月：
章歲。化歲爲月，然後可以求食分，月數。”

[3]【今注】案，“不盈者”至“則食月也”是在上述餘數的
基礎上，每加二十三就爲一個月，加到餘數滿一百三十五爲止，所
增加的次數就是月數。起其正，從某統（天、地、人）的曆元時起
算，算外之數相加，便是月食的月分。

[4]【今注】加時在望日衝辰：月食發生的時辰，在與合朔相
對衝的望日時刻。方楷《三統曆算式》曰：“用推朔望法得望日，
用其小餘照推諸加時法得望時，正值食甚時也，故曰衝辰。”

紀術。[1]推五星見復，置大極上元以來，盡所求

年，乘大終見復數，盈歲數得一，則定見復數也。不盈者名曰見復餘。[2]見復餘盈其見復數，一以上見在往年，倍一以上，又在前往年，不盈者在今年也。[3]

[1]【今注】紀術：推算五星出没行度有關事項的方法，三統曆法中的第五目。方楷《三統曆釋例》説："紀術者，凡五星見復所在中、次、日名、星度及順逆行步，皆入此篇。五星推法具同，惟數各不同，故統母衹一定律爲一表，紀母則各有定律，爲五表。推衍者，推某星，即用某星表率，方無錯誤。統術日法定爲八十一，紀術内各星所見月數、日數既各有異，則不得不各化成繁數分定日法之率，名爲見中日法，故五步内日之零分，以見中日法爲母，度與日同，故亦以見中日法爲母。"

[2]【今注】案，"推五星見復"至"見復餘"，是以太極上元以來的年數，乘見復數，即乘見中法，再除以行星的歲數即大周。所得整數商就是定見復數，不滿歲數的部分稱爲見復餘。方楷説：推五星見復者，求五星或見、或復之整零數也。五星之内，木土火三星，一周而一見伏，故此三星名爲見數，金水二星一周而有晨夕兩見伏，故此二星別其名爲復數。紀術五星同推法，故統言推五星見復也。統術取上元以來外所求年，紀術取上元以來盡所求年何也？日月軌道，與年可以同周，故可以年截，五星各行其道，其見復一次，或少於一年，或多於二年，故不可以年截，既不可以年截，必須連所求年在内，而用各星見復之數爲定矣。歲數者，各星大周無零之歲數也。見復數者，一大周歲數内所見所復之次數也。由此歲數、見復數即可比例而得所求：見復數：歲數＝定見復：所求年，由此可得定見復數。定見復數者，即上元以來盡所求年數中之見復次數也。然則定見復所帶零分，即爲不滿一見復次之數可知矣，故名爲見復餘。以見復餘比較原見復數，大小可知。

[3]【今注】案，"見復餘"至"在今年"是説，見復餘如果

超過見復數，但不到兩倍之時，則多出的數，便是去年見到的見復數，如果多出一倍以上，則是前年見到的見復數，如果見復餘小於見復數，則見到的見復數發生在今年。方楷說：見復在本年或往年或前往年者何也？以本星歲數，除本星原見復數，或不足一歲，或踰一歲，或踰二歲，今比例所得之見復餘，其式爲見復餘/歲數，如法收之，亦必如前式，或不足，或有餘也。

推星所見中次，[1]以見中分乘定見復數，盈見中法得，則積中法也。不盈者名曰中餘。[2]以元中除積中，餘則中元餘也。[3]以章中除之，餘則入章中數也。[4]以十二除之，餘則星見中次也。[5]中數從冬至起，次數從星紀起，算外，則星所見中次也。[6]

[1]【今注】推星所見中次：推算年見五星的中氣和星次，中氣和星次各十二個。中氣與星次是對應的，但中氣是時間，十二星次是星空中的方位。中氣起自冬至，星次從星紀起算，星紀之初，起自牽牛初度。方楷說，推星所見中次者，求本星始見某中及其次也。前以積年求得其見復幾次，又求得其一次之零，由此可知所見中次者何也。在人間節氣則名爲中，在天躔度則名爲次，其數其理皆轍也，故推星見次與見中同。

[2]【今注】案，將以上求得的定見復數乘以見中分，將乘積除以見中法，整數商爲積中商餘稱爲中餘。見中分，五星中每個星都有自己的見中分，它是行星在一個大周中經過的中氣數。見中法，每個行星都有自己的見中法，它是行星在一個大周期中出現的次數。方楷說：蓋紀母定率，從大周歲數起，於是以一歲數內之見復次數爲見中法，亦即爲一次見復之比例率數。又以一次見復內之中數爲見中分，得此定率，然後比例其式：見中分：見中法積中：定見復，而積中之全數可得。案，蔡琪本、大德本、殿本"盈見中

法得"後有"一"字。

〔3〕【今注】以元中除積中餘則中元餘也：將積中除以元中，它的餘分稱爲中元餘。元中，以日法乘章中得統中，統中的三倍得元中。81×228×3＝55404。

〔4〕【今注】以章中除之餘則入章中數：將中元餘除以章中，所得餘數爲入章中數。章中，閏法乘歲中得章中，即19×12＝228。

〔5〕【今注】以十二除之餘則星見中次：將所得入章中數，再除以十二，便得到中氣數和星次數。十二即是十二中氣數，又是十二星次數。方楷説：爰去其積中整數，而用其餘數者，名曰中餘。今推所見中次，先用積中數，滿元中數去之，其餘尚滿章中數者又去之，再以其餘十二除之，餘數則所見中次也。此積中數不用元中章中除減，若徑以十二除之，其餘數亦同。

〔6〕【今注】案，求得的餘數，既是中氣數，又是星次數。中氣數從冬至往後推算，星次數從星紀往後推算。

推星見月，[1]以閏分乘定見，以章歲乘中餘從之，盈見月法得一，并積中，則積月也。不盈者名曰月中餘。[2]以元月除積月餘，名曰月元餘。以章月除月元餘，則入章月數也。[3]以十二除之，至有閏之歲，除十三入章。[4]三歲一閏，六歲二閏，九歲三閏，十一歲四閏，十四歲五閏，十七歲六閏，十九歲七閏。不盈者數起於天正，算外，則星所見月也。[5]

〔1〕【今注】推星見月：推算行星所見到的月份。

〔2〕【今注】案，以見閏分乘定見復數，以章歲乘中餘，兩個乘積相加，再除以見月法，所得整數商，再與積中數相加，就是積月數，所得餘數稱爲月餘。閏分，就是見閏分的省稱。凡五星各有

見閏分，爲行星在每個大周中所積累的閏分，以章月減章中乘以歲數而得。章歲十九。中餘，即以上所求得的中餘。積中，即以上所求得的積中。見月法，每個行星都有自己的見月法。爲行星在一個大周期中所包含的閏法。以閏法乘見中法而得。方楷指出：閏爲中與月之較數，故又可以比例而得積閏月數，其式爲：閏分：見月法＝積閏月：定見復，由此可得積閏月數。閏既爲中與月之較數，則以積閏加於積中，便得積月。

　　[3]【今注】案，“以元月”至“入章月數”，以積月數除以元月數，所得餘數名叫月元餘。以章月數再除以月元餘，便得到入章以來的月數。元月，一元的月數。方楷指出，積月下式之月餘數，乃積閏月之餘，非積月數之餘，不與積中相並者也。既得積月，自應與求中次法同推，故亦以元月除之，餘爲月元餘。

　　[4]【今注】以十二除之至有閏之歲除十三入章：從入章月數中，每年遞減十二月，遇有閏之年則減十三月。方楷指出，入章歲數何由得也？蓋前既知入章月數，而再以十二月數除之，其商出之數，必爲滿入章內之整歲數，以整歲求得閏數，與十二除入章餘月數相減，於是得星見月數。

　　[5]【今注】不盈者數起於天正算外則星所見月：不滿十二或十三減時，它的數便是從十一月開始計算的行星所見到的月份。

　　推至日，[1]以中法乘中元餘，盈元法得一，名曰積日，不盈者名曰小餘。[2]小餘盈二千五百九十七以上，中大。[3]數除積日如法，[4]算外，則冬至也。

　　[1]【今注】推至日：即推算冬至的日期。方楷指出，推至日者，求星見之中首日名也。星所見中次名，本無定而云至日者，舉一名以例其餘耳，非謂一定冬至也。前節推中次，既知本星始見某中某次，則此節所推，即是某中之首日也。

　　[2]【今注】案，以中法乘中元餘，除以元法，整數商爲積日，餘數爲小餘。中法，章月乘通法得十四萬零五百三十。中元餘，前面已經求得的數據。元法，四千六百一十七。

　　[3]【今注】案，"小餘"至"中大"，小餘滿二千五百九十七以上爲中氣大。

　　[4]【今注】數除積日如法：積日滿六十就應當照例除去，數從干支推算。

　　推朔日，[1]以月法乘月元餘，盈日法得一，名曰積日，餘名曰小餘。[2]小餘三十八以上，月大。[3]數除積日法，[4]算外，則星見月朔日也。

　　[1]【今注】推朔日：推算所見行星之月的朔日干支。

　　[2]【今注】案，以月法乘月元餘，再除以日法，整數商稱爲積日，商餘爲小餘。月元餘以上已經求出。月法，二千三百九十二爲月法。爲一個朔望月的分數：2943/81＝2392/81。

　　[3]【今注】小餘三十八以上月大：一個朔望月爲二十九又八十一分之四十三，三十八加四十三爲八十一，合一日之數，故該月爲大月。方楷指出："推月朔日，與推中首日同理，故以中比中，以月比月，其式則同，小餘三十八以上其月大亦同，前推正月朔條數除如法，必得所見月朔也。"

　　[4]【今注】案，法，蔡琪本、大德本、殿本作"如法"。

　　推入中次日度數，[1]以中法乘中餘，以見中法乘其小餘并之，盈見中日法得一，則入中日入次度數也。[2]中次至日數，次以次初數，[3]算外，則星所見及日所在度數也。求夕，在日後十五度。[4]推入月日數，[5]以月法乘月餘，以見月法乘其小餘并之，盈見月日法得一，則入月日數也。[6]并之大餘，數除如法，則見日也。

［1］【今注】推入中次日度數：推行星見復時的中氣之日和對應的星次度數。

［2］【今注】案，以中法乘中餘，以見中法乘它的小餘相加，再除以見中日法，便得到中氣的日數和星次的度數。中餘前已求出。見中法，每個行星都有自己的見中法。是指行星在一個大周中出現的次數，所以又稱見數或見復數。小餘，指推至日所得的小餘。

［3］【今注】中次至日數次以次初數：中氣以冬至日數起，星次數從星紀星次數起。方楷指出，前節僅得中首與月朔，而未得零分，故於此條並其中次之餘度分，而知其詳數。其算法爲：（中法×中餘＋小餘×見中法）÷見中日法。整日數與小餘數具合併在內，如法除之，即得入中之日數，與入次之度數矣。五星起每次之初，日月起每次之中，故曰中以至日數，次以次初數。

［4］【今注】求夕在日後十五度：推算金星和水星的夕見，在太陽後面十五度。

［5］【今注】推入月日數：推算進入某月的日數。方楷指出，前節既推得所見月朔日名矣，今再得入月日數，由朔而推，則日名亦兼可得矣，其推理與推入中日數，入次度數具同，惟彼以中計，此以月計，故所用定率略異。

［6］【今注】案，“以月法乘月餘”至“則入月日數”，以月法乘月餘，又以見月法乘小餘，將兩數相加，以見月日法除之，便得到入月以來的日數。月餘數前已求出。見月法，爲行星一個大周期中所包含的閏法，以閏法乘見中法而得。見月日法，以日法乘見月法，得見月日法。

推後見中，[1]加積中於中元餘，加後餘於中餘，[2]盈其法得一，從中元餘，數如法，則見中也。推後見月，[3]加積月於月元餘，[4]加後月餘於月餘，[5]盈其法得一，從月元餘，除數如法，則後月見也。[6]推至日及入中次度數，如上法。[7]推朔日及入月數，如上法。[8]推晨見加夕，夕見加晨，皆如上法。[9]

[1]【今注】推後見中：推下一次出現行星時所在中氣。方楷指出，推後見者，求各星始見後，再見之中次月日度分也。凡推後見中，及後見月之類，皆同一例。

[2]【今注】加積中於中元餘加後餘於中餘：紀母所列各星積中數、中餘數。後中餘，上文推星所見中次的中餘。

[3]【今注】推後見月：行星下一次出現的月份。

[4]【今注】積月：紀母月所列各星的積月數。

[5]【今注】後月餘：上文推星見月的月餘。月餘，紀母目所列的各星月餘數。

[6]【今注】案，月見，蔡琪本、大德本、殿本作“見月”。

[7]【今注】推至日及入中次度數：下一次星出現時的冬至日和中氣、星次數，與上法一樣，依據前面文字，在中次與度數間當缺一“日”字。

[8]【今注】推朔日及入月數：星下一次出現時的所在月的朔日和日數。原文“月數”中當缺“日”字。

[9]【今注】推晨見加夕：推算金星、水星的晨見要加夕見的有關數值，推算二星夕見要加晨見的有關數值（指二星的晨中分、晨積中、夕中分、夕積中、晨閏分、晨積月、夕閏分、夕積月）。

推五步，置始見以來日數，至所求日，各以其行度數乘之。[1]其星若日有分者，分子乘全爲實，分母爲法。[2]其兩有分者，分母分度數乘全，分子從之，令相乘爲法實，分母相乘爲法，實如法得一，名曰積度。[3]數起星初見星宿所在宿度，算外，則星所在宿度也。[4]

[1]【今注】案，“推五步”至“行度數乘之”，是説推算五星的行度，以始見以來的日數，乘每天所行度數，所得之數稱爲積數。

[2]【今注】若日有分者分子乘全爲實分母爲法：星的日數或度數若帶有分數，就將分子乘另一項整數所得積作爲被除數，分母作爲除數，商數稱爲積度。

[3]【今注】案，“其兩有分者”至“名曰積度”，如果兩項都帶有分數，兩個分母各自乘整數，加分子，化成假分數，把兩個分子相乘作爲被除數，兩個分母相乘作除數，兩者相除，所得商稱爲積度。全，指整數。其中“分度數”三字疑爲衍字。

[4]【今注】案，“數起星初見”至“所在宿度”，以積度數，從行星初見時所在宿度數起，數完以後的某個星宿，便是行星所在的宿度。

歲術。[1]推歲所在，[2]置上元以來，以外所求年，盈歲數，除去之，不盈者以百四十五乘之，以百四十四爲法，如法得一，名曰積次，不盈者名曰次餘。積次盈十二，除去之，不盈者名曰定次。數從星紀起，算盡之外，則所在次也。[3]欲知大歲，以六十除餘積次，餘不盈者，數從丙子起，算盡之外，則大歲日也。[4]

[1]【今注】歲術：爲推歲星每年所在星次和太歲日名，並借此用以紀歲。

[2]【今注】推歲所在：由於木星差不多一歲行一個星次，十二年行一周，故古人用以紀年，它對應於十二地支，人們便想到以木星的運行周期來紀歲，稱木星爲歲星。推歲所在，即推木星的所在位置，即在星空中的星次和干支周中的位置。

[3]【今注】案，"置上元"至"則所在次也"：木星的大周爲一千七百二十八，即爲木星歲數。它等於《坤》第一百四十四的十二倍。《三統曆》巧妙地將《坤》策取爲木星乘餘小分之分母。即爲木星每歲行一又一百四十四分之一星次。故計算木星所在，盈歲數除去之，以餘數乘一百四十五，再除以一百四十四，得到積次，積次除以十二，得到定次，用它來確定木星該年所在星次。案，蔡琪本、大德本、殿本"外所求年"前無"以"字。

[4]【今注】案，"欲知大歲"至"大歲日也"：求出的積次，不但可以用來推求木星所在星次，同時還可用來推算太歲所在。這裏太歲的周期實際不用十二，而是用六十，故曰"以六十除餘積次"。所得商餘，從六十干支的丙子起算，所得稱之爲太歲日。什麼叫太歲日？前注均未説明其實際含義，它當是《三統曆》太歲紀年的歲名。

　　贏縮。[1]《傳》曰："歲棄其次而旅於明年之次，以害鳥帑，[2]周楚惡之。"[3]五星之贏縮不是過也。過次者殃大，過舍者災小，不過者亡咎。[4]次度。[5]六物者，歲時數日月星辰也。辰者，日月之會而建所指也。[6]

[1]【今注】贏縮：上古推算天體運動，大多以平均速度計算，超過平均位置爲贏，不足爲縮。此處借用以平均行度推出的木

星方位，來判斷實際是贏還是縮，據此判斷禍福。這段經文是用於星占的。

［2］【顏注】師古曰：帑與奴同。

［3］【今注】案，"傳曰"至"周楚惡之"引自《左傳》襄公二十八年。該年有關歲星占的記載共有兩處，此爲第二處。其所闡述的木星所在星次，按推算當位於星紀，但實際觀測則發現它已贏於玄枵。所以說"旅於明年之次。"害鳥帑，對鳥身、鳥尾有害。鳥身、鳥尾，指星占上鶉火、鶉尾星次所對應的周和楚兩地。周楚惡之，周楚兩地有害，有凶兆。

［4］【今注】案，"五星"至"亡咎"中"五星"，實指木星。贏縮不是過也，贏縮的現象並不是行過，它祇是一種偶然的現象，或是天帝意志使然。過次者殃大，贏縮超過一個星次，那麼所發生的災禍就大了。木星贏縮所引起的災禍，並不是普天之下的，有災之地，當爲不該在之處，或其所處對衝之國。此處之引言主要是指對衝的國家，因爲贏於玄枵，玄枵的對衝爲鶉火，其災禍非但在於鶉火，而且危及鶉尾，鶉火、鶉尾的對應之地爲周楚，故曰周楚惡之。過舍者災小，舍即二十八宿之一宿，每宿平均爲十三度多。平均二舍半爲一次。義爲歲星贏縮祇超過一舍，還不到一個星次之時，則產生的災禍小。不過者亡咎，雖然發生了贏縮，但其超過或縮小不到一舍之時，就沒有危害。

［5］【今注】次度：此二字無解，當爲衍字。

［6］【今注】辰者日月之會而建所指也：日月交會之處稱爲辰，斗建所指亦爲辰。

星紀，[1]初斗十二度，大雪。中牽牛初，冬至。於夏爲十一月，商爲十二月，周爲正月。終於婺女七度。[2]玄枵，[3]初婺女八度，小雪。[4]中危初，大寒。於夏爲十二月，商爲正月，周爲二月。終於危十五度。諏訾，[5]初危十六度，立春。中營室十四度，驚蟄。今日雨水，於夏爲正月，商爲二月，周爲三月。終於奎四度。降婁，[6]初奎五度，雨水。今日驚蟄。中婁四度，春分。於夏爲二月，商爲三月，周爲四月。終於胃六度。大梁，[7]初胃七度，穀雨。今日清明。中昴八度，清明。今日穀雨，於夏爲三月，商爲四月，周爲五月。終於畢十一度。實沉，[8]初畢十二度，立夏。中井初，小滿。於夏爲四月，商爲五月，周爲六月。[9]終於井十五度。鶉首，初井十六度，芒種。中井三十一度，夏至。於夏爲五月，商爲六月，周爲七月。終於柳八度。鶉火，初柳九度，小暑。中張三度，大暑。於夏爲六月，商爲七月，周爲八月。終於張十七度。鶉尾，[10]初張十八度，立秋。中翼十五度，處暑。於夏爲七月，商爲八月，周爲九月。終於軫十一度。壽星，[11]初軫十二度，白露。中角十度，秋分。於夏爲八月，商爲九月，周爲十月。終於氐四度。大火，[12]初氐五度，寒露。中房五度，霜降。於夏爲九月，商爲十月，周爲十一月。終於尾九度。析木，[13]初尾十度，立冬。中箕七度，小雪。於夏爲十月，商爲十一月，周爲十二月。終於斗十一度。

[1]【今注】星紀：本《志》曰：“日月初躔，星之紀也。”故星紀的含義爲星之紀也，即以十二星次或二十八宿計量日月五星行度或位置的起始點。

[2]【今注】案，《三統曆》載明十二星次的初始經度、中界經度和末尾經度，並見將初始與節氣相對應，中點與中氣相對應，這就表明十二星次僅與每月太陽在星座中行經的位置有關。星紀所在月對應於農曆十一月，節氣爲大雪，中氣爲冬至。自此以後的中

國古代曆法，均測量記載十二星次起迄的經度。由於歲差的原因，使得每個時代星次的起迄度都不相同。不過在劉歆制訂《三統曆》時，尚未認識到歲差現象。由於節氣和中氣是由太陽的位置決定的，而日月相會爲朔，古曆以冬至合朔爲曆元，故曰天體在曆元時的起點爲日月起其中，五星起其初。

[3]【今注】玄枵：玄枵星次名稱的含義，以往天文學家的論述都不涉及，其實其含義是明確的，《開元占經》曰："玄枵，黄帝之適子也。"《史記》中寫爲"玄囂"，爲同音之異寫。《國語》又將玄枵稱之爲天黿，而《左傳》又將其稱爲顓頊之墟。

[4]【今注】案，雪，蔡琪本、大德本、殿本作"寒"，是。

[5]【今注】諏訾：人們對這一星次名含義的解釋，僅止於正月。但爲什麼正月稱爲諏訾之月呢？《史記》卷一《五帝本紀》載帝嚳娶娵訾氏女生摯，摯曾繼帝嚳位爲帝。故這個諏訾星次之名，當出自娵訾民族。諏訾一曰豕韋。

[6]【今注】降婁：婁宿處其中，它當與婁宿的"婁"字有關。在遠古自西羌遷居中原的民族中有婁人，降婁當與降生婁人之義有關。十二星次表中，驚蟄與雨水倒置，是劉歆據《夏小正》和《月令》正月啓蟄二月始雨水改。

[7]【今注】大梁：大梁的分野一説魏。魏曾建都大梁，故大梁一名當與魏都有關。

[8]【今注】實沉：《左傳》昭公元年載高辛氏有二子，長曰閼伯，次曰實沉。實沉星次之名當源出於此。

[9]【今注】案，六，蔡琪本作"七"。

[10]【今注】案，鶉，鵪鶉。《夏小正》曾多處以鶉鳥的出入爲物候，此處之三鶉，當爲鶉鳥的頭、身、尾三個星次名。這三個星次，又合爲黄道帶四象中的南方朱雀。與其相對應，壽星、大火、析木爲對應於東方蒼龍的三個星次，星紀、玄枵、諏訾爲對應於北方玄武的三個星次，降婁、大梁、實沉爲對應於西方白虎的三個星次。又大棣爲鶉首的異名，鳥帑爲鶉尾的異名。

　　[11]【今注】壽星：與長壽之義有關，人們説法不一，也許與軫宿中含長沙一星有關。長沙星與長壽之星有關，而軫宿爲壽星星次的起點。

　　[12]【今注】大火：該星次名，當源出於大火即心宿之名。大火星爲大火星次中的主星。

　　[13]【今注】析木：含義尚不很明確，據何光嶽考證，析木一名，很可能與遠古的析人和木人有關。方楷據《三統曆》十二星次之内容作圓圖（圖4）。

　　角十二。亢九。氐十五。房五。心五。尾十八。箕十一。東七十五度。斗二十六。牛八。女十二。虛十。危十七。營室十六。壁九。北九十八度。奎十六。婁十二。胃十四。昴十一。畢十六。觜二。參九。西八十度。井三十三。鬼四。柳十五。星七。張十八。翼十八。軫十七。南百一十二度。[1]

　　[1]【今注】案，自《三統曆》始，在曆法中載明了二十八宿中各宿的距度。但是，至少從春秋時代開始，中國天文學已有了二十八宿距度的記載，即文獻中所謂古度。那是與《三統曆》所載距度和宿名均相差很大的另外一套系統。如果將《三統曆》與後漢《四分曆》相對比，此即是《四分曆》中的赤道距度，幾乎沒有什麽不同，《四分曆》另有二十八宿的黃道距度，《三統曆》不載。但也有一點不同，中國天文學將一歲曆日與周天度數完全對等。故《四分曆》的周天爲 $364\frac{1}{4}$ 度。以此類推，《三統曆》的周天也當爲 $365\frac{385}{1539}$，而從上表可以看出，二十八宿的總距度爲 365 度整，無零分。沒有零分在曆法中是無法推算的，所以方楷指出它一定有

零分，這個零分也當出現在它的對應部位斗宿，於是，方楷將《三統曆》二十八宿距度重列星度表如圖5。

九章歲爲百七十一歲，而九道小終。九終千五百三十九歲而大終。三終而與元終[1]進退於牽牛之前四度五分。九會。[2]陽以九終，故日有九道。陰兼而成之，故月有十九道。[3]陽名成功，故九會而終。四營而成易，故四歲中餘一，[4]四章而朔餘一，爲篇首，[5]八十一章而終一統。

[1]【今注】九章：《三統曆》在此處引入一個新概念，稱之爲九道。九章歲稱爲九道小終，則九道是以九歲爲周期的數。關於九道的概念，有多種不同的意見。《三統曆》作者劉歆的父親劉向，在其《五紀論》中就有關於九道的論述："青道二出黃道東，白道二出黃道西，黑道二出北，赤道二出南。"因此，所謂九道是：黃道一、青道二、赤道二、白道二、黑道二。按清代俞正燮的意見，九道是用來解釋日行的，爲了區別四時，將太陽的四時行道，分別以青赤白黑黃來表示。九章的九倍一百七十一歲，稱之爲九道小終。而小周的九倍一千五百三十九歲就稱之爲大終。大終之歲數與統數相合。大終的三倍又與元合。

[2]【今注】案，日月交會的周期爲五百一十三歲。九會之數：513×9＝4617，與無終之數相合。

[3]【今注】案，"陽以九終"至"月有十九道"，是説陽的終數爲九，故日有九道，陰的終數爲十，並包含陽的終數，故月有十九道。有一種觀點認爲，日行九道是近點月的推算方法，《續漢書·律曆志》載賈逵説："率一月移故所疾處三度，九歲九道一復"，這個九歲九道一復，正合於近點月的周期。對於"月有十九道"，則合於交點月的周期十八年半，近於十九歲。月道與黃道的

交點，每月西退一度多。

[4]【今注】四歲中餘一：在四歲裏面餘下小餘一。因爲每歲有大餘五日，小餘三百八十五分，分母爲 1539，由下式 $5\frac{385}{1539}\times4=21\frac{1}{1539}$，得大餘二十一，小餘一。

[5]【今注】爲篇首：《三統曆》的四章爲一篇，相當於《四分曆》中的蔀，這個單位在計算中很少使用。

一，甲子元首。大初元年。[1]十，辛酉。十九，己未。二十八，丁巳。三十七，乙卯。四十六，壬子。五十五，庚戌。六十四，戊申。七十三，丙午，中。

甲辰二統。辛丑。己亥。丁酉。乙未。壬辰。庚寅。戊子。丙戌，季。

甲申三統。辛巳。己卯。丁丑。文王三十二年。[2]乙亥。壬申。微二十六年。[3]庚午。戊辰。丙寅，孟。愍一十二年。[4]

二，癸卯。十一，辛丑。二十，己亥。二十九，丁酉。三十八，甲午。四十九，[5]壬辰。五十六，庚寅。六十五，戊午。[6]七十四，乙酉，中。

癸未。辛巳。己卯。丁丑。甲戌。壬申。庚午。戊辰。乙丑，季。

癸亥。辛酉。乙未。[7]丁酉。[8]周公五年。甲寅。壬子。庚戌。戊申元四年。乙巳，孟。

三，癸未。十二，辛巳。二十一，己卯。三十，丙子。三十九，甲戌。四十八，壬申。五十七，庚午。六十六，丁卯。七十五，乙丑，中。

癸亥。辛酉。己未。丙辰。甲寅。壬子。庚戌。丁未。乙巳，季。

癸卯。辛丑。己亥。丙申。甲午。壬申。[9]庚寅。成十一年。[10]丁亥。乙酉，孟。

四，癸亥。[11]十三，辛酉。二十二，戊午。三十一，丙辰。四十，甲寅。四十九，壬子。五十八，己酉。六十七，丁未。七十六，乙巳，中。

癸卯。辛丑。戊戌。丙申。甲午。壬辰。己丑。丁亥。乙酉，季。

癸未。辛巳。戊寅。丙子。甲戌。壬申。[12]己巳。丁卯。乙丑，孟。

五，癸卯。河平元年。十四，庚子。二十三，戊戌。三十二，丙申。四十一，甲午。五十，辛卯。五十九，己丑。六十八，丁亥。七十七，乙酉，中。

癸未。庚辰。戊寅。丙子。甲戌。辛未。己巳。丁卯。乙丑，季。[13]

癸亥。庚申。戊午。丙辰。甲寅。獻十五年。辛亥。己酉。[14]乙巳，孟。商太甲元年楚元年。[15]

六，壬午。十五，庚辰。二十四，戊寅。三十三，丙子。四十二，癸酉。五十一，辛未。六十，己巳。六十九，丁卯。七十八，甲子，中。

壬戌。庚申。戊午。丙辰。癸丑。辛亥。己酉。丁未。甲辰，季。

壬寅。庚子。戊戌。丙申。煬二十四年。癸巳。辛卯。[16]康四午。[17]甲申，孟。

七，壬戌。始建國三年。十六，庚申。二十五，戊午。三十四，^[18]乙卯。四十三，癸丑。五十二，辛巳。^[19]六十一，己酉。七十，丙午。七十九，甲辰，中。

壬寅。庚子。戊戌。乙未。癸巳。辛卯。己丑。丙戌。甲申，季。

壬午。庚辰。戊寅。乙亥。癸酉。辛未。己巳。定十一年。^[20]丙寅。甲子，孟。

八，壬寅。十七，庚子。二十六，丁酉。三十五，乙未。四十四，癸巳。五十三，辛卯。六十二，戊子。七十一，丙戌。八十，甲申，中。

壬午。庚辰。丁丑。乙亥。癸酉。辛未。戊辰。丙寅。甲子，季。

壬戌。庚申。丁巳。乙卯。癸丑。辛亥。僖五年。戊申。丙午。甲辰，孟。

九，壬午。十八，己卯。二十七，丁丑。三十六，乙亥。四十五，癸酉。五十四，庚午。六十三，戊辰。七十二，丙寅。八十一，甲子，中。

壬戌。己未。丁巳。乙卯。癸丑。庚戌。戊申。丙午。甲辰，季。

壬寅。己亥。丁酉。乙酉。^[21]癸巳。懿九年。庚寅。戊子。丙戌。甲申，孟。元朔六年。^[22]

推章首朔旦冬至日，置大餘三十九，小餘六十一，數除如法，各從其統首起。求其後章，當加大餘三十九，小餘六十一，各盡其八十一章。^[23]推篇，大餘亦如之，小餘加一。周求至，[24]加大餘五十九，小餘二十一。

[1]【今注】案，蔡琪本、大德本、殿本"大初元年"前有"漢"字。

[2]【今注】案，三，蔡琪本、大德本、殿本作"四"。

[3]【今注】案，壬申微二十六年，蔡琪本作"微七十六年壬申"，大德本、殿本作"微二十六年壬申"。

[4]【今注】案，一，蔡琪本、殿本作"二"。

[5]【今注】案，九，蔡琪本、大德本、殿本作"七"。

[6]【今注】案，午，蔡琪本、大德本、殿本作"子"。

[7]【今注】案，乙，蔡琪本、大德本、殿本作"巳"。

[8]【今注】案，酉，蔡琪本、大德本、殿本作"巳"。

[9]【今注】案，申，蔡琪本、大德本、殿本作"辰"。

[10]【今注】案，一，蔡琪本、大德本、殿本作"二"。

[11]【今注】案，蔡琪本、大德本、殿本"癸亥"後接"初元二年"四字。

[12]【今注】案，蔡琪本、大德本、殿本"壬申"後接"惠三十八年"五字。

[13]【今注】案，蔡琪本、大德本、殿本"乙丑季"後接"商太甲元年"五字。

[14]【今注】案，蔡琪本、大德本、殿本"己酉"後有"丁未"二字。

[15]【今注】案，商太甲元年楚元年，蔡琪本、大德本、殿本作"楚元三年"。

[16]【今注】案，蔡琪本、大德本、殿本"癸巳辛卯"後接"己丑丁亥"四字。

[17]【今注】案，午，蔡琪本、大德本、殿本作"年"，是。

［18］【今注】案，三，殿本作“二”。

［19］【今注】案，巳，蔡琪本、大德本、殿本作“亥”。

［20］【今注】案，十一，蔡琪本、大德本、殿本作“七”。

［21］【今注】案，酉，蔡琪本、大德本、殿本作“未”。

［22］【今注】案，以上即是已經推算出的三統曆法的曆譜，它起自甲子元首，以一章十九歲爲單位，每章都給出一個首日干支，並在干支日名前載明所在章的序數。每一統計有八十一章，這八十一個首日干支和章序順次作縱向排列，共成九列，合計爲八十一章。第二、第三統也都給出了各章首日干支，但爲了節省篇幅，各首日干支都省去了章序。舉例加以說明，第一行開頭“一甲子”三字，表明在孟統的第一章首日干支爲甲子，它對應於太初元年（前104）。“二癸卯”三字，爲孟統第二章首日干支癸卯。“三癸未”，爲孟統第三章首日干支癸未，“四癸亥”爲第四章首日干支癸亥，“五癸卯”爲第五章首日癸卯，直至“九壬午”，爲第九章首日壬午，第一行中間“十辛酉”三字，爲第十章首日辛酉，以下順次類推。可得孟統八十一章一千五百三十九歲各章首日干支，同例也可推得仲統季統各章首日干支。表中出現的“孟”“仲”“季”三字均發生錯位，均當置於三統之首。干支後附上的帝王名或年號，慜即魯閔公，微即魯微公，周公即姬旦，元即魯元公，成即魯成公，惠即魯惠公，獻、煬、康、定、僖、懿分別爲魯獻公、煬公、康公、定公、僖公、懿公，初元、河平爲漢成帝年號，元朔爲漢武帝年號，楚元爲漢初封國楚元王即劉歆高祖，商太甲爲商第四代王，始建國爲王莽年號。從曆譜表的注文可以看出，有紀年歷史的帝王首起爲第三統第二十八章章首朔日冬至爲丁酉日，爲周文王四十二年，直至第三統第八十一章章首朔日冬至爲甲申日，對應於漢武帝元朔六年（前123）。再經過一章十九年，便是下一元的元首，也即第一統第一章章首朔日冬至爲甲子，對應於太初元年年前冬至。所以，太初元年爲《三統曆》的元首。

［23］【今注】案，“推章首朔旦”至“小餘六十一”是說，每

個章歲，有六千九百三十九日六十一分。以日數遞減六十，最後餘數爲三十九，這便是以上所述大餘三十九，小餘六十一的來歷。將大餘加在上一章首日數之上，便可推得本章朔日冬至日數。用其小餘，乘以十二，除以八十一，還可推得冬至合朔發生的時刻。

[24]【今注】案，周求，蔡琪本、大德本、殿本作"求周"。

世經。[1]《春秋》昭公十七年"郯子來朝"，《傳》曰：昭子問少昊氏鳥名何故，[2]對曰："吾祖也，我知之矣。昔者，黃帝氏以雲紀，故爲雲師而雲名；[3]炎帝氏以火紀，故爲火師而火名；共工氏以水紀，故爲水師而水名；[4]太昊氏以龍紀，故爲龍師而龍名。我高祖少昊摯之立也，鳳鳥適至，故紀於鳥，爲鳥師而鳥名。"言郯子據少昊受黃帝，[5]黃帝受炎帝，炎帝受共工，共工受太昊，故先言黃帝，上及太昊。稽之於《易》，炮犧、神農、黃帝相繼之世可知。[6]

[1]【今注】世經：朝代世系的經文，相當於後世的歷史紀年表。爲《三統曆》中的第七目。世經實際與《三統曆》並無直接的聯繫，完全可以獨立出來自成一篇歷史著作，或一份工具書。但由於劉歆在排比各王世系的過程中使用了《三統曆譜》加以考證和論證，便與《三統曆》依附在一起了。

[2]【顏注】師古曰：郯，國名；子，其君之爵也。郯國即東海郯縣是也。朝，朝於魯也。昭子，魯大夫叔孫昭子也，名婼。【今注】昭公：春秋時魯國國君姬裯（chóu）。 郯（tán）子：郯國國君。 朝：聘問，拜訪。 傳曰：指《左傳》昭公十七年。

[3]【今注】以雲紀：以雲爲標紀

[4]【顏注】師古曰：共讀曰龔。下皆類此。

[5]【今注】受：接受，繼承。

[6]【顏注】師古曰：炮與庖同也。【今注】案，以上從郯子的談話中引出少昊繼黃帝，黃帝繼炎帝，炎帝繼共工，共工繼伏犧。

太昊帝。[1]《易》曰："炮犧氏之王天下也。"[2]言炮犧繼天而王，爲百王先，[3]首德始於木，故爲帝太昊。作罔罟以田漁，[4]取犧牲，[5]故天下號曰炮犧氏。《祭典》曰："共工氏伯九域。"[6]言雖有水德，在火木之間，非其序也。任知刑以彊，故伯而不王。[7]秦以水德，在周、漢木火之間。[8]周人嬖其行序，故《易》不載。[9]炎帝《易》曰："炮犧氏没，神農氏作。"言共工伯而不王，雖有水德，非其序也。以火承木，故爲炎帝。教民耕農，故天下號曰神農氏。黃帝《易》曰："神農氏没，黃帝氏作。"火生土，故爲土德。與炎帝之後戰於阪泉，遂王天下。始垂衣裳，有軒、冕之服，[10]故天下號曰軒轅氏。

[1]【今注】太昊帝：義爲最早的大帝。太者早也，昊者大也。

[2]【今注】炮犧氏：通常寫作"包犧氏"或"伏犧氏"。王天下：在天下稱王。

[3]【今注】爲百王先：爲百王中最早的王。由於劉歆將伏犧視爲百王先，故將伏犧稱爲太昊。在有些古籍中，將伏犧稱爲都成紀的古帝，而將太昊視作都濮陽的古帝。還認爲在伏犧之前還有遂人氏爲帝。

[4]【今注】罔：即網，爲捕獸之網具。 罟（gǔ）：爲捕獸

的工具。　田漁：打獵和捕魚。田，通"畋"。

[5]【顏注】師古曰：罟音古（殿本無此注）。【今注】取犧牲：獵取動物。

[6]【顏注】師古曰：《祭典》，即《禮經‧祭法》也。伯讀與霸同。下亦類此。【今注】祭典：指《禮記‧祭法》。　伯九域：即霸九州。中國古代將天下分爲九州，霸九州即稱霸天下。

[7]【今注】案，"言雖有水德"至"伯而不王"，是説共工氏雖然憑借智慧、刑罰和武力稱霸九州，但不是以禮和德取得天下，祇能稱霸而不能稱王。所以，共工氏雖然有水德之稱，但他排不進火德和木德之間，不在五行的序列之中。此處劉歆應用五行相生、繼天而王的理論觀念，構成如下系列：太昊木，爲天下先，木生火，炎帝繼位爲火德，火生土，黃帝繼位爲土德，土生金，少昊繼位爲金德，金生水，顓頊繼位爲水德，水生木，帝嚳繼位爲木德，木生火，帝堯繼位爲火德，火生土，帝舜繼位爲土德，土生金，夏禹繼位爲金德，金生水，商湯繼位爲水德，水生木，周武王繼位爲木德，秦建國日短，雖爲水德，與共工同樣不入五行相生序列，木生火，故漢繼周爲王爲火德。

[8]【顏注】師古曰：志言秦爲閏位，亦猶共工不當五德之字。

[9]【顏注】鄧展曰：眷，去也，以其非次故去之。師古曰：此指謂共工也。眷，古遷字。其下並同。

[10]【顏注】鄧展曰：凡冠，前卑後高，故曰軒冕也。師古（蔡琪本、大德本、殿本"古"後有"曰"字）：此説非也。軒，軒車也。冕，冕服也。《春秋左氏傳》曰"服冕乘軒"。【今注】始垂衣裳有軒冕之服：開始穿衣裳，並戴帽子、乘車子。

少昊帝。《考德》曰："少昊曰清。"[1]清者，黃帝之子清陽也，是其子孫名摯立。土生金，故爲金德，天下號曰金天氏。周棄其樂，故《易》不載，序於行。
顓頊帝。《春秋外傳》曰：[2]少昊之衰，九黎亂德，[3]
顓頊受之，迺命重、黎。[4]蒼林昌意之子。[5]金生水，
故爲水德。天下號曰高陽氏。周棄其樂，故《易》不
載，序於行。帝嚳。《春秋外傳》曰：顓頊之所建，
帝嚳受之。清陽玄囂之孫也。[6]水生木，故爲木德。天
下號曰高辛氏。帝摯繼之，不知世數。周棄其樂，故
《易》不載。周人禘之。[7]唐帝。《帝系》曰：[8]帝嚳四
妃，陳豐生帝堯，封於唐。蓋高辛氏衰，天下歸之。
木生火，故爲火德，天下號曰陶唐氏。讓天下於虞，
使子朱處于丹淵爲諸侯。[9]即位七十載。虞帝。《帝
系》曰：顓頊生窮蟬，五世而生瞽叟，[10]瞽叟生帝舜，
處虞之嬀汭，[11]堯嬗以天下。[12]火生土，故爲土德。
天下號曰有虞氏。讓天下於禹，使子商均爲諸侯。即
位五十載。

[1]【顏注】師古曰：考德者，考五帝德之書也。【今注】考
德：記載帝德之類的著作，或曰《大戴禮記·五帝德》。

[2]【今注】春秋外傳：即《國語》。

[3]【今注】九黎：南方的少數民族黎，由於支系繁多，故稱
九黎。　亂德：即在少昊氏德衰之時，九黎不再服從統治，出來造
反，由此破壞了原有的秩序。

[4]【今注】迺命重黎：便命令重黎司天和司地，重操天文曆
法的舊業。

[5]【今注】蒼林昌意之子：昌意，相傳爲黃帝次子，蒼林爲
他的號。案，蔡琪本、大德本、殿本"子"後有"也"字。

[6]【今注】清陽玄囂之孫：帝嚳爲黃帝長子玄囂之孫，清陽爲玄囂舊號。

[7]【今注】禘（dì）：祭祀名。又稱爲大禘。祭祀曾經作過帝王的遠祖。

[8]【今注】帝系：書名。或爲《大戴禮記·帝系姓》。

[9]【今注】丹淵：帝堯子丹朱的封地，在今河南淅川縣一帶。堯子朱因封於此，故又稱丹朱。

[10]【今注】瞽叟：即俗稱的瞎老頭。爲顓頊的五世孫，帝舜的父親。

[11]【顏注】師古曰：嬀，水名也。水曲曰汭，音人銳反。

[12]【顏注】師古曰：嬗，古禪讓字也。其下亦同。

伯禹。[1]《帝系》曰：顓頊五世而生鯀，鯀生禹，虞舜嬗以天下。土生金，故爲金德。天下號曰夏后氏。繼世十七王，四百三十二歲。成湯。[2]《書經·湯誓》湯伐夏桀。金生水，故爲水德。天下號曰商，後曰殷。[3]《三統》，上元至伐桀之歲，十四萬一千四百八十歲，歲在大火房五度，故《傳》曰："大火，閼伯之星也"，實紀商人。[4]後爲成湯，方即世崩沒之時，爲天子用事十三年矣。商十二月乙丑朔旦冬至，故《書序》曰："成湯既沒，太甲元年，使伊尹作《伊訓》。"《伊訓》篇曰："惟太甲元年十有二月乙丑朔，伊尹祀于先王，誕資有牧方明。"[5]言雖有成湯、太丁、外丙之服，[6]以冬至越弗祀先王于方明[7]以配上帝，是朔旦冬至之歲也。後九十五歲，商十二月甲申朔旦冬至，亡餘分，是爲孟統。[8]自伐桀至武王伐紂，六百二十九歲，故《傳》曰殷"載祀六百"。《殷歷》曰：當成湯方即世用事十三年，十一月甲子朔旦冬至，終六府首。[9]當周公五年，則爲距伐桀四百五十八歲，少百七十一歲，不盈六百。[10]又以夏時乙丑爲甲子，計其年逈孟統後五章，癸亥朔旦冬至也。以爲甲子府首，皆非是。[11]凡殷世繼嗣三十一王，六百二十九歲。《四分》，[12]上元至伐桀十三萬二千一百一十三歲，其八十八紀，甲子府首，入伐桀後百二十七歲。《春秋歷》，[13]周文王四十二年十二月丁丑朔旦冬至，孟統之二會首也。後八歲而武王伐紂。武王。《書經·牧誓》武王伐商紂。水生木，故爲木德。天下號曰周室。

[1]【今注】伯禹：禹，姒姓。又名夏禹、伯禹，或名文命。由於其受封於夏，又建立夏朝，故亦稱夏禹。在接帝位之前因受封夏伯，故又稱伯禹。

[2]【今注】成湯：簡稱湯，商朝的創建者，子姓，又名天乙。

[3]【顏注】孟康曰：初契封商，湯居殷而受命，故二號。

[4]【今注】案，《左傳》昭公元年載帝堯“遷閼伯于商丘，主辰，商人是因，故辰爲商星”。《左傳》襄公九年載“陶唐氏之火正閼伯居商丘，祀大火，而火紀時焉。相土因之，故商主大火”。《國語·晉語》曰：“大火，閼伯之星也，是謂大辰。”

[5]【今注】誕資有牧方明：言憑借木製的神主祭祀先王。誕，助詞。資，憑借。有牧，有司，官吏。方明，木製的神主。今本《尚書·伊訓》無“誕資有牧方明”六字。

[6]【今注】太丁外丙：商湯的長子和次子。

[7]【顏注】如淳曰：觀禮，諸侯觀天子，爲壇十有二尋，加方明于其上。孟康曰：方明者，神明之象也，以木爲之，方四

尺，畫六采，東青，西白，南赤，北黑，上玄，下黃。【今注】越弗祀先王：撇開喪服祭祀先王。越，越過。弗，指牽引棺柩的繩索。案，弗，蔡琪本、大德本、殿本作"芾"。

[8]【今注】案，"後九十五歲"至"是爲孟統"，是説太甲元年乙丑朔旦冬至，對應於《三統曆》第二統第七十七章，再經五章九十五歲，爲第三統的元年，其統首爲甲申朔旦冬無，無餘分。但是，現今流傳的《三統曆譜》，其"孟""仲""季"三個字均標錯了方位，故此處之"孟統"，當爲"季統"之誤。

[9]【顏注】師古曰：府首即蔀首。【今注】終六府首：停止結束在六府篇首。府首，即蔀首。

[10]【今注】案，六百，蔡琪本、大德本、殿本作"六百二十九"。

[11]【今注】皆非是：都不正確。此段引用殷曆推算殷代諸王世系都不合。殷曆，爲古六曆中最有競爭力的一部曆法。

[12]【今注】四分：即《四分曆》，以一歲爲三百六十五又四分之一日而得名，古六曆均爲《四分曆》，僅曆元各不相同。

[13]【今注】春秋曆：曹注以爲《春秋曆》即《三統曆》。

《三統》，上元至伐紂之歲，十四萬二千一百九歲，歲在鶉火張十三度。文王受命九年而崩，[1]再期，在大祥而伐紂，[2]故《書序》曰："惟十有一年，武王伐紂，《太誓》。"八百諸侯會。還歸二年，乃遂伐紂克殷，以箕子歸，十三年也。故《書序》曰："武王克殷，以箕子歸，作《洪範》。"《洪範》篇曰："惟十有三祀，王訪于箕子。"自文王受命而至此十三年，歲亦在鶉火，故《傳》曰："歲在鶉火，則我有周之分壄也。"[3]師初發，以殷十一日戊子，[4]日在析木箕七度，故《傳》曰：“日在析木。”是夕也，月在房五度。房爲天駟，故《傳》曰：“月在天駟。”[5] 後三日得周正月辛卯朔，合辰在斗前一度，斗柄也，故《傳》曰：“辰在斗柄。”[6] 明日壬辰，晨星始見。[7] 癸巳武王始發，丙午還師，戊午度于孟津。孟津去周九百里，師行三十里，故三十一日而度。明日己未冬至，晨星與婺女伏，歷建星及牽牛，至於婺女天黿之首，故《傳》曰：“星在天黿。”[8]《周書·武成》篇：“惟一月壬辰，旁死霸，[9] 若翌日癸巳，[10] 武王乃朝步自周，于征伐紂。”《序》曰：“一月戊午，師度于孟津。”[11] 至庚申，二月朔日也。四日癸亥，至牧壄，[12] 夜陳，甲子昧爽而合矣。[13] 故《外傳》曰：[14] “王以二月癸亥夜陳。”《武成》篇曰：“粵若來三月，既死霸，[15] 粵五日甲子，咸劉商王紂。”[16] 是歲也，閏數餘十八，正大寒中，在周二月己丑晦。明日閏月庚寅朔。三月二日庚申驚蟄。四月己丑朔死霸。死霸，朔也。生霸，望也。[17] 是月甲辰望，乙巳，旁之。故《武成》篇曰：“惟四月既旁生霸，粵六日庚戌，武王燎于周廟。[18] 翌日辛亥，祀于天位。粵五日乙卯，乃以庶國祀馘于周廟。”[19]

[1]【今注】案，根據《竹書紀年》記載，周文王在位計五十年，當在位四十二年之時，纔正式假託受到天帝的命令，聯合西方諸侯國，反對紂王的統治，故曰受天命。

[2]【今注】再期在大祥而伐紂：再期，即守喪的再次期限，即兩年。古代子女爲父母守孝三年，經十三月舉行小祥祭，經二十

五月舉行大祥祭，二十七月舉行禫祭除服。此處的再期，即在大祥祭二年之後而伐紂。

[3]【今注】案，"自文王受命"至"周之分壄"意爲歲星十二年繞天一周，自文王受命之年木星在鶉火星次，經過十三年的伐紂之歲，木星也在鶉火星次，鶉火星次的分野在周地，是對周人有利的年份，故伐紂一定會取得勝利。這是中國星占的觀念。

[4]【今注】案，日，蔡琪本、大德本、殿本作"月"。

[5]【今注】月在天駟：周師出發之日，爲殷十一月戊子日，這天傍晚月亮在房宿，房宿又名爲天駟，天駟即天馬，所以，《左傳》《國語》說月在天駟。

[6]【今注】辰在斗柄：正月辛卯朔，這一天日月相合於斗前一度，日月相合，爲之合朔。所以《左傳》《國語》說辰在斗柄，此處的斗柄爲斗宿的斗柄，此斗柄指向西北方。辰者，日月相會之處也。

[7]【顏注】師古曰：晨，古晨字也。其字從日（日，大德本、殿本作"白"，下同不注）。日音居玉反。【今注】晨星始見：此處的晨星具體是指水星，由於祇能在早晚時出現，故稱爲晨星。由於其行度距日不足一辰，故又稱辰星。

[8]【今注】天黿：玄枵星次的別名。婺女即女宿。星在天黿，即辰星在玄枵星次。

[9]【顏注】孟康曰：月二日以往，月生魄死，故言死魄。魄，月質也。師古曰：霸，古魄字同。【今注】旁死霸：靠近死霸之初日。

[10]【今注】若翌日：過了一日。

[11]【今注】孟津：古黃河渡口，在今河南孟津縣東北。

[12]【今注】牧壄：地名。在今河南淇縣西南。

[13]【今注】夜陳：即夜陣，晚上列陣。　昧爽：黎明時刻。合矣：交戰雙方開始接觸。

[14]【今注】外傳：即《國語》。

[15]【今注】既死霸：義爲已經死霸，即朔日。

[16]【顏注】師古曰：《今文尚書》之辭。劉，殺也。【今注】咸劉商王紂：共同殺死商紂王。

[17]【今注】死霸朔也生霸望也：死霸爲朔日，生霸爲望日，這是劉歆解釋西周曆法中生霸、死霸月相的觀念，但通過西周大量出土青銅器銘文，已可證實這一結論是不正確的，當爲自初見新月至望日爲既生霸，自初虧至朔日爲既死霸。馮時通過對甲骨金文中之月相研究，認爲既生霸爲月出後至望，既死霸爲朔日（參見馮時《百年來甲骨文天文曆法研究》，中國社會科學出版社 2011 年版，第 319—320 頁）。

[18]【今注】燎于周廟：在周王朝的祖廟舉行燎祭。燎祭是將祭品置於柴堆上燃燒祭天。

[19]【顏注】師古曰：亦今文《尚書》也。祀馘，獻於廟而告祀也。截耳曰馘，音居獲反。【今注】以庶國祀馘于周廟：率領諸侯國將戰鬥中割取敵人的耳朵來祭獻周的祖廟。用以報告周滅商的大功告成。

文王十五而生武王，受命九年而崩，崩後四年而武王克殷。克殷之歲八十六矣，後七歲而崩。故《禮記·文王世子》曰："文王九十七而終，武王九十三而終。"凡武王即位十一年，周公攝政五年，正月丁巳朔且冬至，《殷曆》以爲六年戊午，距煬公七十六歲，[1]入孟統二十九章首也。後二歲，得周公七年"復子明辟"之歲。[2]是歲二月乙亥朔，庚寅望，後六日得乙未。故《召誥》曰："惟二月既望，[3]粤六日乙未。"又其三月甲辰朔，三日丙午。《召誥》曰："惟三月丙午朏。"[4]古文《月采》篇曰"三日曰朏"。[5]是歲十二月戊辰晦，周公以反政。故《洛誥》篇曰：戊辰，王在新邑，烝祭歲，命作策，[6]惟周公誕保文武受命，惟七年。[7]成王元年正月己巳朔，此命伯禽俾侯于魯之歲也。[8]後三十年四月庚戌朔，十五日甲子哉生霸。[9]故《顧命》曰惟四月哉生霸，王有疾不豫，[10]甲子，王乃洮沬水，作《顧命》。[11]翌日乙丑，成王崩。康王十二年六月戊辰朔，三日庚午，故《畢命·豐刑》曰：惟十有二年六月庚午朏，王命作策《豐刑》。[12]《春秋》《殷歷》皆以殷魯，[13]自周昭王以下亡年數，[14]故據周公、伯禽以下爲紀。魯公伯禽，推即位四十六年，至康王十六年而薨。故《傳》曰："燮父、禽父並事康王"，[15]言晉侯燮、魯公伯禽俱事康王也。子考公就立，酋。[16]考公，《世家》即位四年，及煬公熙立。[17]煬公二十四年正月丙申朔旦冬至，《殷歷》以爲丁酉，距微公七十六歲。[18]《世家》，煬公即位十六年，子幽公宰立。幽公，《世家》即位十四年，及微公弗立，潰。[19]微公二十六年正月乙亥朔旦冬至，《殷歷》以爲丙子，距獻公七十六歲。《世家》，微公即位五十年，子厲公翟立，櫂。[20]厲公，《世家》即位三十七年，及獻公具立。獻公十五年正月甲辰朔旦冬至，[21]《殷歷》以爲乙卯，距懿公七十六歲。《世家》，獻公即位五十年，子慎公執立，嚊。[22]慎公，《世家》即位三十年，及武公敖立。武公，《世家》即位二年，子懿公被立，戲。[23]懿公九年正月癸巳朔旦冬至，《殷歷》以爲甲午，距惠公七十六歲。《世家》，懿公即位九年，子柏御立。[24]柏御，《世家》即位十一年，叔父孝公稱立。孝公，《世家》即位二十七年，子惠公皇立。惠公三十八年正月壬申朔旦冬至，《殷歷》以爲癸酉，距釐公七十六歲。[25]《世家》，惠公即位四十六年，子隱公息立。凡伯禽至春秋，三百八十六年。

[1]【今注】煬公：即前曆譜中記載的魯煬公。

[2]【今注】復子明辟之歲：恢復你明君的權力之歲。指周公歸政之年。爲《尚書·洛誥》中的用語。子，對周成王的尊稱。辟，君位。故後世有退位之君復辟之説。

[3]【今注】既望：已經合望，爲望後至晦前二日（參見馮時《百年來甲骨文天文曆法研究》，第319—320頁）。

[4]【顏注】孟康曰：朏，月出也，音敷尾反。【今注】朏：初見新月之日。

[5]【顏注】師古曰：《月采》説月之光采，其書則亡。

[6]【今注】王在新邑烝祭歲：王在新建的宮殿（指洛邑）舉行祭祀活動。 命作策：《尚書·洛誥》作“王命作册逸祝册”，作策爲商周史官之稱，逸即史佚、史逸。

[7]【今注】惟周公誕保文武受命惟七年：大大地表揚了周公保衛、扶持文王、武王基業的功績，在成王七年，即周公反政之年。

[8]【顏注】師古曰：俾，使也。封之使爲諸侯。【今注】命伯禽俾侯于魯：周成王命令周公長子伯禽在魯地繼承侯位。俾，使。

[9]【顏注】師古曰：哉，始也。【今注】哉生霸：即始生霸，時當新月初見之月出日。

[10]【今注】不豫：不舒服，實指生病。

［11］【顏注】師古曰：洮，盥手也。沫，洗面也。洮音徒高反。沫即頮字也，音呼內反。【今注】洮沫水：用水洗臉。

［12］【顏注】孟康曰：《逸書》篇名。

［13］【今注】春秋殷歷皆以殷魯：《春秋》《殷曆》都以殷和魯國的史書紀年。

［14］【今注】自周昭王以下亡年數：《帝王世紀》曰："自共王至夷王四世，年紀不明。"西周昭王以前的諸王在位年數大都有記載，但共王以後紀年不明，《帝王世紀》與劉歆的說法一致。但劉歆也不是說共王以下的周王紀年全都亡年數，因爲厲王、宣王和幽王的紀年是清楚的，故劉歆所說，實即指《帝王世紀》中的共、懿、考、夷四世年紀不明。

［15］【顏注】師古曰：燮父，晉唐叔虞之子。禽父，即伯禽也。父讀曰甫。甫者，男子之美稱。【今注】燮父禽父並事康王：燮父、禽父，指成王之弟唐叔虞之子燮和周公旦之子伯禽，父，古人對男子的美稱。並事康王，共同在康王朝中任職。

［16］【顏注】師古曰：又記此酋者，諸說不同，而名字或異也。下皆放此。酋音在由反。【今注】子考公就立酋：伯禽死後，他的兒子就立爲考公，就也寫作"酋"。自此以上爲西周紀年。

［17］【顏注】師古曰：及者，兄弟相及，非子繼父也。下皆類此。

［18］【顏注】師古曰：煬音弋向反（弋，大德本作"大"）。【今注】案，以上魯歷公擢，又寫作"擢"，魯慎公執，又名爲嚊，魯懿公被，又名戲。

［19］【顏注】師古曰：茀音弗。潰（潰，蔡琪本、大德本、殿本作"濆"，是），古沸字也。

［20］【今注】案，擢，蔡琪本、大德本、殿本作"擢"。

［21］【今注】案，辰，蔡琪本、大德本、殿本作"寅"。

［22］【顏注】師古曰：嚊音皮祕反，又音許器反。

[23]【顏注】師古曰：戲音許宜反。

[24]【今注】案，子，蔡琪本、大德本、殿本作“兄子”。

[25]【顏注】師古曰：釐讀曰僖。下皆類此。

春秋隱公，《春秋》即位十一年，及桓公軌立。此元年上距伐紂四百歲。桓公，《春秋》即位十八年，子莊公同立。莊公，《春秋》即位三十二年，子愍公啟方立。愍公，《春秋》即位二年，及釐公申立。[1]釐公五年正月辛亥朔旦冬至，《殷歷》以爲壬子，距成公七十六歲。是歲距上元十四萬二千五百七十七歲，得孟統五十三章首。故《傳》曰：“五年春王正月辛亥朔，日南至。”“八月甲午，晉侯圍上陽。”[2]童謠云：“丙子之辰，龍尾伏辰，[3]袀服振振，[4]取虢之旂。[5]鶉之賁賁，天策焞焞，[6]火中成軍，虢公其奔。”[7]卜偃曰：“其九月十月之交乎？丙子旦，日在尾，月在策，鶉火中，必是時也。”冬十二月丙子滅虢。言歷者以夏時，故周十二月，夏十月也。[8]是歲，歲在大火。故《傳》曰晉侯使寺人披伐蒲，重耳奔狄。[9]董因曰：“君之行，歲在大火。”[10]後十二年，釐之十六歲，歲在壽星。故《傳》曰重耳處狄十二年而行，過衛五鹿，乞食於野人，野人舉塊而與之。子犯曰：“天賜也，後十二年，必獲此土。歲復於壽星，必獲諸侯。”後八歲，釐之二十四年也，歲在實沈，秦伯納之。故《傳》曰董因云：“君以辰出，而以參入，必獲諸侯。”[11]《春秋》釐公即位三十三年，子文公興立。文公元年，距辛亥朔旦冬至二十九歲。是歲閏餘十三，正小雪，閏

當在十一月後，而在三月，故《傳》曰"非禮
也"。[12]後五年，閏餘十，是歲亡閏，而置閏。[13]閏，
所以正中朔也。亡閏而置閏，又不告朔，故《經》曰
"閏月不告朔"，言亡此月也。《傳》曰："不告朔，非
禮也。"《春秋》文公即位十八年，子宣公倭立。[14]宣
公，《春秋》即位十八年，子成公黑肱立。成公十二
年正月庚寅朔旦冬至，《殷歷》以爲辛卯，距定公七
年七十六歲。《春秋》成公即位十八年，子襄公午立。
襄公二十七年，距辛亥百九歲。九月乙亥朔，是建申
之月也。魯史書："十二月乙亥朔，日有食之。"《傳》
曰："冬十一月乙亥朔，日有食之，於是辰在申，司歷
過也，再失閏矣。"言時實行以爲十一月也，不察其
建，不考之於天也。二十八年距辛亥百一十歲，歲在
星紀，故《經》曰："春無冰。"《傳》曰："歲在星
紀，而淫於玄枵。"三十年歲在娵訾。三十一年歲在降
婁。是歲距辛亥百一十三年，二月有癸未，上距文公
十一年會于承匡之歲夏正月甲子朔凡四百四十有五甲
子，奇二十日，爲日二萬六千六百有六旬。故《傳》
曰絳縣老人曰："臣生之歲，正月甲子朔，四百四十有
五甲子矣。其季於今，三之一也。"師曠曰："邵成子
會于承匡之歲也，七十三年矣。"史趙曰："亥有二首
六身，下二如身，則其日數也。"[15]士文伯曰："然則
二萬六千六百有六旬也。"[16]《春秋》襄公即位三十一
年，子昭公稠立。昭公八年歲在析木，十年歲在顓頊
之虛，玄枵也。十八年距辛亥百三十一歲，五月有丙

子、戊寅、壬午，火始昏見，宋、衞、陳、鄭火。二十年春王正月，距辛亥百三十三歲，是辛亥後八章首也。正月己丑朔旦冬至，失閏。故《傳》曰："二月己丑，日南至。"三十二年，歲在星紀，距辛亥百四十五歲，盈一次矣。故《傳》曰："越得歲，吳伐之，必受其咎。"[17]《春秋》昭公即位三十二年，及定公宋立。定公七年，正月己巳朔旦冬至，《殷歷》以爲庚午，距元公七十六歲。《春秋》：定公即位十五年，子哀公將立。哀公十二年冬十二月流火，[18]非建戌之月也。是月也螽，故《傳》曰："火伏而後蟄者畢，今火猶西流，司歷過也。"《詩》曰："七月流火。"[19]《春秋》哀公即位二十七年。自《春秋》盡哀十四年，凡二百四十二年。

[1]【今注】釐公：名姬申，亦寫作"僖公"。

[2]【今注】上陽：北虢國的都城，在今河南三門峽市東南。

[3]【今注】龍尾伏辰：龍的尾巴隱伏在太陽之下。言丙子日爲合朔之日，日月相會於尾宿，辰在尾宿，故曰龍尾伏辰。龍尾者，蒼龍之尾即尾宿。

[4]【今注】袀（jūn）服振振：全套一色的衣服威武雄壯。

[5]【顏注】師古曰：袀音均，又弋均反。振音之人反。【今注】取虢之旂：攻取虢國的晉軍的軍旂。

[6]【今注】鶉之賁賁天策焞焞：鶉火星氣勢旺盛，天策星則暗淡無光。鶉指南方朱雀的鶉首、鶉火、鶉尾星次，朱雀實際就是指鵪鶉鳥。天策一名傳說星，在尾宿旁。

[7]【顏注】師古曰：賁音奔。焞音徒門反，又土門反。【今注】火中成軍虢公其奔：在鶉火星光輝的照耀下軍事行動成功，虢

國的君主逃亡。

［8］【今注】言歷者以夏時：言歷者，是劉歆自稱前所言"八月甲午"和"九月十月之交"，均其言也，用夏正，史載則用魯史周正。

［9］【顏注】師古曰：晉侯謂獻公也。寺人，奄人也，披其名也。蒲，晉邑也，公子重耳之所居。獻公用驪姬之讒，故令披伐之，而重耳懼罪出奔也。事見《春秋左氏傳》及《國語》。

［10］【顏注】師古曰：董因，晉史也。本周太史辛有之後，以董主史官，故爲董氏，因其名也。

［11］【今注】君以辰出而以參入必獲諸侯：你（重耳）以歲星在大火星次時外出，即上文重耳奔狄之歲，也就是董因所說"君之行，歲在大火"。而以歲星在參宿的星次回國。參星爲晉星，重耳於此歲返國，他一定會興旺發達，故董因說其"必獲諸侯"。

［12］【今注】案，是歲有閏餘十三，加上當年閏分七，合爲十九，適合一月之數，故該歲必有閏月，當在十一月後置閏。史書載閏月在三月，故《左傳》曰其非禮。

［13］【今注】案，第五年有閏餘十，加當年閏分七，不足一月之閏分十九，故"是歲亡閏"。史書又載閏月，所以《左傳》再次說其非禮。

［14］【顏注】師古曰：倭音於危反。

［15］【顏注】孟康曰：下二畫使就身也。師古曰：杜預云"亥字二畫在上，併三六爲身，如算之六也。下亥上二畫，豎置身旁"。

［16］【今注】案，"是歲距辛亥"至"有六旬"述說了一個有趣的故事和隱語。自魯文公十一年會於承匡之歲正月甲子朔，至襄公三十一年二月癸未，共計二萬六千六百六十日。《左傳》引用了絳縣老人語，述說了自己自正月甲子朔出生以來，已經經過了四百四十五甲子，並且又已經過去了三分之一的甲子日，即二十日，這

就是説，這個老人自出生以來已過了二萬六千六百六十日。晉國的樂師師曠則説：邵成子會於承匡之歲至今已有七十三歲，七十三歲計二萬六千六百六十三日，也正好與其相合。而晉國的趙太史則用一個亥字來表示二者相距的日數：亥有二頭六身，下二如身，則其歲數。即頭一個數是二，第二個數是六，後面二個數如身也是六，也就是二萬六千六百六十日。

[17]【今注】案，"三十二年"至"必受其咎"討論了兩次日南至中間的日距，第一次史載爲魯僖公五年正月辛亥朔，第二次爲昭公二十年二月己丑。第二個日南至不在正月，爲失閏所致。又載昭公三十二年歲在星紀，《左傳》有"越得歲"的記載，星紀的分野爲越，故有此説。《三統曆》的説法，歲星紀年一百四十四歲當盈次，而僖公五年與此相距一百四十五歲，故僖公五年歲星當在大火，正與《左傳》所載相合。星紀盈一次爲析木，又多一年至大火，故上文引董因説僖公五年"歲在大火"。

[18]【今注】案，十二月，殿本作"十一月"。

[19]【今注】案，農曆七月，爲黃昏時大火星西流的季節。所以黃昏時大火星西伏之時，當在農曆的八、九月，相當於周曆的十月或十一月。大火星西伏，是昆蟲蟄伏的物候，由於當時曆法失閏二次，致使周曆在十二月尚見流火之象，昆蟲不冬眠，人民感到奇怪。螽，指蝗蟲在該月出現。"七月流火"，見今本《毛詩·七月》。

六國。[1]《春秋》哀公後十三年遜于邾，[2]子悼公曼立，寧。[3]悼公，《世家》即位三十七年，子元公嘉立。元公四年正月戊申朔旦冬至，《殷曆》以爲己酉，距康公七十六歲。元公，《世家》即位二十一年，子穆公衍立，顯。[4]穆公，《世家》即位三十三年，子恭公奮立。恭公，《世家》即位二十二年，子康公毛立。

康公四年正月丁亥朔旦冬至，《殷歷》以爲戊子，距緡公七十六歲。[5]康公，《世家》即位九年，子景公偃立。景公，《世家》即位二十九年，子平公旅立。平公，《世家》即位二十年，子緡公賈立。緡公二十一年正月丙寅朔旦冬至，[6]《殷歷》以爲丁卯，距楚元七十六歲。緡公，《世家》即位二十三年，子頃公讎立。頃公，《表》十八年，秦昭王之五十一年也，秦始滅周。[7]周凡三十六王，八百六十七歲。秦伯。[8]昭王，[9]《本紀》無天子五年。[10]孝文王，《本紀》即位一年。元年，楚考烈王滅魯頃公爲家人，周滅後六年也。[11]莊襄王，《本紀》即位三年。始皇，《本紀》即位三十七年。二世，《本紀》即位三年。凡秦伯五世，[12]四十九歲。

[1]【今注】六國：指戰國時代的韓、魏、趙、燕、齊、楚六國，與周、秦並列，通常將周元王元年（前475）至秦始皇二十六年（前221）稱爲戰國。劉歆將這個時代稱爲六國，仍以魯史諸公紀年，東周滅亡之後纚以秦紀年。按劉歆的觀念，秦僅以强力征服中原各國，且統治日短，故不稱其爲帝王而稱其爲伯。伯者，霸也。

[2]【今注】邾：國名。通常寫作“鄒”。建都於今山東鄒城市。

[3]【今注】子悼公曼立寧：言魯哀公雖被迫遜位逃亡，其子姬曼則繼立爲悼公，曼一名寧。

[4]【今注】顯：穆公衍，一名顯。

[5]【顏注】師古曰：緡讀與愍同。下皆類此。

[6]【今注】案，一，蔡琪本、大德本、殿本作“二”。

[7]【今注】表十八年秦昭王之五十一年也秦始滅周：《表》指《史記·六國年表》，秦昭王指秦昭襄王嬴稷。

[8]【顏注】師古曰：伯讀曰霸。其下亦同。

[9]【今注】昭王：指秦昭王，劉歆紀年表以秦爲紀自此爲始。

[10]【今注】無天子五年：秦昭王五十一年（前256），周爲秦所滅，昭王於五十六年去世，故曰無天子五年，這時七國衹稱王或帝，未稱天子。

[11]【今注】案，秦孝文王僅在位一年，就在這一年，魯國最後一代國君頃公成爲平民，魯爲楚考烈王所滅。這是周被滅以後六年的事。

[12]【今注】凡秦伯五世：劉歆不承認秦爲中央王朝的地位，自周被滅至劉邦稱帝之間稱爲亂世，此時秦爲霸主。這五世爲昭王、孝文王、莊襄王、秦王政、秦二世胡亥。

　　漢高祖皇帝，著《紀》，[1]伐秦繼周。木生火，故爲火德。天下號曰漢。距上元年十四萬三千二十五歲，歲在大棣之東井二十度，鶉首之六度也。故《漢志》曰歲在大棣，名曰敦牂，大歲在午。[2]八年十一月乙巳朔旦冬至，楚元三年也。[3]故《殷歷》以爲丙午，距元朔七十六歲。著《紀》，高帝即位十二年。惠帝，著《紀》，即位七年。高后，著《紀》，即位八年。文帝，前十六年，後七年，著《紀》，即位二十三年。景帝，前七年，中六年，後三年，《著》紀，即位十六年。武帝建元、元光、元朔各六年。元朔六年十一月甲申朔旦冬至，《殷歷》以爲乙酉，距初元七十六歲。元狩、元鼎、元封各六年。漢歷太初元年，距上元十四萬三千一百二十七歲。前十一月甲子朔旦冬至，歲在星紀婺女六度，故《漢志》曰歲名困敦，[4]正月歲星出婺女。太初、天漢、太始、征和各四年，後元二年，[5]《著》紀，即位五十四年。昭帝始元、元鳳各六年，元平一年，《著》紀，即位十三年。宣帝本始、地節、元康、神爵、五鳳、甘露各四年，黄龍一年，《著》紀，即位二十五年。元帝初元二年十一月癸亥朔旦冬至，《殷歷》以爲甲子，以爲紀首。是歲也，十月日食，非合辰之會，不得爲紀首。距建武七十六歲。初元、永元、建昭各五年，[6]竟寧一年，《著》紀，即位十六年。成帝建始、河平、陽朔、鴻嘉、永始、元延各四年，綏和二年，《著》紀，即位二十六年。哀帝建平四年，元壽二年，《著》紀，即位六年。平帝，[7]《著》紀，即位元始五年，以宣帝玄孫嬰爲嗣，謂之孺子。孺子，《著》紀，新都侯王莽居攝三年，王莽居攝，盜襲帝位，竊號曰新室。始建國五年，天鳳六年，地皇三年，《著》紀，盜位十四年。更始帝，《著》紀，以漢宗室滅王莽，即位二年。赤眉賊立宗室劉盆子，滅更始帝。自漢元年訖更始二年，凡二百三十歲。光武皇帝，《著》紀，以景帝後高祖九世孫受命中興復漢，改元曰建武，歲在鶉尾之張度。[8]建武三十一年，中元二年，即位三十三年。

[1]【今注】漢高祖皇帝著紀：漢高祖劉邦當了皇帝，成爲紀録帝紀的人。

[2]【今注】案，二十，蔡琪本、大德本、殿本作"二十二"。

　　歲在大棣名曰敦牂大歲在午：自劉邦建立漢朝那年，歲星在井宿二十二度，即鶉首星次六度，鶉首星次又名大棣，這時的太歲在午，名曰敦牂。

　　[3]【今注】楚元三年：即《三統曆譜》所注，爲漢高祖八年（前199），這時爲漢楚元王被封的第三年。由於楚元王爲劉歆的高祖，故於此特地標出。

　　[4]【顏注】師古曰：敦音頓（敦音頓，殿本作“敦頓也”）。【今注】歲在星紀婺女六度：按《三統曆》，星紀終於婺女七度，故此處歲星在星紀。該年爲漢武帝太初元年（前104），太歲名爲困敦，在子位。

　　[5]【今注】案，蔡琪本、大德本、殿本無“元”字。

　　[6]【今注】案，永元，蔡琪本、大德本、殿本作“永光”。

　　[7]【今注】案，自平帝以下，經新莽王朝，至東漢光武帝著紀，當經過馬續和班固改寫。

　　[8]【今注】歲在鶉尾之張度：歲星在鶉尾星次中的張宿之內。張度，即張宿度內。案，世經中的漢代紀年，包括西漢十四帝、新朝一帝和東漢一帝。

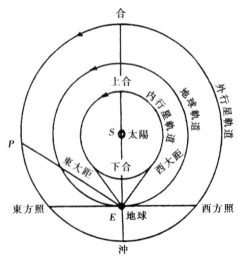

圖1　内外行星的會合周期運動

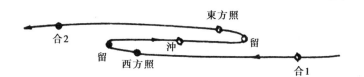

圖2　席澤宗《五得占》研究中所畫一個會合周期裏
外行星在星座間的移動情況（"之"字形）

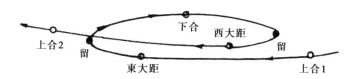

圖3　一個會合周期裏內行星在星座間的移動情況（柳葉形）

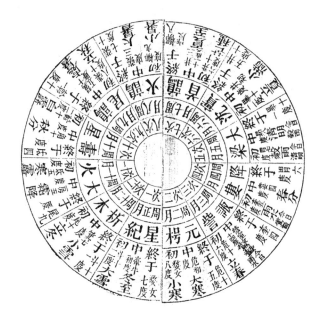

圖4　《三統曆》十二星次圓圖

圖5　《三統曆》二十八宿距度星度表

漢書　卷二二

禮樂志第二

　　六經之道同歸，而《禮》《樂》之用爲急。[1]治身者斯須忘禮，則暴嫚入之矣；[2]爲國者一朝失禮，則荒亂及之矣。人函天地陰陽之氣，有喜怒哀樂之情。[3]天稟其性而不能節也，[4]聖人能爲之節而不能絶也，故象天地而制禮樂，所以通神明，立人倫，[5]正情性，節萬事者也。

　　[1]【顏注】師古曰：六經，謂《詩》《易》《書》《春秋》《禮》《樂》也（詩易，蔡琪本、大德本、殿本作“易詩”）。

　　[2]【顏注】師古曰：斯須猶須臾。【今注】暴嫚：凶暴傲慢。

　　[3]【顏注】師古曰：函，包容也，讀與“含”同。它皆類此。

　　[4]【顏注】師古曰：稟，謂給授也。

　　[5]【顏注】師古曰：倫，理也。

　　人性有男女之情，妬忌之别，[1]爲制婚姻之禮；有交接長幼之序，爲制鄉飲之禮；[2]有哀死思遠之情，爲制喪祭之禮；有尊尊敬上之心，爲制朝覲之禮。[3]哀有哭踊之節，樂有歌舞之容，[4]正人足以副其誠，邪人足以防其失。[5]故婚姻之禮廢，則夫婦之道苦，而淫辟之罪多；[6]鄉飲之禮廢，則長幼之序亂，而爭鬭之獄蕃；[7]喪祭之禮廢，則骨肉之恩薄，而背死忘先者衆；[8]朝聘之禮廢，則君臣之位失，而侵陵之漸起。[9]故孔子曰："安上治民，莫善於禮；移風易俗，莫善於樂。"[10]禮節民心，樂和民聲，政以行之，刑以防之。禮樂政刑四達而不誖，則王道備矣。[11]

[1]【今注】別：錢大昭《漢書辨疑》指出，荀悅《漢紀》作"心"。王先謙《漢書補注》以爲，《禮記·經解》云："婚姻之禮，所以明男女之別也。"其上文言朝覲、喪祭、鄉飲酒，皆本《志》所取裁，則此文應當作"男女之別"。因妒忌以情言，疑"別"與"情"誤倒。

[2]【今注】鄉飲之禮：鄉學中集會飲酒之禮（參見錢玄、錢興奇編著《三禮辭典》，江蘇古籍出版社1998年版，第886—887頁）。

[3]【今注】朝覲之禮：春朝天子曰朝，亦爲四時朝見通稱。覲專指諸侯朝見天子（參見錢玄、錢興奇編著《三禮辭典》，第818頁）。

[4]【顏注】師古曰：踊，跳也。哀甚則踊。

[5]【顏注】師古曰：副，稱也。

[6]【顏注】孟康曰：苦音鹽。夫婦之道行鹽不固也（殿本無"道"字）。師古曰：苦，惡也，不當假借。"辟"讀曰"僻"。【今注】苦：王念孫《讀書雜志·漢書第四》以爲孟説是。行鹽，謂不堅固。《周禮·司市》"凡治市之貨賄、六畜、珍異，利者使阜，害者使亡"，鄭玄注曰："利，利於民，謂物實厚者。害，害於民，謂物行苦者。"陸德明《經典釋文》云："行，遐孟反，又如

字；矗，胡剛反。苦，音古。”“行苦”即“行鹽”。《詩·四牡》
《毛傳》曰：“鹽，不堅固也。”《國語·齊語》“辨其功苦”，韋昭
注曰：“功，牢也。苦，脆也。”夫婚姻之禮，敬慎重正而後親之，
所以成男女之別而立夫婦之義。婚姻之禮廢，則夫婦之道行鹽不
固，而淫辟之端起，故曰“夫婦之道苦，而淫辟之罪多”。作
“苦”者，爲假借字。

[7]【顔注】師古曰：蕃亦多也，音扶元反。他皆類此。【今
注】案，鬭，大德本作“闘”，同。

[8]【顔注】師古曰：先者先人，謂祖考。

[9]【今注】案，王先謙《漢書補注》以爲自“故婚姻”至
此，班固録《禮記·經解》爲文，而略有删改。

[10]【顔注】師古曰：此《孝經》載孔子之言也。蓋，古
“善”字。【今注】案，莫蓋於禮，大德本誤作“莫善於禮”。

[11]【顔注】師古曰：詩，乖也，音布内反。

　　樂以治内而爲同，[1]禮以修外而爲異；[2]同則和親，
異則畏敬；和親則無怨，畏敬則不爭。揖讓而天下治
者，禮樂之謂也。二者並行，合爲一體。敬之意難
見，[3]則著之於享獻辭受，登降跪拜；[4]和之説難形，
則發之於詩歌詠言，鐘石笙弦。[5]蓋嘉其敬意而不及其
財賄，美其歡心而不流其聲音。[6]故孔子曰：“禮云禮
云，玉帛云乎哉？樂云樂云，鐘鼓云乎哉？”[7]此禮樂
之本也。故曰：“知禮樂之情者能作，識禮樂之文者能
述；作者之謂聖，述者心謂明。明聖者，述作之
謂也。”[8]

　　[1]【顔注】李奇曰：同於和樂也。

[2]【顏注】李奇曰：尊卑爲異也。

[3]【今注】案，蔡琪本、大德本、殿本"敬"前有"畏"字。

[4]【顏注】師古曰：見，謂彰顯也。【今注】跪拜：沈欽韓《漢書疏證》以爲《儀禮》之坐稱作跪也。或因前"享獻""辭受""登降"意皆相反而論。此處既以"跪"爲跽，指長跪不拜；則"拜"指跪拜。

[5]【顏注】師古曰："說"讀曰"悅"。形亦見也。"筦"字與"管"同。

[6]【顏注】師古曰：流，移也。心不移溢於音聲也。

[7]【顏注】師古曰：《論語》載孔子之言也。謂禮以節人爲貴，樂以和人爲本，玉帛鐘鼓乃爲末事（爲末事，蔡琪本、大德本作"其末也"，殿本作"其末事"）。【今注】案，語見《論語·陽貨》。

[8]【顏注】師古曰：作，謂有所興造也。述，謂明辨其義而修行也（修，大德本、殿本作"循"）。【今注】案，語見《禮記·樂記》。心，蔡琪本、大德本、殿本作"之"。

王者必因前王之禮，順時施宜，有所損益，即民之心，稍稍制作，[1]至太平而大備。周監於二代，禮文尤具，[2]事爲之制，曲爲之防，[3]故稱禮經三百，威儀三千。於是教化浹洽，[4]民用和睦，災害不生，禍亂不作，圄圖空虛，四十餘年。[5]孔子美之曰："郁郁乎文哉！吾從周。"[6]及其衰也，諸侯踰越法度，惡禮制之害己，去其篇籍，遭秦滅學，遂以亂亡。

[1]【顏注】師古曰：即，就也。

　　[2]【顏注】師古曰：監，觀也。二代，夏、殷也。言周觀夏、殷之禮而增損之也。

　　[3]【顏注】師古曰：言每事立制，委曲防閑也。【今注】曲：王念孫《讀書雜志·漢書第四》以爲大事曰事，小事曰曲。事爲之制，指禮儀三百。曲爲之防，指威儀三千。《禮記·禮器》“曲禮三千”，鄭玄注曰：“曲猶事也。”《禮記·中庸》“其次致曲”，鄭玄注曰：“曲猶小小之事也。”《淮南子·繆稱訓》“察一曲者”，高誘注曰：“一曲，一事也。”《淮南子·主術訓》曰：“不偏一曲，不黨一事”，“事爲之制，曲爲之防”，是相對爲文。則“曲”非如顏注所説委曲之意。

　　[4]【顏注】師古曰：浹，徹也。洽，霑也。浹，音子倷反（倷，大德本、蔡琪本、殿本作“牒”）。

　　[5]【顏注】應劭曰：囹圄，周獄名也。師古曰：囹，獄也。圄，守也。故總言囹圄，無繫於周。囹，音來丁反。圄，音牛吕反。【今注】囹圄：王念孫《讀書雜志·漢書第十六》以爲顏師古分“囹”“圄”爲二義，非。《禮記·月令》鄭玄注曰：“囹圄，所以禁守繫者，若今別獄矣。”是“囹圄”爲獄名，而又取禁守之義，不得訓囹爲獄，訓圄爲守。“囹”之言令，“圄”之言敔。《説文》曰：“敔，禁也。”《廣雅》曰：“令、敔，禁也。”是“囹”“圄”皆禁守之義，或但謂之圄。如《晏子春秋·諫篇》曰“拘者滿圄，怨者滿朝”。《月令》孔穎達《正義》引蔡邕《章句》曰：“囹，牢也。圄，止也，所以止出入。”《釋名》曰：“囹，領也。圄，禦也。領録囚徒禁禦之也。”皆誤分“囹”“圄”爲二義。又案，《説文》曰“囹，獄也”，又曰“囹圄所以拘罪人”，是《説文》“囹圄”字本作“圉”。《説文》又曰“圄，守之也”，此自訓圄爲守，非謂囹圄。顏師古或用《説文》而未考其實。

　　[6]【顏注】師古曰：《論語》載孔子之言也。郁郁，文章貌。【今注】案，語見《論語·八佾》。

漢興，撥亂反正，日不暇給，[1]猶命叔孫通制禮儀，[2]以正君臣之位。高祖説而歎曰：[3]"吾乃今日知爲天子之貴也！"以通爲奉常，遂定儀法，[4]未盡備而通終。[5]至文帝時，賈誼以爲"漢承秦之敗俗，廢禮義，捐廉恥，今其甚者殺父兄，盜者取廟器，而大臣特以簿書不報期會爲故，[6]至於風俗流溢，[7]恬而不怪，[8]以爲是適然耳。[9]夫移風易俗，使天下回心而鄉道，[10]類非俗吏之所能爲也。夫立君臣，等上下，使綱紀有序，六親和睦，[11]此非天之所爲，人之所設也。人之所設，不爲不立，不脩則壞。[12]漢興至今二十餘年，宜定制度，興禮樂，然後諸侯軌道，百姓素樸，獄訟衰息"。[13]迺草具其儀，[14]天子説焉。[15]而大臣絳灌之屬害之，故其議遂寢。[16]

[1]【顏注】師古曰：撥去亂俗而還於正道也。給，足也。言事務殷多，日日修造尚不能足，故無暇也。

[2]【今注】叔孫通：傳見本書卷四三。

[3]【顏注】師古曰："説"讀曰"悦"。

[4]【顏注】師古曰：奉常則太常也（則，大德本、殿本作"即"）。解在《百官公卿表》。【今注】奉常：秦置，漢景帝時改名太常。掌宗廟禮儀。位列九卿之首，秩中二千石。

[5]【今注】案，王應麟《玉海》卷六八指出叔孫通《禮儀》，本書《藝文志》不載。《後漢書》卷三五《曹襃傳》云："章和元年正月，召襃詣嘉德門，令小黄門持班固所上《漢儀》十二篇。"又王充《論衡·謝短》載高祖詔叔孫通制作《儀品》十六篇。《漢書考證》齊召南以爲，叔孫通所撰《禮制》，後世罕見，惟《陳書》載沈文阿語及孔穎達《禮記正義》曾提及具體儀文，似其書

隋唐時尚存。

[6]【顏注】師古曰：特，但也。簿，文簿也。故，謂大事也。言公卿但以文案簿書報荅爲事也。簿，音步戶反。【今注】故：王先謙《漢書補注》引《廣雅·釋詁》：“故，事也。”以爲顏訓“故”爲大事，非。

[7]【今注】流溢：王先謙《漢書補注》指出本書卷四八《賈誼傳》作“流失”。以爲“流溢”即“淫泆”。“流”與“淫”，“溢”與“泆”，字訓並通。“失”則“泆”省文。

[8]【顏注】師古曰：恬，安也，謂心以爲安。

[9]【顏注】師古曰：言正當如此，非失道也。

[10]【顏注】師古曰：“鄉”讀曰“嚮”。

[11]【顏注】如淳曰：六親，賈誼以爲父也，子也，從父昆弟也，從祖昆弟也，曾祖昆弟也，族昆弟也。【今注】六親：諸父一也，諸舅二也，兄弟三也，姑姊四也，昏媾五也，姻亞六也。詳見《賈誼傳》王先謙《補注》。

[12]【顏注】師古曰：爲，作也。

[13]【顏注】師古曰：軌道，言遵道，猶車行之依軌轍也。

[14]【顏注】師古曰：草，謂創立其事也。它皆類此（大德本無此注；它，殿本作“他”）。

[15]【顏注】師古曰：“說”讀曰“悅”（大德本無此注）。

[16]【顏注】師古曰：舊說以爲，絳，謂絳侯周勃也；灌，謂灌嬰也。而《楚漢春秋》高祖之臣別有絳灌。疑昧之文，不可明也。此既言“大臣”，則當謂周勃、灌嬰也。【今注】案，王先謙《漢書補注》指出，“不修則壞”以上，皆賈誼爲梁太傅後所上《治安策》中語。“漢興”以下，則賈誼爲太中大夫時事。本《志》因其前後意議相同而統括之。遂，殿本誤作“逐”。

　　至武帝即位，進用英雋，[1]議立明堂，制禮服，以興太平。[2]會竇太后好黃老言，不説儒術，[3]其事又廢。後董仲舒對策，言：“王者欲有所爲，宜求其端於天。天道大者，在於陰陽。陽爲德，陰爲刑。天使陽常居大夏而以生育長養爲事，陰常居大冬而積於空虛不用之處，以此見天之任德不任刑也。陽出布施於上而主歲功，陰入伏臧於下而時出佐陽。陽不得陰之助，亦不能獨成。[4]王者承天意以從事，故務德教而省刑罰。刑罰不可任以治世，猶陰之不可任以成歲也。今廢先王之德教，獨用執法之吏治民，而欲德化被四海，故難成也。是故古之王者莫不以教化爲大務，立大學以教於國，設庠序以化於邑。[5]教化以明，[6]習俗以成，天下嘗無一人之獄矣。至周末世，大爲無道，以失天下。秦繼其後，又益甚之。自古以來，未嘗以亂濟亂，大敗天下如秦者也。[7]習俗薄惡，民人抵冒。[8]今漢繼秦之後，雖欲治之，無可奈何。法出而姦生，令下而詐起，一歲之獄以萬千數，如以湯止沸，沸俞甚而無益。[9]辟之琴瑟，[10]不調，甚者必解而更張之，迺可鼓也。爲政而不行，甚者必變而更化之，迺可理也。故漢得天下以來，常欲善治，而至今不能勝殘去殺者，失之當更化而不能更化也。古人有言曰：‘臨淵羨魚，不如歸而結網。’今臨政而願治七十餘歲矣，不如退而更化。更化則可善治，而災害日去，福禄日來矣。”是時，上方征討四夷，鋭志武功，[11]不暇留意禮文之事。

［1］【今注】英雋：英俊。周壽昌《漢書注校補》卷一五以爲指趙綰、王臧，事見本書卷六《武紀》。

［2］【顏注】師古曰：服，謂衣服之色也。

［3］【顏注】師古曰：“説”讀曰“悦”。

［4］【今注】案，成，蔡琪本、大德本、殿本作“成歳功”。歳功，一年萬物生長的收穫。

［5］【顏注】師古曰：庠序，行禮養老之處也。

［6］【今注】案，以，大德本作“已”。

［7］【顏注】師古曰：濟，益也。【今注】案，王念孫《讀書雜志・漢書第四》以爲“未嘗”下脱“有”字，則文義不明，當依本書卷五六《董仲舒傳》補。

［8］【顏注】師古曰：抵，忤也。冒，犯也。言無廉恥、不畏懼也。抵，音丁禮反。【今注】抵冒：觸犯，抵禦。楊樹達《漢書窺管》據《説文》：“蝱，食草根者，吏抵冒取民財則生。”《太平御覽》卷九七四引《風俗通》云：“氐羌抵冒貪饕，至死好利。”《國語・晉語》云：“有冒上而無忠下。”韋昭注：“冒，抵冒，言貪也。”本書卷六九《趙充國傳》云：“抵冒渡湟水。”本書《董仲舒傳》云：“抵冒殊扞。”知“抵冒”爲漢人常用語。

［9］【顏注】師古曰：俞，進也，音踰，又音愈。它皆類此。

［10］【顏注】師古曰：“辟”讀曰“譬”。

［11］【顏注】師古曰：鋭，利也。言一意進求，若兵刃之鋭利。

至宣帝，時琅邪王吉爲諫大夫，[1]又上疏言：“欲治之主不世出，[2]公卿幸得遭遇其時，未有建萬世之長策，舉明主於三代之隆者也。其務在於簿書、斷獄、聽訟而已，此非太平之基也。今俗吏所以牧民者，非有禮義科指可世世通行者也，以意穿鑿，各取一切。[3]

是以詐僞萌生，刑罰無極，質樸日消，恩愛寖薄。[4]孔子曰'安上治民，莫善於禮'，非空言也。願與大臣延及儒生，述舊禮，明王制，驅一世之民，濟之仁壽之域，[5]則俗何以不若成、康，壽何以不若高宗？"[6]上不納其言，吉以病去。

[1]【今注】琅邪：郡名。治東武縣（今山東諸城市）。　王吉：傳見本書卷七二。　諫大夫：漢武帝置。掌諫爭、顧問應對，議論朝政。屬光禄勳，無定員，秩比八百石。

[2]【顏注】師古曰：言時時而一出，難常遇（蔡琪本、大德本、殿本句末有"也"字）。

[3]【顏注】師古曰：苟順一時，非正道。

[4]【顏注】師古曰：寖，古"浸"字。浸，漸也。

[5]【顏注】師古曰：言以仁道治之，皆得其性，則壽考也。域，界也。【今注】案，濟，蔡琪本、大德本、殿本作"躋"。王鳴盛《十七史商榷》卷一一指出本書卷七二《王吉傳》作"濟"字。《毛詩》"朝隮于西"，又"南山朝隮"，"濟"與"隮"通。王先謙《漢書補注》以爲"濟"不通"隮"。王説非。"濟"義較長。

[6]【顏注】師古曰：成、康，周之二王，太平之時也。高宗，殷王武丁也。有德可尊，故曰高宗。享國五十九年，故云壽。【今注】案，王念孫《讀書雜志・漢書第四》指出，《古文尚書》"肆高宗之享國五十有九年"，《今文尚書》作"百年"。《漢書》所引皆今文，此云"壽若高宗"，正謂享國百年。漢石經正作"百年"。本書《五行志》曰"高宗致百年之壽"，本書卷三六《劉向傳》等亦云"百年"，王充《論衡・氣壽》曰"高宗享國百年，周穆王享國百年，並未享國之時，皆出百三四十歲矣"，皆與漢石經同，則皆用《今文尚書》。顏師古不見今文，又未參考他書，故引

古文“五十九年”以釋之，實與王吉所引不合。

至成帝時，犍爲郡於水濱得古磬十六枚，[1]議者以爲嘉祥，劉向因是説上：“宜興辟雍，[2]設庠序，陳禮樂，隆雅頌之聲，盛揖攘之容，[3]以風化天下。如此而不治者，未之有也。或曰，不能具禮。[4]禮以養人爲本，如有過差，是過而養人也。[5]刑罰之過，或至死傷。今之刑非皋陶之法也，[6]而有司請定法，削則削，筆則筆，[7]救時務也。至於禮樂，則曰不敢，是敢於殺人不敢於養人也。爲其俎豆管弦之閒小不備，因是絕而不爲，是去小不備而就大不備，大不備或莫甚焉。[8]夫教化之比於刑法，刑法輕，是舍所重而急所輕也。[9]且教化，所恃以爲治也，刑法所以助治也。今廢所恃而獨立其所助，非所以致太平也。自京師有誖逆不順之子孫，[10]至於陷大辟受刑戮者不絕，繇不習五常之道也。[11]夫承千歲之衰周，繼暴秦之餘敝，民漸漬惡俗，貪饕險詖，不閑義理，[12]不示以大化，而獨毆以刑罰，終已不改。[13]故曰：‘導之以禮樂，而民和睦。’[14]初，叔孫通將制定禮儀，見非於齊、魯之士，然卒爲漢儒宗，業垂後嗣，斯成法也。”[15]成帝以向言下公卿議，會向病卒，丞相、大司空奏請立辟廱。[16]案行長安城南，[17]營表未作，[18]遭成帝崩，群臣引以定謚。[19]

[1]【顏注】師古曰：濱，水涯也，音賓。【今注】犍爲郡：西漢武帝建元時置。初治鄨縣（今貴州遵義市西），治所境域多次

變遷，詳見本書《地理志上》。

[2]【今注】劉向：傳見本書卷三六。　辟雍：亦作“辟廱”。爲西周天子所設大學。辟，通“璧”。

[3]【顏注】師古曰：攘，古“讓”字。【今注】攘：錢大昭《漢書辨疑》據《説文》：“攘，推也。讓，相責讓也。纕，援臂也。”《禮記·曲禮》云“左右攘辟”，鄭玄注：“‘攘’，古‘讓’字。”或以爲“揖讓”字古作“揖攘”，“譙讓”字古作“讓”，“攘臂”“攘羊”字古作“纕”歟。

[4]【顏注】師古曰：或曰者，劉向設爲難者之言，而後答釋也。

[5]【顏注】師古曰：過差猶失錯也。

[6]【今注】皋陶：或作“咎繇”。偃姓。舜命作刑法官。禹繼位，被選爲繼承者。早死。

[7]【顏注】服虔曰：言隨君意也。師古曰：削者，謂有所刪去，以刀削簡牘也。筆者，謂有所增益，以筆就而書也。

[8]【顏注】師古曰：大不備者，事之虧失，莫甚於此。【今注】案，王先謙《漢書補注》以爲，下“大不備”三字誤衍。“或”通“惑”。

[9]【顏注】師古曰：舍，廢也。

[10]【顏注】師古曰：誖，乖也，音布内反。

[11]【顏注】師古曰：“繇”與“由”同。五常，仁、義、禮、智、信，人性所常有之也（有之也，蔡琪本作“行之”，大德本作“行也”，殿本作“行行之也”）。

[12]【顏注】師古曰：貪甚曰饕。言行險曰詖。饕，音吐高反。詖，音彼義反。【今注】險詖：陰險邪僻。楊樹達《漢書窺管》按：《説文》十篇下《心部》云：“憸，憸詖也，憸利于上，佞人也。”險乃同音假字，顏説非是。

[13]【顏注】師古曰：“歐”與“驅”同。

[14]【顏注】師古曰：《孝經》著孔子之言也（著，蔡琪本、大德本、殿本作"載"）。

[15]【今注】案，楊樹達《漢書窺管》引本書卷三六《劉向傳》載劉向上封事："孔子與季孟偕仕於魯，李斯與叔孫俱宦於秦，定公、始皇賢季孟、李斯而消孔子、叔孫，故以大亂，污辱至今。"又劉歆云："漢興，去聖帝明王邈遠，仲尼之道又絕。時獨有一叔孫通，略定儀禮。"本書卷六七《梅福傳》云："箕子佯狂於殷而爲周陳《洪范》，叔孫通遁秦歸漢，制作儀品。夫叔孫先非不忠也，箕子非疏其家而畔親也，不可爲言也。"以爲漢人重叔孫通。

[16]【今注】丞相：指翟方進。傳見本書卷八四。 大司空：指何武。傳見本書卷八六。

[17]【顏注】師古曰：行，音下更反。

[18]【今注】營表：建造宮室時測量地基的標尺。

[19]【顏注】孟康曰：《謚法》曰："安民立政曰成。"帝欲立辟廱，未就而崩。群臣議引爲美，謂之"成"。

及王莽爲宰衡，欲燿衆庶，遂興辟廱，因以篡位，海內畔之。世祖受命中興，撥亂反正，[1]改定京師于土中。[2]即位三十年，四夷賓服，百姓家給，政教清明，[3]廼營立明堂、辟廱。顯宗即位，[4]躬行其禮，宗祀光武皇帝于明堂，養三老五更於辟廱，[5]威儀既，美矣。[6]然德化未流洽者，禮樂未具，群下無所誦説，而庠序尚未設之故也。孔子曰："辟如爲山，未成一匱，止，吾止也。"[7]今叔孫通所撰禮儀，與律令同録，臧於理官，[8]法家又復不傳。[9]漢典寢而不著，民臣莫有言者。[10]又通没之後，河間獻王采禮樂古事，[11]稍稍增輯，至五百餘篇。[12]今學者不能昭見，但推《士禮》

以及天子，^[13]説義又頗謬異，故君臣長幼交接之道浸以不章。^[14]

[1]【顏注】師古曰：謂後漢光武帝也。

[2]【顏注】師古曰：謂都洛陽。

[3]【顏注】師古曰：給，足也。言家家皆足。

[4]【顏注】李奇曰：明帝曰顯宗。

[5]【顏注】李奇曰：王者父事三老，兄事五更。《詩》云："三壽作朋。"鄧展曰：漢直以一公爲三老，用大夫爲五更，每常大行禮乃置（每，大德本作"母"；常，殿本作"當"）。師古曰：鄭玄説云三老五更，謂老人更知三德五事者也。更，音工衡反。蔡邕以爲"更"當爲"叟"，叟，老人之稱也。

[6]【今注】案，大德本、殿本"美"前有"盛"字。

[7]【顏注】師古曰：《論語》云孔子之言（云，蔡琪本、大德本、殿本作"載"）。匱者，織草爲器，所以盛土也。言爲山欲成，尚少一匱之土，止而不爲，則其功終已不就。如斯之人，吾所不教喻也（蔡琪本、大德本、殿本"不"後有"能"字）。"辟"讀曰"譬"。

[8]【顏注】師古曰：古書"懷藏"之字本皆作"臧"，《漢書》例爲"臧"耳。理官，即法官也。【今注】臧：陳直《漢書新證》據《隸釋》卷六載《武斑碑》云："勳臧王府。"以"臧"爲"藏"，與本文同，以爲是東漢時通用之隸體假借字。

[9]【今注】案，《漢書考正》劉攽以爲"法家"當屬上句。王先謙《漢書補注》以爲非。本書《藝文志》云："法家者流，蓋出於理官。"理官爲掌刑法之官。法家爲習刑法之家。官書無藏在私家的道理，此句意爲：禮儀藏在理官，而法家又無講習者，故不傳。

[10]【顏注】師古曰：寢，息也。

[11]【今注】河閒獻王：劉德。傳見本書卷五三。

[12]【顏注】師古曰："輯"與"集"同也。【今注】五百餘篇：沈欽韓《漢書疏證》以爲本書《藝文志》河閒獻王所輯，合《樂記》共二百三十餘篇耳。"五百"疑誤也。

[13]【今注】案，王先謙《漢書補注》引本書《藝文志》補證曰"《禮古經》及《明堂陰陽》《王史氏記》，多天子諸侯卿大夫之制，猶愈后倉等推《士禮》而致於天子之説"，以爲可與志文相證。

[14]【顏注】師古曰：濅，漸也。

　　樂者，聖人之所樂也，而可以善民心。其感人深，移風易俗，[1]故先王著其教焉。[2]夫民有血氣心知之性，而無哀樂喜怒之常，應感而動，然後心術形焉。[3]是以纖微噍瘁—作衰之音作，而民思憂；[4]闡諧嫚易之音作，而民康樂；[5]麤厲猛奮之音作，而民剛毅；[6]廉直正誠之音作，而民肅敬；寬裕和順之音作，而民慈愛；[7]流辟邪散之音作，而民淫亂。[8]先王恥其亂也，故制雅頌之聲，本之情性，稽之度數，制之禮儀，[9]合生氣之和，導五常之行，[10]使之陽而不散，陰而不集，[11]剛氣不怒，柔氣不懾，[12]四暢交於中，而發作於外，[13]皆安其位而不相奪，[14]足以感動人之善心也，[15]不使邪氣得接焉，是先王立樂之方也。[16]

[1]【顏注】師古曰：易，音弋豉反。【今注】案，蔡琪本、大德本、殿本"移"前有"其"字。

[2]【顏注】師古曰：著，明也。

[3]【顏注】師古曰：言人之性感物則動也。術，道徑也。

心術，心之所由也。形，見也。

[4]【顏注】師古曰：瘯瘰，謂減縮也。音子笑反。【今注】瘯瘰：《漢書考正》劉攽以爲樂聲無瘯瘰，當依《禮記·樂記》"志微噍殺之音"，讀爲"噍殺"。錢大昕《廿二史考異·漢書二》以爲《禮記·樂記》鄭玄注"志微"爲"意細"，似曲；當依此文作"纖"。"纖"與"識"字形相涉，而"志"又爲"識"之古文，遂訛爲"志"。"衰""殺"聲相近，較之"瘰"字爲長。案，一作衰，諸本皆有此三字。

[5]【顏注】師古曰：闡，廣也。諧，和也。嫚易，言不急刻也。易，音弋豉反。

[6]【顏注】師古曰：麤屬，抗屬也。猛奮，發揚也。"麤"作"麄"字非是（麤作麄字，蔡琪本、大德本、殿本作"麤古麄字"；非是，蔡琪本、大德本無此二字）。

[7]【顏注】師古曰：裕，饒也。

[8]【顏注】師古曰："辟"讀曰"僻"（王先謙《漢書補注》曰：官本注在"亂也"下）。

[9]【顏注】師古曰：稽，考也。

[10]【顏注】師古曰：氣（蔡琪本、大德本、殿本"氣"前有"生"字），陰陽之氣。導，引也。

[11]【顏注】師古曰：集，謂聚滯也。

[12]【顏注】師古曰：愲，恐也，音之涉反。

[13]【顏注】師古曰：暢，通達也。

[14]【今注】案，蔡琪本、大德本、殿本"奪"後有"也"字。

[15]【今注】案，也，蔡琪本、大德本、殿本作"而"。

[16]【今注】案，王先謙《漢書補注》以爲，自"樂者，聖人之所樂也"至此，皆用《樂記》文而稍有改易。

王者未作樂之時，因先王之樂以教化百姓，説樂其俗，[1]然後改作，以章功德。《易》曰："先王以作樂崇德，殷薦之上帝，以配祖考。"[2]昔黄帝作《咸池》，[3]顓頊作《六莖》，帝嚳作《五英》，[4]堯作《大章》，舜作《招》，[5]禹作《夏》，湯作《濩》，[6]武王作《武》，[7]周公作《勺》，[8]《勺》，言能勺先祖之道；[9]《武》，言以功定天下也；[10]《濩》，言救民也；[11]《夏》，大承二帝也；[12]《招》，繼堯也；[13]《大章》，章之也；[14]《五英》，英茂也。[15]《六莖》，及根莖也。[16]《咸池》，備矣。[17]自夏以往，其流不可聞已，[18]《殷頌》猶有存者。[19]《周詩》既備，[20]而其器用張陳，《周官》具焉。[21]

[1]【顔注】師古曰：説樂其俗，使和説而安樂也。"説"讀曰"悦"。樂，音來各反。

[2]【顔注】師古曰：此《豫卦》象辭也。殷，盛大也。上帝，天也。言王者作樂（王，殿本誤作"語"），崇表其德，大薦於天，而以祖考配饗之也。

[3]【今注】咸池：王先謙《漢書補注》引《吕氏春秋·古樂》補證曰："黄帝命伶倫與榮將鑄十二鐘，以和五音，以施英韶，以仲春之月，乙卯之日，日在奎，始奏之，命之曰《咸池》。"

[4]【顔注】師古曰：嚳，音酷。【今注】案，《漢書考證》齊召南以爲《六莖》《五英》，名與《白虎通》同。又《周禮疏》引《樂緯》，稱《五莖》《六英》。王先謙《漢書補注》曰：《廣雅·釋樂》"莖"作"韺"，"英"作"韺"。

[5]【顔注】師古曰："招"讀曰"韶"。下皆類此。【今注】案，王先謙《漢書補注》引《吕氏春秋·古樂》補證曰："帝堯立，命質爲樂。乃拌五弦之瑟，作以爲十五弦之瑟，命之曰《大章》，

以祭上帝。舜令質修《九招》《六列》《六英》，以明帝德。"案，《周禮‧大司樂》鄭玄注曰"黃帝曰《雲門》《大卷》"，又云"《大章》《咸池》，堯樂也"，《禮記‧樂記》鄭注曰"《大章》，堯樂名也。《周禮》闕之，或作《大卷》"，二注不同。據孔、賈《疏》云："《咸池》，黃帝之樂，堯增修之，至周謂之《大咸》。《大章》，堯樂，至周謂之《大卷》，更加以《雲門》之號。是《雲門》《大卷》一也。"《史記》卷二《夏本紀》"於是禹乃興《九招》之樂"。蓋舜樂，禹復修之。

[6]【顏注】師古曰：濩，音護。【今注】案，王先謙《漢書補注》引《呂氏春秋‧古樂篇》補證曰："禹命皋陶作爲《夏籥》九成，以昭其功。湯命伊尹作爲《大濩》，歌《晨露》，修《九招》《六列》，以見其善。"

[7]【今注】武：王先謙《漢書補注》引《白虎通》："武王曰《象》者，象太平而作樂，示已太平也。合曰《大武》者，天下始樂周之征伐行武，故詩人歌之曰：'王赫斯怒，爰整其旅。'當此之時，樂文王之怒以定天下，故樂其武也。"《禮記‧文王世子》"下管象"鄭注："《象》，周武王伐紂之樂。"《禮記‧明堂位》鄭注："《象》，謂《周頌‧武》也。"引蔡邕《獨斷》云："《武》一章七句，奏《大武》，周武所定，一代之樂所歌也。"以爲《維清》亦稱《象》，因其同爲象功德。又，《毛傳》"《維清》，奏《象舞》也"，鄭玄箋云："《象舞》，象用兵時刺伐之舞，武王制焉。"似武王時但有舞，周公作《維清》之詩，歌以奏之，美文王之樂也。《毛傳》又云"《武》，奏《大武》也"，《鄭箋》："《大武》，周公作樂所爲舞也。"此則樂歌、樂舞並周公所作，以美武王。歌《維清》之詩以祀文王，則用武王所作之《象舞》；歌《武》詩以祀武王，則用周公所作之《大武》舞。故舊説謂《象》即《武》，並屬武王，不與周公《大武》相混。以爲武王作，是因爲舞是武制，歌又美武故。

[8]【今注】勺：王先謙《漢書補注》曰："勺"，《詩》作

"酌"，《左傳》作"汋"，《春秋繁露·質文》作"汋"。《毛傳》："《酌》，告成《大武》也。"《白虎通》："周公之樂曰《酌》，合曰《大武》。"是歌《勺》詩、舞《大武》。《儀禮》《禮記》皆言"舞《勺》"，明《勺》有舞。《周禮》《禮記》《左傳》言"舞《大武》"，是《勺》舞即《大武》舞。

[9]【顏注】師古曰："勺"讀曰"酌"。酌，取也。【今注】案，錢大昭《漢書辨疑》卷一二曰："勺"，《漢紀》作"酌"。王先謙《漢書補注》引《白虎通》："周公曰《酌》者，言周公輔成王，能斟酌文武之道而成之也。"引《初學記》載宋均云："周承衰而起，斟酌文武之道，故曰《勺》。"引蔡邕《獨斷》云："《勺》，一章九句，告成《大武》，言能酌文武之道以養天下也。"引本書卷五六《董仲舒傳》云"於周莫盛於《勺》"補證。　案，蔡琪本、大德本、殿本作"道"後有"也"字。

[10]【今注】案，王念孫《讀書雜志·漢書第四》以爲"功"上脫"武"字，否則文義不明。《白孔六帖》卷六一正作"以武功定天下"。

[11]【今注】濩：王先謙《漢書補注》引《白虎通》："湯曰《大濩》者，言湯承衰，能護民之急也。"引《初學記》載宋均云："殷承衰而起，護先王之道，故曰《大濩》。"引《太平御覽》載《元命苞》云："湯之時，民大樂其救之於患害，故樂名《大濩》。"

[12]【顏注】師古曰：夏，大也。二帝，謂堯、舜也。【今注】夏：王先謙《漢書補注》引《白虎通》："禹曰《大夏》者，言禹能順二聖之道而行之，故曰《大夏》也。"引《初學記》載宋均云："禹承二帝之後，道重太平，故曰《大夏》，其德能大諸夏也。"引《太平御覽》載《元命苞》云："禹之時，民大樂其駢，三聖相繼，故夏者，大也。"

[13]【顏注】師古曰：韶之言紹，故曰繼堯也。【今注】招：王先謙《漢書補注》引《禮記·樂記》云："韶，繼也。"引《白

虎通》：“舜曰《簫韶》者，舜能繼堯之道也。”引《初學記》載宋均云：“舜繼堯之後，循行其道，故曰《簫韶》。”引《太平御覽》載《元命苞》云：“舜之時，民樂其紹堯業。”《大司樂》作“大磬”，注：“《大磬》，舜樂也，言其德能紹堯之道也。”“韶”“磬”“招”同字，並以紹繼爲義。

[14]【顏注】師古曰：章，明也。【今注】大章：王先謙《漢書補注》引《白虎通》：“堯曰《大章》者，大明天地人之道也。”引《初學記》載宋均云：“堯時仁義大行，法度章明，故曰《大章》也。”

[15]【今注】五英：王先謙《漢書補注》引《白虎通》：“帝嚳曰《五英》者，言能調和五聲以養萬物，調其英華也。”引《太平御覽》載《樂緯》注云：“道有英華，故曰《五英》。”案，蔡琪本、大德本、殿本“英”後有“華”字。

[16]【顏注】師古曰：澤及下。【今注】六莖：王先謙《漢書補注》引《白虎通》：“顓頊曰《六莖》者，言和律呂以調陰陽，莖著萬物也。”以爲義與本《志》同。律呂皆六，故以調律呂言。《太平御覽》引《樂緯》注云：“道有根莖，故曰《六莖》。”

[17]【顏注】師古曰：咸，皆也。池，言其包容浸潤也。故云“備矣”。【今注】案，王先謙《漢書補注》引《白虎通》：“黃帝曰《咸池》者，言大施天下之道而行之。天之所生，地之所載，咸蒙德施也。”引《北堂書鈔》載劉向《通義》云：“咸，皆也。池，施也。黃帝時，道皆施於民也。”引《初學記》載宋均《緯注》云：“咸，皆也。池，音施。道施於民，故曰《咸池》也。取無不浸潤萬物，故定以爲樂名。”此顏注所本。

[18]【顏注】師古曰：言歌頌皆亡也。已，語終辭。

[19]【顏注】師古曰：謂正考甫所得《那》以下是。

[20]【顏注】師古曰：謂《雅》《頌》皆得其所。

[21]【顏注】師古曰：謂大司樂以下諸官所掌。

典者自卿大夫師瞽以下，皆選有道德之人，[1]朝夕習業，以教國子。國子者，卿大夫之子弟也，皆學歌九德，[2]誦六詩，[3]習六舞、五聲、八音之和。[4]故帝舜命夔曰：「女典樂，教胄子，[5]直而溫，[6]寬而粟，[7]剛而無虐，[8]簡而無敖。[9]詩言志，歌咏言，[10]聲依咏，律和聲，[11]八音克諧。」[12]此之謂也。又以外賞諸侯德盛而教尊者。其威儀足以充目，音聲足以動耳，詩語足以感心，[13]故聞其音而德和，省其詩而志正，[14]論其數而法立。是以薦之郊廟則鬼神饗，作之朝廷則群臣和，立之學官則萬民協。聽者無不虛己竦神，說而承流，[15]是以海內徧知上德，被服其風，[16]光輝日新，化上遷善，而不知所以然，至於萬物不夭，天地順而嘉應降。故《詩》曰：「鐘鼓鍠鍠，磬管鏘鏘，降福穰穰。」[17]《書》云：「擊石拊石，百獸率舞。」[18]鳥獸且猶感應，而況於人乎？況於鬼神乎？故樂者，聖人之所以感天地，通神明，安萬民，成性類者也。然自《雅》《頌》之興，而所承衰亂之音猶在，[19]是謂淫過凶嫚之聲，爲設禁焉。世衰民散，小人乘君子，[20]心耳淺薄，則邪勝正。故《書序》：「殷紂斷棄先祖之樂，迺作淫聲，用變亂正聲，以說婦人。」[21]樂官師瞽抱其器而犇散，或適諸侯，或入河海。[22]夫樂本情性，浹肌膚而臧骨髓，雖經乎千載，其遺風餘烈尚猶不絕。至春秋時，陳公子完犇齊。[23]陳，舜之後，《招樂》存焉。故孔子適齊聞《招》，[24]三月不知肉味，曰：「不圖爲樂之至於斯！」美之甚也。[25]

[1]【顏注】師古曰：師，樂工。瞽，無目者。

[2]【顏注】師古曰：水、火、金、木、土、穀，謂之六府。正德、利用、厚生，謂之三事。六府、三事，謂之九功。九功之德皆可歌也，故言九德也。

[3]【顏注】應劭曰：六詩者，詩有六義，一曰風，二曰賦，三曰比，四曰興，五曰雅，六曰頌。

[4]【顏注】師古曰：六舞，謂帗舞（帗，蔡琪本、大德本、殿本作“帗”，是，下同不注）、羽舞、皇舞、旄舞、干舞、人舞也。五聲，宮、商、角、徵、羽也。八音，金、石、絲、竹、匏、土、革、木。帗，音弗。皇，音翼（翼，蔡琪本、大德本、殿本作“皇”，是）。

[5]【顏注】師古曰：《虞書·舜典》所載也。夔，舜臣名。胄子，即國子也。

[6]【顏注】師古曰：正直溫和也。

[7]【顏注】師古曰：寬大而敬栗。【今注】案，栗，蔡琪本、大德本、殿本作“栗”，當據改。

[8]【顏注】師古曰：剛毅而不害虐也。

[9]【顏注】師古曰：簡約而無傲慢（傲慢，蔡琪本作“傲慢也”，大德本、殿本作“敖慢也”）。敖讀曰“傲”。

[10]【顏注】師古曰：咏，古“詠”字也。在心爲志，發言爲詩。咏，永也。永，長也。歌所以長言之。

[11]【顏注】師古曰：依，助也。五聲所以助歌也，六律所以和聲也。

[12]【顏注】師古曰：諧亦和也。自此以上，皆帝舜之言。

[13]【今注】詩語：王念孫《讀書雜志·漢書第四》以爲自漢以前，無以“詩”“語”二字連文者，此當爲“詩謌”字之誤。“謌”即“歌”。上文“和親之說難形，則發之於詩歌詠言，鍾石笙絃”。又引《尚書·堯典》“詩言志，歌詠言”云云。此文“音

聲足以動耳"，承上聲律八音而言；"詩謌足以感心"，承上詩謌而言。則"語"爲"謌"字之誤明。荀悦《漢紀》載此正作"詩謌足以感心"。

[14]【顏注】師古曰：省，視也。

[15]【顏注】師古曰：竦，敬也。"說"讀曰"悦"。

[16]【顏注】師古曰：被，音皮義反。言蒙其風化，若被而服之。

[17]【顏注】師古曰：此《周頌・執競》之詩也。鍠鍠，和也。鏘鏘，盛也。穰穰，多也。言周王祭祖考之廟，奏樂而八音和盛，則神降之福至多也。鍠，音皇。穰，音人羊反。【今注】案，錢大昭《漢書辨疑》曰：今《詩》"鍠"作"喤"，"鏘"作"將"，前者爲古字。

[18]【顏注】師古曰：《虞書・舜典》也。石，謂磬也。言樂之和諧也（諧，大德本作"謂"）。擊拊磬石（蔡琪本、大德本、殿本"擊"前有"至於"二字），則百獸相率而舞也。

[19]【顏注】師古曰：言若周時尚有殷紂之餘聲。

[20]【顏注】師古曰：乘，陵也。

[21]【顏注】師古曰：今文《周書・泰誓》之辭也。"說"讀曰"悦"。

[22]【顏注】師古曰：犇，古"奔"字。《論語》云："大師摰適齊，亞飯干適楚，三飯繚適蔡，四飯缺適秦，鼓方叔入於河，播鼗武入于漢，少師陽、擊磬襄入于海。"此志所云及《古今人表》所叙，皆謂是也（皆，大德本誤作"音"）。云"諸侯"者，追繫其地，非爲當時已有國名。而説《論語》者乃以爲魯哀公時禮壞樂崩（蔡琪本"魯哀公"前有"追"字），樂人皆去，斯亦未允也。夫《六經》殘缺，學者異師（學，大德本作"孝"），文義舛駁（舛駁，蔡琪本作"竟馳"，大德本、殿本作"競馳"），各守所見，而馬、鄭群儒，皆在班、楊之後（楊，大德

本、殿本作"揚"），向、歆博學，又居王、杜之前，校其是非，不可偏據。其《漢書》所引經文，與近代儒家往往乖別，既自成義指，即就而通之，庶免守株，以申賢達之意。非苟越異，理固然也（理，大德本作"恐"）。它皆類此。【今注】案，吳仁傑《兩漢刊誤補遺》卷四指出，地名齊、楚、秦、蔡，雖商紂時已有，但未爲國號。但摯、干、繚、缺等實非商人。《史記·禮書》言"仲尼没後，受業之徒沈湮而不舉，或適齊、楚，或入河海"。據此，此八人或是魯樂師，嘗以雅樂受業於孔子者，故稱"師摯之始，洋洋盈耳"；又"語魯太師樂"，此太師摯也；"學琴於師襄"，此擊磬襄也。案《史記》卷四《周本紀》，紂世固嘗有太師、少師抱樂器而犇者矣，但非摯與陽，是太師疵、少師彊。本書《古今人表》亦列此二人於師摯八人之後。然則此志文言"樂師犇散"，未爲失之。《漢書考證》齊召南以爲此志本《史記》卷四《周本紀》言紂時太師、少師持其祭樂器奔周，班氏遂以《論語》實其事。

［23］【顏注】師古曰：完，陳厲公子，即敬仲也，莊二十二年遇難出奔齊也。

［24］【今注】案，招，大德本、殿本作"韶"。

［25］【顏注】師古曰：事見《論語》。

周道始缺，怨刺之詩起。[1]王澤既竭，而詩不能作。王官失業，《雅》《頌》相錯，[2]孔子論而定之，故曰："吾自衛反魯，然後樂正，《雅》《頌》各得其所。"[3]是時，周室大壞，諸侯恣行，設兩觀，乘大路。[4]陪臣管仲、季氏之屬，[5]三歸《雍》徹，八佾舞廷。[6]制度遂壞，陵夷而不反，[7]桑間濮上，鄭、衛、宋、趙之聲並出，[8]内則致疾損壽，外則亂政傷民。巧僞因而飾之，以營亂富貴之耳目。[9]庶人以求利，列國以相閒。^[10]故秦穆遺戎而由余去，^[11]齊人餽魯而孔子行。^[12]至於六國，魏文侯最爲好古，^[13]而謂子夏曰："寡人聽古樂則欲寐，及聞鄭、衛，余不知倦焉。"子夏辭而辨之，終不見納。^[14]自此禮樂喪矣。

[1]【今注】案，何焯《義門讀書記》卷一六以爲怨刺起，《古今人表》注以爲懿王時。

[2]【顏注】師古曰：錯，雜也。

[3]【顏注】師古曰：事亦見《論語》。

[4]【顏注】應劭曰：觀，闕兩門邊兩觀也（闕兩門，蔡琪本、大德本、殿本作"闕門"）。禮，諸侯一觀。大路，天子之車。

[5]【顏注】師古曰：陪，重也。諸侯者，天子之臣，故其臣稱重也（蔡琪本、大德本、殿本"重"後有"臣"字）。季氏，魯桓公子季友之後，專執國政而奢僭也。

[6]【顏注】師古曰：三歸，取三姓女也。婦人謂嫁曰歸。蓋謂管仲耳（蔡琪本、殿本"蓋"前有"故曰三歸"四字）。《雍》，樂詩也。徹饌奏之。八佾，八列之舞，皆僭天子禮也。此謂季氏耳。【今注】三歸：王先謙《漢書補注》以爲顏解"三歸"本《論語》包咸注。案，《韓非·外儲說》："管仲相齊，曰：'臣貴矣，然而臣貧。'桓公曰：'使子有三歸之家。'曰：'臣富矣，然而臣卑。'孔子聞之，曰：'泰侈偪上。'"是"三歸"爲富侈之事，即《論語》所謂"不儉"。《韓非子》又云："管仲父出，朱蓋青表，置鼓而歸，家有三歸。"《晏子春秋》云："桓公有管仲，身老，賞之以三歸，澤及子孫。"是仲自朝歸家，有三處桓公之賜，永爲世業；又在老年時，知非取三姓女。《戰國策·周策》："桓公宮中女市，女閭七百，仲故爲三歸之家，以掩桓公非。"《說苑·善說》："仲築三歸之臺，以自傷於民。"是管仲意在爲桓公分謗，未

得正君之道。訓三歸爲臺名及取女，則誤。《說苑》又云："桓公以管仲爲上卿。管仲曰：'貧不能使富。'桓公賜之齊市租。管仲曰：'疏不能制近。'"與《韓非》文異事同。市租，即資給三歸之家。案，王先謙說與俞樾《群經平議》卷三〇說近。

[7]【顏注】師古曰：陵夷，漸隤替也。解在《成帝紀》及《諸侯王表》。

[8]【顏注】應劭曰：桑閒，衞地。濮上，濮水之上。皆好新聲。師古曰：鄭、衞、宋、趙諸國，亦皆有淫聲。【今注】案，王念孫《讀書雜志·漢書第四》以爲《漢紀》"趙"作"楚"是。自"設兩觀，乘大路"以下，皆述春秋時事。春秋時未有趙，此因"楚"從"疋"、"趙"從"走"，二形相似而誤。王先謙《漢書補注》據《禮記·樂記》："鄭音好濫淫志，宋音燕女溺志，衞音趨數煩志，齊音敖辟驕志。此四者，皆淫於色而害於德。"以爲"鄭、衞、宋、趙"當爲"鄭、衞、宋、齊"。

[9]【顏注】師古曰：營猶回繞也。【今注】營：惑。王念孫《讀書雜志·漢書第四》以爲顏師古望文生義。營者，惑也。本字作"營"。言惑亂富貴之耳目。《說文》曰："營，惑也，從目，熒省聲。"《玉篇》："唯并、胡亭二切。"或作"熒"，通作"營"，又通作"榮"。荀悅《漢紀》作"榮亂富貴之耳目"。《周易·否卦》之《象傳》"不可榮以祿"，虞翻本"榮"作"營"，言不可惑以祿。《莊子·人閒世》"而目將熒之"，陸德明《經典釋文》載向、崔本"熒"作"營"。《大戴禮記·文王官人》曰"煩亂以事而志不營"，又曰"臨之以貨色而不可營"。《戰國策·楚策》曰"好利可營也"。《荀子·宥坐》曰"言談足以飾邪營衆"。是"營"與"惑"同義。《呂氏春秋·尊師》"心則無營"，《淮南子·原道訓》"精神亂營"，高誘注皆曰："營，惑也。""亂營"猶營亂。本書卷七五《李尋傳》："爲妻妾役使所營"，亦謂爲其所惑；顏注訓"營"爲"繞"，誤與此同。"營"訓爲"惑"，故或謂之"營惑"。

[10]【顏注】師古曰：閒，音居莧反。

[11]【顏注】應劭曰：戎，西戎也。由余，其賢臣也。秦欲兼之，遺以女樂。由余諫而不聽，遂去入秦。

[12]【顏注】師古曰：“餽”亦“饋”字。《論語》云“齊人餽女樂，季桓子受之，三日不朝，孔子行”也。

[13]【顏注】師古曰：魏文侯本晉大夫畢萬之後，僭諸侯者。

[14]【顏注】師古曰：事見《禮》之《樂記》。

漢興，樂家有制氏，[1]以雅樂聲律世世在大樂官，但能紀其鏗鏘鼓舞，而不能言其義。[2]高祖時，叔孫通因秦樂人制宗廟樂。大祝迎神于廟門，[3]奏《嘉至》，[4]猶古降神之樂也。皇帝入廟門，奏《永至》，[5]以爲行步之節，猶古《采薺》《肆夏》也。[6]乾豆上，奏《登歌》。[7]獨上歌，不以筦弦亂人聲，欲在位者徧聞之，猶古《清廟》之歌也。《登歌》再終，下奏《休成》之樂，[8]美神明既饗也。皇帝就酒東箱，[9]坐定，奏《永安》之樂，美禮已成也。又有《房中祠樂》，高祖唐山夫人所作也。[10]周有《房中樂》，[11]至秦名曰《壽人》。凡樂，樂其所生，禮不忘本。高祖樂楚聲，故《房中樂》楚聲也。孝惠二年，使樂府令夏侯寬備其簫筦，[12]更名曰《安世樂》。

[1]【顏注】服虔曰：魯人也，善樂事也。

[2]【顏注】師古曰：鏗鏘，金石之聲也。鏗，音丘耕反（丘，殿本作“立”；反，蔡琪本作“切”）。鏘，音七羊反（七羊，蔡琪本、大德本、殿本作“初庚”）。其下亦同。

[3]【今注】大祝：太祝。掌祝辭和祈禱等事。

[4]【顏注】李奇曰：嘉，善也，善神之至也。【今注】案，錢大昭《漢書辨疑》曰：《嘉至》《永至》《登歌》《休成》《永安》，皆樂章篇名。陳直《漢書新證》指出，《嘉至》及《永至》皆爲樂章之篇名，《小校經閣金文》卷一三有建平二年四時嘉至搖鐘。《書道》卷三有綏和二年四時嘉至錫壺。《雪堂藏古器物簿》有四時嘉至玉磬。綜合觀之，嘉至爲四時嘉至之簡稱，亦秦漢人之習俗語。

[5]【今注】永至：王念孫《讀書雜志·漢書第四》以爲《永至》當作《禮至》，《漢紀》作“《禮至》”是。上言“大祝迎神于廟門，奏《嘉至》”，嘉神之至也。此言“皇帝入廟門，奏《禮至》”，謂皇帝以禮至於廟中。故下文云“以爲行步之節，猶古《采薺》《肆夏》也”。“禮”字古文作“礼”，“永”字隸書作“礼”，二形相似，又涉下文“《永安》之樂”而誤。王先謙《漢書補注》以爲“永至”者，神長至而永享之。不誤。

[6]【顏注】劉德曰：歌樂，在《逸詩》。師古曰：薺，音才私反，《禮經》或作“齍”，又作“茨”，音並同耳。【今注】案，沈欽韓《漢書疏證》補證引：《周禮·樂師》鄭玄注：“司農云：‘《肆夏》《采薺》皆樂名；或曰，皆逸《詩》。謂人君行步，以《肆夏》爲節。趨疾於步，則以《采薺》爲節。若今時行禮於大學中，出以《鼓陔》爲節。’（案，此則漢尚有《陔夏》）玄謂：‘《爾雅》曰“堂上謂之行，門外謂之趨”。然則王至堂而《肆夏》作，出路門而《采薺》作，其反，入至應門、路門亦如之。’”

[7]【顏注】師古曰：乾豆，脯羞之屬。

[8]【顏注】服虔曰：叔孫通所奏作也。

[9]【今注】案，箱，蔡琪本、大德本、殿本作“廂”。

[10]【顏注】服虔曰：高帝姬也。韋昭曰：唐山，姓也。

[11]【今注】案，《漢書考正》宋祁以爲“周”上有“曰”

字。何焯《義門讀書記》卷一六意見相同，以爲與下"曰本舜
《招舞》也"義同。王先謙《漢書補注》認爲不當有"曰"字。
"本舜《招舞》也"，上"曰"字亦衍文。

[12]【今注】樂府令：漢置，爲少府屬官，主宗廟祭祀之樂。
何焯《義門讀書記》卷一六以爲武帝始立樂府。此"樂府令"疑
作"大樂令"。沈欽韓《漢書疏證》此以後制追述前事。 案，
筦，蔡琪本、殿本作"管"。

高廟奏《武德》《文始》《五行》之舞，[1]孝文廟
奏《昭德》《文始》《四時》《五行》之舞，孝武廟奏
《盛德》《文始》《四時》《五行》之舞。[2]《武德舞》
者，高祖四年作，以象天下樂已行武以除亂也。《文始
舞》者，曰本舜《招舞》也，[3]高祖六年更名曰《文
始》，以示不相襲也。《五行舞》者，本周舞也，秦始
皇二十六年更名曰《五行》也。《四時舞》者，孝文
所作，以示天下之安和也。[4]蓋樂已所自作，明有制
也；[5]樂先王之樂，明有法也。[6]孝景采《武德舞》以
爲《昭德》，以尊大宗廟。至孝宣，采《昭德舞》爲
《盛德》，以尊世宗廟。諸帝廟皆常奏《文始》《四時》
《五行舞》云。高祖六年又作《昭容樂》《禮容樂》。
《昭容》者，猶古之《昭夏》也，主出《武德舞》。[7]
《禮容》者，主出《文始》《五行舞》。舞人無樂者，
將至至尊之前不敢以樂也；出用樂者，言舞不失節，
能以樂終也。大氐皆因秦舊事焉。[8]

[1]【今注】案，高廟，蔡琪本、大德本、殿本作"高祖廟"。

王念孫《讀書雜志·漢書第四》以爲"祖"字涉上下文而衍。底本作"高廟"是。高祖廟僅稱高廟，猶孝文帝、孝武帝廟之但稱孝文、孝武廟。本書凡稱高祖廟者皆曰高廟。

[2]【今注】案，陳直《漢書新證》按：《御覽》卷五七四引《通禮義纂》云："漢興拜陵，食舉奏《文始》《五行》之舞。"

[3]【今注】案，王念孫《讀書雜志·漢書第四》以爲，此不當有"曰"字，應爲涉下文"更名曰"而衍。《通典》有"曰"字，亦後人依誤本《漢書》加。《續漢書·禮儀志》劉昭注、《後漢書》卷二《孝明帝紀》李賢注、《藝文類聚·樂部》、《太平御覽·樂部》引此皆無"曰"字，荀悦《漢紀》同。下文"《五行舞》者，本周舞也"，亦無"曰"字。

[4]【今注】案，蔡琪本、大德本、殿本"示"上有"明"字。王念孫《讀書雜志·漢書第四》以爲"明"字涉下兩"明"字而衍。

[5]【顔注】師古曰：言自制作也。

[6]【顔注】師古曰：遵前代之法。

[7]【顔注】蘇林曰：言《昭容樂》生於《武德舞》。【今注】主出：《漢書考正》劉奉世以爲是"此舞出則主奏之"，故下文云"出用樂者，言舞不失節，能以樂終也"。

[8]【顔注】師古曰：氐，歸也，音丁禮反。其後字或作"抵"，音義並同。

初，高祖既定天下，過沛，[1]與故人父老相樂，醉酒歡哀，作"風起"之詩，令沛中僮兒百二十人習而歌之。[2]至孝惠時，以沛宮爲原廟，[3]皆令歌兒習吹以相和，常以百二十人爲員。文景之間，禮官肄業而已。[4]至武帝定郊祀之禮，祠太一於甘泉，就乾位也；[5]祭后土於汾陰，澤中方丘也。[6]乃立樂府，[7]采詩夜誦，[8]有趙、代、秦、楚之謳。以李延年爲協律都尉，[9]多舉司馬相如等數十人造爲詩賦，[10]略論律呂，以合八音之調，作十九章之歌。以正月上辛用事甘泉圜丘，[11]使童男女七十人俱歌，昏祠至明。夜常有神光如流星止集于祠壇，天子自竹宮而望拜，[12]百官侍祠者數百人，皆肅然動心焉。

[1]【今注】沛：縣名。治所在今江蘇沛縣。

[2]【今注】案，沈欽韓《漢書疏證》引《史記‧樂書》補證："高祖過沛，詩《三侯之章》，令小兒歌之。"

[3]【顏注】師古曰：原，重也。言已有正廟，更重立也。

[4]【顏注】師古曰：肄，習也，音弋二反。

[5]【顏注】師古曰：言在京師之西北也。

[6]【顏注】師古曰：汾水之旁，土特堆起，是澤中方丘也。祭地以象地形。【今注】方丘：吳仁傑《兩漢刊誤補遺》卷四據本書《郊祀志》"祠官寬舒議：'親祠后土，宜於澤中圜丘。'於是立后土祠於汾陰"，以爲當是圜丘，"方丘"爲傳寫之誤。《史記‧封禪書》曰："天好陰，祠之必於高山之下畤；地貴陽，祭之必於澤中圜丘。"知汾陰之議有所祖。學者但見《周禮》奏樂於圜丘、方丘以禮神示，謂圜丘以象天圜，方丘以象地方，於是改《漢》《史》之文，以從《周禮》之制。不知武帝祠汾陰之日，《周禮》猶未出。

[7]【顏注】師古曰：始置之也。樂府之名蓋起於此。哀帝時罷之。

[8]【顏注】師古曰：采詩，依古道人徇路，采取百姓謳謠，以知政教得失也。夜誦者，其言辭或祕不可宣露，故於夜中詞誦也。【今注】夜誦：錢大昭《漢書辨疑》以爲顏說非。夜誦，官

名，員五人。古"宮掖"之"掖"亦作"夜"。因誦於宮掖之中，故謂之夜誦。周壽昌《漢書注校補》以爲，假如詩辭爲上所欲祕，則不得使人誦。爲下所欲祕，則不得令官采。且既誦，雖夜也不能祕。應是夜時清静，循誦易嫻。本《志》後云"兼給事雅樂用四人，夜誦員五人"，是置官選詩合於雅樂者，夜静誦之。

［9］【今注】李延年：傳見本書卷九三。　協律都尉：漢武帝時始置。掌承旨譜曲。

［10］【今注】多舉：周壽昌《漢書注校補》據本書《郊祀志》"其春，既滅南越，嬖臣李延年以好音見"，是爲武帝元鼎六年（前111）。以爲相如死當元狩五年（前118），死後七年，延年始得見上，定郊祀之樂。本書卷九三《佞倖傳》"是時上方興天地諸祠，欲造樂，令司馬相如等作詩頌。延年輒承意弦歌所造詩，爲之新聲曲"，是相如前造詩，李延年後爲新聲。"多舉"者，言舉相如等數十人之詩賦，非舉其人。

［11］【顔注】師古曰：用上辛，依《周禮》郊天日也（依，蔡琪本、大德本作"用"，殿本無此字）。辛，取齊戒自新之義也。爲圜丘者，取象天形也。

［12］【顔注】韋昭曰：以竹爲宮，天子居中。師古曰：《漢舊儀》云，竹宮去壇三里。

《安世房中歌》十七章，[1]其詩曰：大孝備矣，休德昭清。[2]高張四縣，樂充宮庭。[3]芬樹羽林，雲景杳冥。[4]金支秀華，庶旄翠旌。[5]

［1］【今注】案，《漢書考正》劉敞以爲推尋文理，不見十七章，疑爲十二章之誤。言《房中歌》十七章，如分别之：《大孝備矣》一章八句；《七始華始》一章十句；《我定歷數》一章八句；《王侯秉德》一章七句；《海内有姦》一章八句；"大海蕩水所歸，

高賢愉民所懷", 依注, 當有"蕩蕩""愉愉"字,《大海蕩蕩》一章六句;《安其所》一章六句;《豐草蔞》一章八句;《雷震震》一章十句;《桂華》一章十句,"桂華馮馮翼翼", 此《桂華》前章之名也, 古詩皆有章名, 今此獨兩章存;《美芳》一章八句;《磑磑即即》一章八句;《嘉薦芳矣》一章八句;《皇皇鴻明》一章六句;《浚則師德》一章四句;《孔容之常》一章八句;《承帝明德》一章八句。吳仁傑《兩漢刊誤補遺》卷四以爲,《既醇詩》及下文《安其所章》, 皆用疊句。此章當云"王侯秉德, 其鄰翼翼。其鄰翼翼, 顯明昭式", 書本脫誤, 今改定作八句。又"大海蕩""高賢愉",《刊誤》云"依注, 當有'蕩蕩''愉愉'字", 故定作《大海蕩蕩章》一章六句。吳仁傑認爲"大海蕩"與"大山崔"相偶成文。又《安其所章》亦云"高賢愉, 樂民人", 注言"有愉愉之德"。然而解"蕩"爲"蕩蕩","愉"爲"愉愉", 文勢如此, 恐當爲三字句, 讀之亦與下文協韻。

[2]【今注】休:美。

[3]【顏注】晉灼曰:四縣, 樂四縣也, 天子宮縣。師古曰:謂設宮縣而高張之。縣, 古"懸"字。【今注】四縣:王先謙《漢書補注》補證引《周禮·小胥》"正樂縣之位, 王宮縣", 鄭玄注:"樂縣, 謂鐘磬之屬縣於筍簴者。宮縣, 四面皆縣, 如宮有牆也。四面縣, 故曰四縣。"

[4]【顏注】師古曰:言所樹羽葆, 其盛若林, 芬然衆多, 仰視高遠, 如雲日之杳冥也。【今注】案, 王先謙《漢書補注》引《説文》:"芬, 草初生其香分布。"以爲引伸爲衆多意, 與下"羽旄殷盛, 芬哉芒芒"義同。下章言"神來宴娭", 此及下二語, 狀神來羽葆衆盛, 非謂樂上之飾也。司馬相如《子虛賦》言"上拂羽蓋, 錯翡翠之葳蕤, 繆繞玉綏, 眇眇忽忽, 若神之髣髴", 杜甫《渼陂行》"湘妃漢女出歌舞, 金支翠旗光有無", 並本此文爲義。

[5]【顏注】張晏曰:金支, 百二十支。秀華, 中主有華豔

也。旄，鍾之旄也。文穎曰：析羽爲旌，翠羽爲之也。臣瓚曰：樂上衆飾，有流遡羽葆，以黃金爲支，其首敷散，若草木之秀華也。師古曰：金支秀華，瓚說是也。庶，衆也。庶旄翠旌，謂析五采羽，注翠旄之首而爲旌耳。【今注】金支秀華：王先謙《漢書補注》引《續漢書·輿服志》"羽蓋華蚤"，劉昭注："徐廣云：'翠羽，蓋金華施橑末，有二十八枚。'薛綜云：'金作華形，莖皆低曲。'"以爲"支"與"枝"古字通，即薛所謂莖。　庶旄翠旌：王先謙《漢書補注》引《禮記·樂記》鄭玄注："旄，旄牛尾也。"《後漢書》卷四二《東平憲王蒼傳》鄭玄注云："旄，謂注旄於竿首。"旄非一，故言"庶"。旄羽是翠，故曰"翠旌"。瓚注"流遡"即"流蘇"，"遡""蘇"音轉字變。

　　《七始華始》，蕭倡和聲。[1]神來宴娭，庶幾是聽。[2]鬵鬵音送，細齊人情。[3]忽乘青玄，熙事備成。[4]清思眇眇，經緯冥冥。[5]

　　[1]【顏注】孟康曰：七始，天地、四時、人之始。華始，萬物英華之始也。以爲樂名，如《六英》也。師古曰：蕭，敬也。言歌者敬而唱諧和之聲。【今注】七始：錢大昭《漢書辨疑》以爲即本書《律曆志》引《書》曰"予欲聞六律、五聲、八音、七始詠"之"七始"。

　　[2]【顏注】師古曰：娭，戲也。言庶幾神來宴戲聽此樂也。娭，音許其反。【今注】娭：王先謙《漢書補注》以爲"娭""嬉""喜"轉相通假。此歌"宴娭"，與《詩經》"燕喜"同。《楚辭·招魂》"娭光眇視"，王逸注："娭，戲也。"此顏所本。

　　[3]【顏注】晉灼曰：鬵鬵（鬵鬵，蔡琪本、大德本、殿本作"粥粥"），敬懼貌也。細，微也。以樂送神，微感人情，使之齊肅也。師古曰：鬵（鬵，蔡琪本、大德本、殿本作"粥

粥"），音弋六反。【今注】案，鬻鬻，蔡琪本、大德本、殿本作
"粥粥"；齊，大德本、殿本作"㐧"。

[4]【顏注】師古曰：還神禮畢（蔡琪本、大德本、殿本作
"還"前有"言"字），忽登青天而去，福熙之事皆備成也。"熙"
與"禧"同也。【今注】青玄：指天。王先謙《漢書補注》引《文
選》謝朓《始出尚書省詩》，李賢注："青即蒼也。" 熙事：盛美
之事。

[5]【顏注】蘇林曰：眑，音窈。師古曰：眑眑，幽静也。
經緯，謂經緯天地。【今注】冥冥：王先謙《漢書補注》引《素
問》注："窈窈、冥冥，言元遠也。"以爲此處言己之清思上達於冥
漠之表，祀禮咸秩，各得理緒，故曰"經緯冥冥"。顏云"經緯天
地"，非。

我定歷數，人告其心。[1]敕身齊戒，施教申申。[2]
乃立祖廟，敬明尊親。大矣孝熙，四極爰臻。[3]

[1]【顏注】師古曰：言臣下各竭其心，致誠殼也（殼，殿
本作"愨"，是）。【今注】告：王先謙《漢書補注》引《釋名》
釋云："上敕下曰告。告，覺也，使覺悟知己意也。"

[2]【顏注】應劭曰：敕，謹敬之貌。師古曰："齊"讀曰
"齋"。

[3]【顏注】師古曰：熙亦福也。四極，四方極遠之處也。
《爾雅》曰："東至於泰遠，西至於邠國，南至於濮鉛（鉛，大德
本、殿本同，蔡琪本誤作"鈆"），北至於祝栗，謂之四極。"
邠，音彬。"臻"字與"臻"同。

王侯秉德，其鄰翼翼，[1]顯明昭式，清明鬯矣，皇
帝孝德。[2]竟全大功，[3]撫安四極。

[1]【顏注】師古曰：鄰，言德不孤必有鄰也。翼翼，恭敬也。【今注】鄰：《漢書考正》劉敞以爲謂近臣。

[2]【顏注】師古曰：鬯，古"暢"字。暢，通也。

[3]【今注】案，竟，大德本作"境"。

海内有姦，紛亂東北。[1]詔撫成師，武侯承惪。[2]行樂交逆，簫勺群慝。[3]肅爲濟哉，[4]蓋定燕國。[5]

[1]【顏注】師古曰：謂匈奴。

[2]【顏注】師古曰：成師，言各置部校，師出以律也。《春秋左氏傳》曰："成師以出。"【今注】案，王先謙《漢書補注》以爲顏説非。以爲"撫"當釋爲安，"成"猶定，"師"爲民衆也。侯，蔡琪本、大德本、殿本作"臣"；惪，蔡琪本作"德"，同。

[3]【顏注】晉灼曰：《簫》，舜樂也。《勺》，周樂也。言以樂征伐也。師古曰：言制定新樂，教化流行，則逆亂之徒盡交歡也。慝，惡也。"勺"讀曰"酌"。【今注】逆：《漢書考正》劉敞以爲，逆，迎也。"言師行而和樂，遠邇皆迎也"。 簫勺：王先謙《漢書補注》引李光地，以爲即銷鑠。《楚辭》"質銷鑠以汋約兮"，王逸注："銷鑠，化其渣滓也。""簫勺"與"銷鑠"同聲字。

[4]【今注】案，王先謙《漢書補注》以爲句意爲"行師以嚴肅取濟"。

[5]【顏注】師古曰：匈奴服從，則燕國安靜無寇難也。【今注】燕國：沈欽韓《漢書疏證》以爲燕國謂臧荼。高祖五年（前202）臧荼反，又利幾反於潁川。六年人告楚王韓信謀反，又韓王信降匈奴。上文所謂"紛亂東北"。顏但指匈奴，北則是，則東不可解。

大海蕩蕩水所歸，高賢愉愉民所懷。[1]大山崔，百卉殖。民何貴？貴有德。[2]

[1]【顏注】李奇曰：愉愉，懌也。師古曰：蕩蕩，廣大貌也。愉愉，和樂貌也。懷，思也。言海以廣大之故，衆水歸之。王者有和樂之德，則人皆思附也。

[2]【顏注】師古曰：言大山以崔嵬之故，能生養百卉；明君以崇高其德，故爲萬姓所尊也。崔，音才回反。

安其所，樂終産。[1]樂終産，世繼緒。[2]飛龍秋，游上天。[3]高賢愉，樂民人。[4]

[1]【顏注】師古曰：萬物各安其所，而樂終其生也（生，蔡琪本、殿本作“産”）。

[2]【顏注】師古曰：言傳祚無窮。

[3]【顏注】蘇林曰：秋，飛貌也。師古曰：《莊子》有秋駕之法者，亦言駕馬騰驤，秋秋然也。楊雄曰（楊雄曰，大德本作“楊雄賦曰”，蔡琪本殿本作“揚雄賦曰”）“秋秋蹌蹌之入西園”（蔡琪本、大德本、殿本無“之”字），其義亦同。讀者不曉“秋”義，或改此“秋”字爲“秌稷”之“秋”，失之遠矣。

[4]【顏注】師古曰：言王者有愉愉之德，故使衆人皆安樂。

豐草葽，女羅施。[1]蓇何如，誰能回！[2]大莫大，成教德；長莫長，被無極。[3]

[1]【顏注】孟康曰：葽，音“四月秀葽”。葽（葽，殿本作“之葽”，王先謙《漢書補注》以爲是），盛貌也。應劭曰：女羅，兔絲也，延于松之上（蔡琪本、大德本、殿本“松”後有“柏”

字）。異類而猶載之，況同姓，言族親不可不覆遇也。

[2]【顏注】師古曰：回，亂也。言至德之善，上古帝皇皆不如之，而不可干亂。

[3]【顏注】師古曰：被，音皮義反。次下亦同。

　　靁震震，電燿燿。明德鄉，治本約。[1]治本約，澤弘大。[2]加被寵，咸相保。[3]施德大，[4]世曼壽。[5]

[1]【顏注】服虔曰：與臣民之約。師古曰：鄉，方也。言王者之威，取象靁電，明示德義之方，而治政本之約。"約"讀曰"要"。【今注】案，王先謙《漢書補注》以爲"鄉"讀曰"向"；"約"，少意。此謂上有明德，則爲衆所向，圖治之本，所操不在多。

[2]【顏注】師古曰：政教有常，則恩惠溥洽。【今注】案，王先謙《漢書補注》引李光地，以爲"大"或是"久"之訛。

[3]【顏注】師古曰：言德政所加，人被寵渥，則室家老幼皆相保也。

[4]【今注】案，施德，蔡琪本、大德本、殿本作"德施"。

[5]【顏注】曼，延也。師古曰（此條注釋蔡琪本、大德本、殿本作"師古曰曼延也"）。

　　都荔遂芳，宵宋桂華。[1]孝奏天儀，若日月光。[2]乘玄四龍，回馳北行。[3]羽旄殷盛，芬哉芒芒。[4]孝道隨世，[5]我署文章。[6]《桂華》。[7]

[1]【顏注】蘇林曰：宵，音宵旺之宵（旺，大德本誤作"朕"）。宋，音"宋下"之"宋"。孟康曰：宵，出；宋，入。

都良薛荔之香鼓動桂華也。晉灼曰：桂華似殿名，次下言"桂華
馮馮翼翼，承天之則"。言樹此香草以絜齊其芳氣，乃達於宮殿
也。臣瓚曰：《茂陵中書》歌《都孋》《桂英》《美芳》《鼓行》，
如此復不得爲殿名。師古曰：諸家説皆未盡也。此言都良薛荔俱
有芬芳，桂華之形宵窊然也，皆謂神宫所有耳。宵，音一交反。
窊，音一瓜反。【今注】案，楊樹達《漢書窺管》引李慈銘以爲，
"華"字與下"光""行""芒""章"字不協韻，或爲"英"字之
誤。臣瓚注引《茂陵中書》，《都孋》即《都荔》，《美華》亦下章
篇題之名，可證。

[2]【顔注】師古曰：言以孝道進承於天，天神下降，故有
光。【今注】儀：王先謙《漢書補注》引《爾雅·釋詁》："儀，善
也。"以爲此言天善之，故神來下降，光若日月。

[3]【今注】乘玄四龍：王先謙《漢書補注》引《左傳》昭公
二十九年"有夏孔甲擾於有帝，帝賜之乘龍，河、漢各二"，杜預
注云："合爲四。"以爲此乘四龍。又引張衡《應閒》"玄龍，迎夏
則陵雲而奮鱗"，以爲此處故舉"玄"言之。　北行：背行。北，
古"背"字。

[4]【顔注】師古曰：芬，亦謂衆多。芒芒，廣遠之貌。【今
注】芒芒：王先謙《漢書補注》以爲，言羽旄馳行愈遠而不可見，
非謂廣遠也。

[5]【今注】隨世：王先謙《漢書補注》以爲"言相承不替。
漢代諸帝廟號，並冠以孝，是其義也"。

[6]【顔注】師古曰：署猶分部也，一曰，表也。

[7]【今注】案，錢大昭《漢書辨疑》曰："此二字是《練時
日》《帝臨》《青陽》之類，所以記章數也。但存《桂華》《美若》
二章之名，其餘俱脱去耳。"

馮馮翼翼，承天之則。[1]吾易久遠，燭明四極[2]。

慈惠所愛，美若休德。[3]杳杳冥冥，克綽永福。[4]

　　[1]【顏注】師古曰：馮馮，盛滿也。翼翼，衆貌也。【今注】馮馮翼翼：王先謙《漢書補注》以爲，此用《毛詩·卷阿》"有馮有翼"文，與《孟子》"輔之翼之"同義。

　　[2]【顏注】晉灼曰：易，疆易也。久，固也。武帝自言拓境廣遠安固也。師古曰：此説非也。久猶長也。自言疆易遠大耳。非武帝時也，不得云"拓境"。

　　[3]【顏注】師古曰：若，順也。休亦美也。

　　[4]【顏注】師古曰：綽，緩也，亦謂延長也。【今注】克綽：王先謙《漢書補注》以爲猶克寬。《毛詩·角弓》傳："綽綽，寬也。"居上寬仁，則杳冥之中永福祐之。顏説非。

　　美芳磈磈即即，師象山則。[1]烏呼孝哉，[2]案撫戎國。[3]蠻夷竭歡，象來致福。[4]兼臨是愛，終無兵革。[5]

　　[1]【顏注】孟康曰：磈磈，崇積也。即即，充實也。師，象也。則，法也。積實之盛衆類於山也。師古曰：磈，音五回反。【今注】磈（wéi）磈：高貌。王先謙《漢書補注》補證引《文選·魯靈光殿賦》李賢注："磈磈，高貌。"　　即即：王先謙《漢書補注》以爲"即"無"充實"義。古"即"與"就"同字，"即即"猶"就就"。《呂氏春秋·權勳》"就就乎其不肯自是"。磈磈即即，蓋居高思謙之義。故衆之來附，其象若山基永固也。

　　[2]【今注】案，烏，蔡琪本、殿本作"嗚"。

　　[3]【今注】案：王先謙《漢書補注》以爲即"安"字。

　　[4]【顏注】李奇曰：象，譯也。蠻夷遣譯致福貢也。【今注】案，王先謙《漢書補注》引《周禮·秋官序官》"象胥"鄭玄

注："通夷狄之言者曰象。"蠻夷通使，民免兵禍，是致福。祭祀歸
胙曰致福。貢無福義，李説非。

　　[5]【顏注】師古曰：兼臨，言在上位者普包容。

　　嘉薦芳矣，告靈饗矣。告靈既饗，德音孔臧。[1]惟
德之臧，建侯之常。承保天休，令問不忘。[2]

　　[1]【顏注】師古曰：饗字合韻皆音鄉。孔，甚也。臧，
善也。

　　[2]【顏注】師古曰：建侯，封建諸侯也。《易·屯卦》曰：
"利建侯。"休，美也。令，善也。問，名也。

　　皇皇鴻明，蕩侯休德。[1]嘉承天和，伊樂厥福。[2]
在樂不荒，惟民之則。[3]

　　[1]【顏注】服虔曰：侯，惟也。臣瓚曰：天下蕩平，惟帝
之休德。【今注】蕩侯：王先謙《漢書補注》以爲"侯"與"兮"
同義。蕩兮猶蕩蕩。《論語·泰伯》何晏《集解》引包咸注："蕩
蕩，廣遠之稱。"此處大明皇皇然美盛，休德蕩蕩然廣遠，相對爲
文。以"蕩"爲"天下蕩平"，增文成義。又訓"侯"爲"惟"，
意不相屬。非。

　　[2]【顏注】師古曰：伊，是也。

　　[3]【顏注】師古曰：則，法也。【今注】案，王先謙《漢書
補注》曰：此一章六句。

　　浚則師德，下民咸殖。令問在舊，孔容翼翼。[1]

[1]【顏注】師古曰：浚，深也。師，衆也。則，法也。殖，生也。舊，久也。翼，敬也。言有深法衆德，故能生育羣黎，久有善名，其容甚敬也。【今注】案，王先謙《漢書補注》以爲"浚""孔"爲大。翼翼，盛也。

孔容之常，承帝之明。[1]下民之樂，子孫保光。[2]承順溫良，受帝之光。嘉薦令芳，壽考不忘。[3]

[1]【顏注】師古曰：帝謂天也。下皆類此。

[2]【顏注】師古曰：言永保其光寵也。

[3]【顏注】師古曰：不忘，言長久（蔡琪本、大德本、殿本句末有"也"字）。

承帝明德，師象山則。[1]雲施稱民，永受厥福。[2]承容之常，承帝之明，下民安樂，受福無疆。[3]

[1]【顏注】師古曰：衆象山而爲法，言不騫不崩。

[2]【顏注】師古曰：言稱物平施，其澤如雲也。稱，音尺孕反。

[3]【顏注】師古曰：疆，竟也。下皆類此。

《郊祀歌》十九章，其詩曰：練時日，侯有望，[1]焫膋蕭，延四方。[2]九重開，靈之斿，[3]垂惠恩，鴻祜休。[4]靈之車，結玄雲，駕飛龍，羽旄紛。[5]靈之下，若風馬，[6]左倉龍，右白虎。[7]靈之來，神哉沛，[8]先以雨，般裔裔。[9]靈之至，慶陰陰，[10]相放㷹，震澹心。[11]靈已坐，五音飾，[12]虞至旦，承靈億。[13]牲繭栗，粢盛香，尊桂酒，賓八鄉。[14]靈安留，吟青黃，[15]徧觀此，眺瑤堂。[16]衆嫭並，綽奇麗，[17]顏如荼，兆逐靡。[18]被華文，厠霧縠，曳阿錫，佩珠玉。[19]俠嘉夜，蓝蘭芳，[20]澹容與，獻嘉觴。[21]《練時日》一。

[1]【顏注】師古曰：練，選也。【今注】侯：乃。王先謙《漢書補注》引《爾雅·釋訓》："侯，乃也。"

[2]【顏注】李奇曰：膋，腸間脂也。蕭，香蒿也。師古曰：以蕭焫脂合馨香也。四方，四方之神也。膋，音來彫反。焫，音人說反。【今注】焫（ruò）：點燃，焚燒。王先謙《漢書補注》以爲"焫"與"爇"同。《禮記·郊特牲》"然後焫蕭，合羶薌"，鄭玄注："蕭、薌，蒿也，染以脂，合黍稷燒之。" 膋（liáo）：泛指脂肪。王先謙《漢書補注》引《説文》："膫，牛腸脂也。或作'膋'，从勞，省聲。"

[3]【顏注】師古曰：天有九重，言皆開門而來降厥福。【今注】斿：游。陳直《漢書新證》指出以"斿"爲"游"，與《考工記》龍旂九斿相同。石經《論語》殘字，子游作"子斿"，皆與本文相合。

[4]【顏注】師古曰：鴻，大也。祜，福也。休，美也。祜，音怙。

[5]【顏注】師古曰：紛紛，言其多。

[6]【顏注】師古曰：言速疾。

[7]【顏注】師古曰：以爲衞。【今注】左倉龍右白虎：陳直《漢書新證》指出亦見本書卷九三《佞倖傳》。《澂秋館吉金圖録》有尚方鏡銘云："尚方御鏡大毋傷，左龍右虎辟不祥，朱鳥玄武順陰陽。"在漢鏡漢瓦中，龍虎朱雀玄武，謂之四靈，最爲普遍。此歌蓋亦用當時之習俗語。

［8］【顏注】師古曰：沛，疾貌，音補蓋反。

［9］【顏注】師古曰：先以雨，言神欲行，令雨先驅也。"般"讀曰"班"同。班，布也。裔裔，飛流之貌。【今注】裔裔：王先謙《漢書補注》以爲是群行貌。顏屬雨言，恐非。

［10］【顏注】師古曰：言垂陰覆偏於下。【今注】慶：王念孫《讀書雜志・漢書第四》曰以爲讀作"羌"，發聲。

［11］【顏注】師古曰：放怫猶髣髴也。澹，動也。放，音"昉"。怫，音"沸"（沸，蔡琪本、殿本作"弗"）。澹，音大濫反。

［12］【顏注】師古曰："飭"讀與"敕"字同，謂整也。【今注】案，飾，蔡琪本、大德本、殿本作"飭"，當據改。

［13］【顏注】師古曰：虞，樂也。億，安（大德本、殿本"安"後有"也"字）。

［14］【顏注】應劭曰：桂酒，切桂置酒中也。晉灼曰：尊，大尊也。元帝時大宰丞李元記云"以水漬桂，爲大尊酒"。師古曰：繭栗，言角之小如繭及栗之形也。八鄉，八方之神。【今注】尊桂酒：王先謙《漢書補注》指出《楚辭》"奠桂酒兮椒漿"，王逸注與應同。

［15］【顏注】服虔曰：吟，音含。師古曰：服說非也。吟，謂歌誦也，青黃，謂四時之樂也。

［16］【顏注】應劭曰：眺，望也。瑤，石而似玉者也。師古曰：以瑤飾堂。瑤，音遙。

［17］【顏注】孟康曰：嫭，音互。嫭，好也。如淳曰：嫭，美目貌。晉灼曰：嫭，音坼嫭之嫭。師古曰：孟說是也。謂供神女樂並好麗也。【今注】嫭：音 hù。 綽：王先謙《漢書補注》引《楚辭》"澿心綽態"，王逸注："綽猶多也。"

［18］【顏注】應劭曰：荼，野菅白華也。言此奇麗白如荼也。孟康曰：兆逐靡者，兆民逐觀而綺靡也（綺，蔡琪本、殿本

作“猗”）。師古曰：菅，茅也。言美女顏貌如茅荼之柔也。荼者，今俗所謂蒹錐也。荼，音塗。菅，音姦。靡，合韻音武義反。【今注】兆逐靡：洪亮吉《四史發伏》卷四引《毛詩》《鄭箋》：“荼，茅秀，物之輕者，飛行無常。”以爲“兆逐靡”當取飛行爲義，不以柔爲義。顏師古似誤。

[19]【顏注】如淳曰：阿，細繒。錫，細布也。師古曰：厠，雜也。霧縠，言其輕細若雲霧（蔡琪本、大德本、殿本句末有“也”字）。【今注】錫：錢大昭《漢書辨疑》引《説文》：“緆，細布也。”以爲其字从“糸”，古亦通用“錫”。

[20]【顏注】如淳曰：佳、俠，皆美人之稱也。嘉夜，芳草也。師古曰：“俠”與“挾”同，言懷挾芳草也。苣，即今白芷。苣，音昌改反。

[21]【顏注】師古曰：澹，安也。容與，言閑舒也。澹，音大濫反。

帝臨中壇，四方承宇，[1]繩繩意變，備得其所。[2]清和六合，制數以五。[3]海内安寧，興文匽武。[4]后土富媼，昭明三光。[5]穆穆優游，嘉服上黃。[6]《帝臨》二。

[1]【顏注】師古曰：言天神尊者來降中壇，四方之神各承四宇也。“壇”字或作“禮”，讀亦曰“壇”。字加示者，神靈之耳。下言“紫壇”“嘉壇”，其義並同。【今注】帝：《漢書考正》劉攽以爲指天子。吳仁傑《兩漢刊誤補遺》卷四以爲此章言“帝臨中壇”，繼之以《青陽》《朱明》《西顥》《元冥》四章，蓋祠五方帝所歌。顏師古以帝爲天神，劉攽以爲天子，皆與《志》不合。此帝謂下方之帝，《禮記·月令》“中央土”是也。王念孫《讀書雜志·漢書第四》以爲本書《郊祀志》云“具泰一祠壇，五帝壇

環居其下”，猶此歌之言“帝臨中壇”；又云“其下四方地，爲餟食”，猶此歌之言“四方承宇”。若如劉説，以帝爲天子，則與“四方承宇”句義不相屬。第十五章云“神之揄，臨壇宇”，此云“帝臨中壇，四方承宇”，文義相同。

[2]【顏注】應劭曰：繩繩，謹敬更正意也。孟康曰：衆多也。臣瓚曰：《爾雅》：“繩繩，戒也。”師古曰：瓚説是也。

[3]【顏注】張晏曰：此后土之歌也。土數五。【今注】制數以五：王念孫《讀書雜志‧漢書第四》以爲，此即《月令》所云“其神后土，其數五”。

[4]【顏注】師古曰：匼，古“偃”字。

[5]【顏注】張晏曰：媼，老母稱也。坤爲母，故稱媼。海内安定，富媼之功耳。【今注】后土富媼：《漢書考正》劉攽以爲言“后土富媼”者，由漢以土德。吳仁傑《兩漢刊誤補遺》卷四以爲“媼”當爲“熅”字之誤。熅有兩義：一曰烟熅，天地合氣；一曰鬱煙也。富媼以烟熅爲義。沈欽韓《漢書疏證》以爲“媼”“熅”形近而誤。《新書‧道術》又云“欣燻可安謂之熅，反熅爲鷙”，則“熅”爲坤厚載物之義。王念孫《讀書雜志‧漢書第四》以爲本書《郊祀志》：“有司議曰‘陛下親祠后土，宜於澤中圜丘爲五壇，而從祠衣上黃’”，又云“禪泰山下阯東北肅然山，如祭后土禮，衣上黃”，故此歌云“后土富媼，昭明三光。穆穆優游，嘉服上黃”。劉攽謂漢以土德，故言“后土富媼”，亦非。

[6]【顏注】孟康曰：土色上黃也。

青陽開動，根荄以遂，[1]膏潤并愛，跂行畢逮。[2]
霆聲發榮，壧處頃聽，[3]枯槀復産，迺成厥命。[4]衆庶
熙熙，施及夭胎，[5]群生噉噉，惟春之祺。[6]《青陽》
三。鄒子樂。

[1]【顏注】臣瓚曰：春爲青陽。師古曰：草根曰荄。遂者，言皆生出也。荄，音該。

[2]【顏注】孟康曰：跂，音岐。師古曰：并，兼也。逮，及也。凡有足而行者，稱跂行也。

[3]【顏注】晉灼曰：壥，穴也。謂蟄蟲驚聽也。師古曰："壥"與"巖"同。言靁霆始發，草木舒榮，則蟄蟲處巖崖者莫不傾聽而起（傾，大德本、殿本作"頃"）。"頃"讀曰"傾"。【今注】壥：王念孫《讀書雜志·漢書第四》以爲晉說是。古書多以"巖穴"連文。故《說文》"夐"字、《楚辭·七諫》王逸注並云"巖，穴也"。蟄蟲皆穴處，故曰"霆聲發榮，壥處頃聽"。

[4]【顏注】師古曰：枯槁，謂草木經冬零落者也。槁，音口老反。

[5]【顏注】師古曰：熙熙，和樂貌也。施，延也。少長曰夭，在孕曰胎。施，音弋豉反。夭，音烏老反。

[6]【顏注】服虔曰：嗿，音"湛湛露斯"。如淳曰：祺，福也。師古曰：嗿嗿，豐厚之貌也。音徒感反。祺，音其。

　　朱明盛長，勇與萬物，[1]桐生茂豫，靡有所詘。[2]
敷華就實，既阜既昌，[3]登成甫田，百鬼迪嘗。[4]廣大
建祀，肅雍不忘，神若宥之，傳世無疆。[5]《朱明》
四。鄒子樂。

[1]【顏注】臣瓚曰：夏爲朱明。師古曰：勇，古"敷"字也。敷與，言開舒也。與，音弋於反。【今注】與：王先謙《漢書補注》以爲"與"當如字讀，施義。顏說非。"勇與"猶"敷施"。《尚書·皋陶謨》"翕受敷施"，《史記》卷二《夏本紀》作"翕受普施"。此文謂陽氣盛長，普施萬物。

[2]【顏注】師古曰："桐"讀爲"通"。茂豫，美盛而光悦

也。草木皆通達而生美悦光澤（蔡琪本、大德本、殿本"草"前有"言"），各無所詘，皆申遂也。詘，音丘物反。【今注】桐：《漢書考正》劉攽以爲幼稚。沈欽韓《漢書疏證》以爲與"侗"通。

　　[3]【顏注】師古曰：敷，布也。就，成也。阜，大也。昌，盛也。

　　[4]【顏注】師古曰：甫田，大田也。百鬼，百神也。迪，進也。嘗，謂歆饗之也。言此粢盛（粢，殿本作"迪"），皆因大田而登成，進於祀所而爲百神所歆饗也。迪，音大歷反。

　　[5]【顏注】師古曰：若，善也。宥，祐也。

　　西顥沆碭，秋氣肅殺，[1]含秀垂穎，續舊不廢。[2]姦僞不萌，祅孽伏息，隅辟越遠，四貉咸服。[3]既畏兹威，惟慕純德，附而不驕，正心翊翊。[4]《西顥》五。鄒子樂。

　　[1]【顏注】韋昭曰：西方少昊也。師古曰：沆，音胡浪反。碭，音蕩。沆碭，白氣之貌也。【今注】西顥沆碭：王念孫《讀書雜志·漢書第四》指出，韋昭以"顥"爲少昊，非。西顥，謂西方顥天也。《吕氏春秋·有始覽》"西方曰顥天"，高誘注曰："金色白，故曰顥天。"《説文》："顥，白貌。"《楚辭》曰："天白顥顥。"故曰"西顥沆碭，秋氣肅殺"。顏以沆碭爲白氣，是。四時之歌，春《青陽》、夏《朱明》、秋《西顥》、冬《元冥》，則顥爲白色明。《爾雅》曰"春爲青陽，夏爲朱明，秋爲白藏，冬爲元英"，彼言"白藏"，猶此言"西顥"。若少昊，則對大昊以立名，非白色之義。

　　[2]【顏注】師古曰：五穀百草，秀穎成實，皆因舊苗，無廢絶也。不榮而實曰秀，葉末曰穎。廢，合韻音發。

　　[3]【顏注】師古曰：四貉猶言四夷。"辟"讀曰"僻"。貉，音莫客反。【今注】貉：王先謙《漢書補注》以爲"貉""貊"字通。《孟子》"大貉、小貉"，《穀梁》楊士勛疏作"大貊、小貊"。統言之，四方皆曰夷；析言之，夷是東方專稱。夷言四貉亦可。言四，種類不一，統舉之詞。顏説未晰。

　　[4]【顏注】師古曰：純，大也。言畏威懷德，皆來賓附，無敢驕怠，盡虔敬。

　　玄冥陵陰，蟄蟲蓋臧，[1]中木零落，抵冬降霜。[2]易亂除邪，革正異俗，[3]兆民反本，抱素懷樸。條理信義，望禮五嶽。[4]籍斂之時，掩收嘉穀。[5]《玄冥》六。鄒子樂。

　　[1]【顏注】師古曰：玄冥，北方之神也。

　　[2]【顏注】孟康曰：抵，至也。至冬而降霜，音底（殿本無"音底"二字）。師古曰：中，古"草"字也。

　　[3]【顏注】師古曰：易，變；革，改也。

　　[4]【顏注】師古曰：條，分也，暢也。

　　[5]【顏注】師古曰：籍斂，謂收籍田也。

　　惟泰元尊，媪神蕃釐，[1]經緯天地，作成四時。精建日月，星辰度理，陰陽五行，周而復始。雲風靁電，降甘露雨，百姓蕃滋，咸循厥緒。[2]繼統共勤，順皇之德，[3]鸞路龍鱗，罔不肸飾。[4]嘉籩列陳，庶幾宴享，[5]滅除凶災，烈騰八荒。[6]鐘鼓竽笙，雲舞翔翔，招搖靈旗，九夷賓將。[7]《惟泰元》七。建始元年，[8]丞相匡衡奏罷"鸞路龍鱗"，[9]更定詩曰"涓選休

成"。^[10]

　　[1]【顏注】李奇曰：元尊，天也。媼神，地也。祭天燔燎，祭地瘞埋也。師古曰：李説非也。泰元，天也。蕃，多也。釐，福也。言天神至尊而地神多福也。蕃，音扶元反。"釐"讀曰"禧"。【今注】媼神：吳仁傑《兩漢刊誤補遺》卷四以爲字亦當作"煴"，煴神者，鬱烟以祀神。

　　[2]【顏注】師古曰：蕃，多也。滋，益也。循，順也。緒，業也。

　　[3]【顏注】師古曰："共"讀曰"恭"。皇，皇天也。此言天子繼承祖統，恭勤爲心而順天也。

　　[4]【顏注】蘇林曰：肸，音"墍塗"之"墍"。墍，飾也。師古曰：罔，無也。肸，振也。謂皆振整而飾之也。肸，音許乙反。

　　[5]【顏注】師古曰：嘉籩，祭祀之籩實也（蔡琪本、大德本、殿本"祭"前有"謂"字）。木曰豆，竹曰籩。"享"字，合韻宜音鄉。

　　[6]【顏注】師古曰：言威烈之盛，踰於八葉（葉，蔡琪本、大德本、殿本作"荒"，是）。

　　[7]【顏注】師古曰：畫招搖於旗以征伐，故稱靈旗。將猶從（蔡琪本、大德本、殿本句末有"也"字）。【今注】九夷賓將：王先謙《漢書補注》引本書《天文志》："斗杓端有兩星，一爲招搖。"又本書《郊祀志》："爲伐南越，告禱泰一，以牡荊畫幡日月北斗登龍，以象太一三星，爲泰一鋒旗，命曰靈旗。爲兵禱，則太史奉以指所伐國。"以爲故有"九夷賓將"之語。賓，意爲導。將，意爲送。

　　[8]【今注】建始：漢成帝年號（前32—前28）。

　　[9]【今注】匡衡：傳見本書卷八一。

［10］【顏注】臣瓚曰：涓，除也。除惡選取美成者也。【今注】涓選休成：錢大昕《廿二史考異·漢書二》指出，前云"奏罷"者，謂去"鸞路"句，改爲"涓選休成"也。下章云"奏罷'黼繡周張'，更定詩曰'肅若舊典'"，亦謂去"黼繡"句，改爲"肅若舊典"。本書《郊祀志》載成帝初即位，丞相衡等奏定南北郊，又言"甘泉泰時紫壇有文章、采鏤、黼黻之飾，石壇、仙人祠，瘞鸞路、駏駒、寓龍馬，不能得其象於古，宜皆勿修"，故更去"鸞路龍鱗""黼繡周張"二語，其餘仍用舊文。沈欽韓《漢書疏證》以爲"涓"與"蠲"同。

天地並况，惟予有慕，[1]爰熙紫壇，思求厥路。[2]恭承禋祀，緼豫爲紛，[3]黼繡周張，承神至尊。[4]千童羅舞成八溢，[5]合好效歡虞泰一。[6]九歌畢奏斐然殊，鳴琴竽瑟會軒朱。[7]璆磬金鼓，靈其有喜。[8]百官濟濟，各敬其事。[9]盛牲實俎進聞膏，[10]神奄留，臨須搖。[11]長麗前掞光燿明，[12]寒暑不忒況皇章。[13]展詩應律鋗玉鳴，[14]函宮吐角激徵清。發梁揚羽申以商，[15]造兹新音永久長。聲氣遠條鳳鳥翔，[16]神夕奄虞蓋孔享。[17]《天地》八。丞相匡衡奏罷"黻繡周張"，[18]更定詩曰"肅若舊典"。[19]

［1］【顏注】師古曰：況，賜也。

［2］【顏注】師古曰：熙，興也。紫壇，壇紫色也。思求降神之路也。

［3］【顏注】孟康曰：積聚脩飾，爲此紛華也。師古曰：緼，音於粉反。【今注】緼豫：王先謙《漢書補注》以爲"緼"即緼緼。豫，悅豫。緼豫，神享其祀而和悅也。

　　［4］【顏注】師古曰：白與黑畫爲斧形謂之黼。【今注】周張：周遍張設。

　　［5］【顏注】師古曰："溢"與"佾"同。佾，列也。

　　［6］【顏注】師古曰："虞"與"娛"同也。

　　［7］【顏注】師古曰：軒朱即朱軒也。總合音樂會於軒檻之前（蔡琪本、大德本、殿本"總"前有"言"字）。【今注】軒朱：王先謙《漢書補注》以爲，謂軒轅、朱襄二帝會集。上言樂器，故下言始制樂器之人。顏師古謂"即朱軒"，則文不成理。

　　［8］【顏注】師古曰：璆，美玉名，以爲磬也。喜，合韻音許吏反。

　　［9］【今注】案，其，蔡琪本、大德本、殿本作"厥"。

　　［10］【顏注】師古曰：言以牲實俎，以蕭炳脂，則其芬馨達於神所，故曰"盛牲實俎進聞膏"。

　　［11］【顏注】晉灼曰：須搖，須臾也。師古曰："奄"讀曰"淹"。

　　［12］【顏注】孟康曰：欲令神宿留，言日雖幕，長更星在前扶助（更，大德本、殿本作"庚"），常有光明也。"掞"或作"扶"。晉灼曰："掞"即"光炎"字也。臣瓚曰：長麗（麗，蔡琪本、大德本誤作"離"），靈鳥也。故相如賦曰"前長麗而後矞皇"。舊説云鸞也。張衡《思玄賦》亦曰"前長麗使拂羽"。師古曰：晉、瓚二説是也。麗，音離。掞，音豔。

　　［13］【顏注】晉灼曰：況，賜也。皇，君也。章，明也。言長更星終始不改其光（更，大德本、殿本作"庚"），神永以此明賜君也。臣瓚曰：忒，差也。寒暑不差，言陰陽和也。以此賜君，章賢德也。師古曰：瓚説是也。

　　［14］【顏注】晉灼曰：鋗，鳴玉聲也。師古曰：鋗，音火玄反。

　　［15］【顏注】晉灼曰：下有"梁黃鼓員四人"，似新造音樂者姓名也。師古曰：晉説非也。自"函宮吐角"以下，總言五聲

之備耳。申，重也。發梁，歌聲繞梁也。"函"與"含"同。

[16]【顏注】師古曰：倏，達也。鶊，古"翔"字。

[17]【顏注】師古曰：虞，樂也。蓋，語辭也。孔，甚也。享，合韻音鄉也（蔡琪本、大德本、殿本無"也"字）。

[18]【今注】案，王先謙《漢書補注》以爲殿本"斁"作"醼"，是。

[19]【顏注】師古曰：肅，敬也，若，順也。

　　日出入安窮？時世不與人同，[1]故春非我春，夏非我夏，秋非我秋，冬非我冬。泊如四海之池，徧觀是邪謂何？[2]吾知所樂，獨樂六龍，六龍之調，使我心若。[3]訾黃其何不徠下！[4]《日出入》九。

　　[1]【顏注】晉灼曰：日月無窮而人命有終，世長而壽短。

　　[2]【顏注】晉灼曰：言人壽不能安固如四海，徧觀是，乃知命甚促。謂何，當如之何也。師古曰：泊，水貌也，音步各反，又音魄。【今注】案，《漢書考證》張照以爲，此言人之壽命較之於日，日如四海，人如池水。日行於天，出東入西，遍觀居此世者，其謂之何？發問以起下文欲仙之意。王先謙《漢書補注》以爲《史記》卷一二七《日者列傳》"地不足東南，以海爲池"，本書卷五一《枚乘傳》"朝夕之池"，謂海中潮汐往來，與此"四海之池"同義。言日出入四海，遍觀此世。

　　[3]【顏注】應劭曰：《易》曰："時乘六龍以御天。"武帝願乘六龍，仙而升天，曰："吾所樂獨乘六龍然，御六龍得其調，使我心若。"【今注】案，王先謙《漢書補注》指出，"吾知所樂，獨樂六龍"，謂日御以六龍行速爲樂。"六龍之調，使我心若"，謂見日御之調，良使我心善之。

　　[4]【顏注】應劭曰：訾黃，一名乘黃，龍翼而馬身，黃帝

乘之而仙，武帝意欲得之，曰："何不來邪？"師古曰：訾，嗟歎之辭也。黄，乘黄也。歎乘黄不來下也。訾，音咨也（蔡琪本、殿本無"也"字）。

　　太一況，天馬下，[1]霑赤汗，沬流赭。[2]志俶儻，精權奇。[3]籋浮雲，晻上馳。[4]體容與，迣萬里。[5]今安匹，龍爲友。[6]元狩三年，馬生渥洼水中作。天馬徠，從西極，涉流沙，九夷服。[7]天馬徠，出泉水，虎脊兩，化若鬼。[8]天馬徠，歷無草，徑千里，循東道。[9]天馬徠，執徐時，[10]將搖舉，誰與期？[11]天馬徠，開遠門，竦予身，逝昆侖。[12]天馬徠，龍之媒，[13]游閶闔，觀玉臺。[14]《天馬》十。太初四年，誅宛王，獲宛馬作。

　　[1]【顏注】師古曰：言此天馬乃太一所賜，故來下也。

　　[2]【顏注】應劭曰：大宛馬汗血霑濡也，流沫如赭（蔡琪本、大德本、殿本句末有"也"字）。李奇曰：沬，音"䪵面"之"䪵"。晉灼曰：沬，古"靧"字也。師古曰："沬""沫"兩通。沬者，言被面如䪵也，字從水，傍"午未"之"未"，音呼內反。沫者，言汗流沫出也，字從水，傍"本末"之"末"，音亦如之。然今書字多作"沬面"之"沬"也。

　　[3]【今注】權：譎。王先謙《漢書補注》引《春秋繁露·玉英篇》："權，譎也。"以爲"權奇"爲奇譎非常之意。

　　[4]【顏注】蘇林曰：籋，音躡。言天馬上躡浮雲也。師古曰：晻，音烏感反。言晻然而上馳。【今注】晻：王先謙《漢書補注》以爲或可訓不明，或借"晻"爲"奄"。《方言》："奄，遽也。"二説並通。

　　[5]【顏注】孟康曰：逝，音逝。如淳曰：逝，趨蹻也（趨蹻，蔡琪本、大德本、殿本作"超踰"）。晉灼曰：古"迾"字。師古曰：孟音非也。"逝"讀與"屬"同。言能屬渡萬里也。【今注】逝（lì）：超越。錢大昕《三史拾遺》卷三以爲晉灼讀"逝"爲"迾"，雖據《說文》，却於文義未協。"逝"當讀如"遰"，鴻雁之遰，言去之遠。

　　[6]【顏注】師古曰：言今更無與匹者，唯龍可屬之友耳。

　　[7]【顏注】師古曰：言九夷皆服，故此馬遠來也。徠，古"往來"字也。

　　[8]【顏注】應劭曰：馬毛色如虎脊有兩也。師古曰：言其變化若鬼神。【今注】案，陳直《漢書新證》指出《鐃歌十八曲·君馬黃》云："君馬黃，臣馬蒼，二馬同逐臣馬良，易之有駹蔡有赭。"與本詩爲同一時期歌贊天馬之作品。易之作占之解，蔡作卜著解，駹爲淺黑色之馬，赭爲馬汗流沫如赭色，本詩之化若鬼，即《君馬黃》"易之有駹"之省文。本詩上句"霑赤汗，沫流赭"，即《君馬黃》"蔡有赭"之互證。

　　[9]【顏注】張晏曰：馬從西而來東也。師古曰：言馬從西來，經行磧鹵之地無草者凡千里而至東道。

　　[10]【顏注】應劭曰：太歲在辰曰執徐。言得天馬時，歲在辰也。孟康曰：東方震爲龍，又青龍宿。言以其方來也。師古曰：應說是也。

　　[11]【顏注】如淳曰：遙，遠也。"搖"或作"遙"。師古曰：如說非也。言當奮搖高舉，不可與期也。

　　[12]【顏注】應劭曰：言天馬雖去人遠，當豫開門以待之也。文穎曰：言武帝好仙，常庶幾天馬來，當乘之往登昆侖也（登，殿本誤作"發"）。師古曰：文說是也。

　　[13]【顏注】應劭曰：言天馬者，乃神龍之類，今天馬已來，此龍必至之效也。

[14]【顏注】應劭曰：閶闔，天門。玉臺，上帝之所居。

　　天門開，詄蕩蕩。[1]穆並騁，以臨饗。[2]光夜燭，德信著，[3]靈浸平而鴻，長生豫。[4]大朱涂廣，夷石爲堂。[5]飾玉梢以舞歌，體招搖若永望。[6]星留俞，塞隕光。[7]照紫幄，珠煩黃。[8]幡比䍿回集，貳雙飛常羊。[9]月穆穆以金波，日華燿以宣明。[10]假清風軋忽，激長至重觴。[11]神裵回若留放，殿冀親以肆章。[12]函蒙祉福常若期，[13]寂漻上天知厥時。[14]泛泛滇滇從高斿，[15]殷勤此路臚所求。[16]佻正嘉吉弘以昌，[17]休嘉砰隱溢四方。[18]專精厲意逝九閡，[19]紛云六幕浮大海。[20]
　　《天門》十一。

　　[1]【顏注】如淳曰：“詄”讀如“迭”。詄蕩蕩，天體堅清之狀也。師古曰：詄，音大結反。【今注】案，王先謙《漢書補注》以爲：“詄，忘也。言象俱忘，故曰詄蕩蕩。”

　　[2]【顏注】師古曰：言衆神穆然方駕馳騁而臨祠祭。

　　[3]【顏注】師古曰：神光夜照，應誠而來，是德信著明。【今注】案，王先謙《漢書補注》以爲本書《郊祀志》“封禪祠，其夜若有光”，即所謂“光夜燭”。

　　[4]【顏注】師古曰：神靈德澤所浸，溥博無私，其福甚大，故我得長生之道而安豫也。【今注】案，王先謙《漢書補注》以爲此八字不成句義。“平而”二字當衍。顏注亦未爲“平”字釋義，可證。本書《刑法志》注：“浸，益也。”“靈浸鴻”指靈益大。本書《郊祀志》：“封禪者，古不死之名也。”故“長生豫”，言長生可樂。

　　[5]【顏注】師古曰：涂，道路也。夷，平也。言通神之路，

飾以朱丹，又甚廣大。平夷密石，累以爲堂。【今注】堂：王先謙《漢書補注》以爲指明堂。古明堂處險不敞，皇帝欲治之，故云"夷石爲堂"。

［6］【顏注】師古曰：梢，竿也。舞者所持玉梢，以玉飾之也。招搖，申動之貌。永，長也。梢，音所交反。招，音韶。望，合韻音亡。【今注】案，王先謙《漢書補注》指出此上句中皆有"兮"字，此二句"歌"下有"兮"字，班氏删。下"月穆穆""神裴回"四句例同。

［7］【顏注】師古曰：俞，荅也。言衆星留（蔡琪本、大德本、殿本"留"後有"神"字），荅我饗薦，降其光燿，四面充塞也。俞，音踰。

［8］【顏注】如淳曰：熉，音殞。黃，貌也。師古曰：紫幄，饗神之幄也。帳上四下而覆曰幄。言光照紫幄，故其珠色熉然而黃也。熉，音云。【今注】案，熉，大德本誤作"惧"。

［9］【顏注】文穎曰：舞者骨騰肉飛，如鳥之回翅而雙集也。師古曰：常羊，猶逍遙（蔡琪本、大德本、殿本句末有"也"字）。【今注】翍：同"翅"。王先謙《漢書補注》引《說文》："翍，翼也。"又"翍""飛"下皆有"兮"字。"假清風"二句同。

［10］【顏注】師古曰：言月光穆穆，若金之波流也。宣，徧也。

［11］【顏注】師古曰：軋忽，長遠之貌也。重觴，謂累獻也。【今注】假：借也。

［12］【顏注】孟康曰：覲，音觀。師古曰：言神靈裴回，留而不去。故我得覲見，冀以親附而陳誠意，遂章明之。

［13］【顏注】師古曰：函，包也。蒙，被也。言爲神所饗，故能包函蒙被祉福，應誠而至，有常期也。

［14］【顏注】應劭曰：言天雖寂漻高遠，而知我饗薦之時也。漻，音來朝反。

[15]【顏注】應劭曰：泛泛，上浮之意也。滇滇，盛貌也。晉灼曰：滇，音"振旅闐闐"。師古曰：音徒千反。

[16]【顏注】應劭曰：臚，陳也。言所以殷勤此路，乃欲陳所求也。師古曰：臚，音力於反。

[17]【顏注】如淳曰："佻"讀曰"肇"。肇，始也。【今注】佻：王先謙《漢書補注》以爲"佻"當爲愉悦之意。

[18]【顏注】師古曰：休，美也。嘉，慶也。砰，音普萌反。砰隱，盛意。【今注】砰隱：王先謙《漢書補注》引《文選·藉田賦》李善注引《字書》云："砰，大聲也。""隱"與"殷"同，亦聲之大。

[19]【顏注】如淳曰："閡"亦"陔"也。《淮南子》曰若上者謂盧敖曰"吾與汗漫期乎九陔之上"。陔，重也。謂九天之上也。師古曰：閡，合韻音改，又音亥。

[20]【顏注】師古曰：紛云，興作之貌。六幕，猶言六合也。

　　景星顯見，信星彪列，[1]象載昭庭，日親以察。[2]參侔開闔，爰推本紀，[3]汾脽出鼎，皇祐元始。[4]五音六律，依韋饗昭，[5]雜變並會，雅聲遠姚。[6]空桑琴瑟結信成，[7]四興遞代八風生。[8]殷殷鐘石羽籥鳴。[9]河龍供鯉醇犧牲。[10]百末旨酒布蘭生。[11]泰尊柘漿析朝醒。[12]微感心攸通修名，[13]周流常羊思所并。[14]穰穰復正直往甯，[15]馮蠵切和疏寫平。[16]上天布施后土成，穰穰豐年四時榮。《景星》十二。元鼎五年得鼎汾陰作。

　　[1]【顏注】如淳曰：景星者，德星也，見無常，常出有道

之國。鎮星爲信星，居國益地。師古曰：謂彰著而爲行列也。【今注】彪：《廣雅·釋詁》：“彪，文也。”

[2]【顏注】師古曰：象，謂縣象也。載，事也。縣象祕事，昭顯於庭，日來親近，甚明察也。

[3]【顏注】應劭曰：參，三也。言景星光明也開閶（蔡琪本、大德本、殿本無“也”字），乃三於日月也。晉灼曰：侔，等也。開閶猶開闢也。言今之鼎瑞，參等於上世。師古曰：晉説是。【今注】開閶：王先謙《漢書補注》以爲，開閶者，乾坤陰陽之謂，即天地。參侔開閶，即謂與天地參。

[4]【顏注】師古曰：皇，大也。祜，福也。膍，音誰。祜，音怙。

[5]【顏注】師古曰：依韋，諧和不相乖離也。“鬹”讀曰“嚮”（前一“鬹”字，蔡琪本、大德本、殿本作“饗”；後一“鬹”字，蔡琪本、大德本、殿本作“響”，當據改）。明也（蔡琪本、大德本、殿本“明”前有“昭”字），言聲鬹之明也（鬹，蔡琪本、大德本、殿本作“響”，當據改）。【今注】依韋：依違。“韋”“違”通。

[6]【顏注】師古曰：姚，嫖姚（嫖，蔡琪本、大德本、殿本作“儦”），言飛揚也。【今注】姚：王念孫《讀書雜志·漢書第四》以爲“姚”讀爲“遙”，遠也。

[7]【顏注】張晏曰：《傳》曰“空桑爲瑟，一彈三歎”，祭天質故也。師古曰：空桑，地名也，出善木，可爲琴瑟也。

[8]【顏注】應劭曰：四時遞代成陰陽，八風以生也。臣瓚曰：舞者四縣代奏也。《左氏傳》曰“夫舞者，所以節八音而行八風”也。師古曰：瓚説是也。八方之風，謂東北曰條風，東方曰明庶風，東南曰清明風，南方曰景風，西南曰涼風，西方曰閶闔風，西北曰不周風，北方曰廣莫風。

[9]【顏注】師古曰：殷殷，聲盛也。石，謂磬也。羽籥，

《韶舞》所持者也。殷，音隱。

[10]【顏注】晉灼曰：河龍，夏之所賜者也。供鯉，給廚祭也。師古曰：醇，謂色不雜也。犧牲，牛羊全體者也。

[11]【顏注】張晏曰：百末，末作之末也。晉灼曰：百日之末酒也，芬香布列（列，殿本誤作“刻”），若蘭之生也。師古曰：百末，百草華之末也。旨，美也。以百草華末雜酒，故香且美也。事見《春秋繁露》。

[12]【顏注】應劭曰：柘漿，取其柘汁以為飲也（其，蔡琪本、大德本、殿本作“甘”）。醒，病酒也。析，解也。言柘漿可以解朝醒也。

[13]【顏注】師古曰：言精微所應，其心攸遠，故得通達成長久之名。

[14]【顏注】師古曰：周流猶周行也。常羊猶逍遙（蔡琪本、大德本、殿本句末有“也”字）。思所并，思與神道合也。下言“合所思”是也。

[15]【顏注】師古曰：穰穰，多也。復猶歸也。直，當也。宵，願也。言獲福既多，歸於正道，克當往日所願也（日，殿本作“目”）。復，音扶目反。宵，合韻音寧也（蔡琪本、殿本無“也”字）。

[16]【顏注】晉灼曰：馮，馮夷，河伯也。鱅（鱅，蔡琪本、大德本、殿本作“蠵”，本注下同），觜鱅，龜屬也。師古曰：馮夷命靈鱅（蔡琪本、大德本、殿本“馮夷”前有“言”字），使切屬諧和水神，令之疏導川潦，寫散平均，無災害也。鱅，音弋隨反，又音攜。【今注】案，鱅，蔡琪本、大德本、殿本作“蠵”。

　　齊房産草，九莖連葉，[1]宮童效異，披圖案諜。[2]玄氣之精，回復此都，[3]蔓蔓日茂，芝成靈華。[4]《齊房》十三。元封二年，芝生甘泉齊房作。

　　[1]【顏注】師古曰："齊"讀曰"齋"。其下並同。

　　[2]【顏注】臣瓚曰：宮之童豎致此異瑞也。蘇林曰：諜，譜弟之也（弟，蔡琪本、大德本、殿本作"第"）。【今注】宮童：陳直《漢書新證》以爲謂汾陰宮中之童，而本書《郊祀志》則云爲汾陰巫錦所發現者，與此紀載不同。

　　[3]【顏注】師古曰：玄，天也。言天氣之精，回旋反復於此雲陽之都，謂甘泉也。

　　[4]【顏注】師古曰：蔓蔓，言其長久，日以茂盛也。

　　后皇嘉壇，立玄黃服，[1]物發冀州，兆蒙祉福。[2]沈沈四塞，假狄合處，[3]經營萬億，咸遂厥宇。[4]《后皇》十四。

　　[1]【顏注】師古曰：壇，祭壇也。服，祭服也。

　　[2]【顏注】晉灼曰：得寶鼎於汾陰也。臣瓚曰：汾陰屬冀州。

　　[3]【顏注】孟康曰：沈，音充。師古曰：沈沈，流行之貌也。假狄，遠夷也。合處，內附也。"假"即"遐"字耳，其字從彳。彳，音丑益反。【今注】假狄：王先謙《漢書補注》以爲"狄"即"逖"之省。《毛傳》"狄，遠也"。陳直《漢書新證》指出《隸釋》卷二《西嶽華山廟碑》云："思登假之道。"以"假"爲"遐"，與本詩同，爲東漢時通用之隸體假借字。

　　[4]【顏注】師古曰：宇，居也。言我經營萬萬（萬萬，蔡琪本、殿本作"萬方"，是），億兆故得咸遂其居。

　　華燁燁，固靈根。[1]神之斿，過天門，車千乘，敦

昆侖。[2]神之出，排玉房，周流雜，拔蘭堂。[3]神之
行，旌容容，騎沓沓，般縱縱。[4]神之徠，泛翊翊，甘
露降，慶雲集。[5]神之榆，臨壇宇，[6]九疑賓，夔龍
舞。[7]神安坐，羜吉時，[8]共翊翊，合所思。[9]神嘉虞，
申貳觴，[10]福滂洋，邁延長。[11]沛施祐，汾之阿，[12]揚
金光，橫泰河，[13]莽若雲，增陽波。[14]徧臚驩，騰天
歌。[15]《華燁燁》十五。

[1]【今注】燁燁：閃光貌。案，王先謙《漢書補注》指出，
此謂靈之車。“華”與上“金支秀華”同義。金華下有根莖，故云
“固靈根”。

[2]【顏注】師古曰：敦，讀曰屯。屯，聚也。

[3]【顏注】師古曰：拔，舍止也，音步曷反。【今注】拔：
《漢書考證》云：“案，如顏注，則本文‘拔’字應作‘召伯所茇’
之‘茇’。”

[4]【顏注】孟康曰：縱（縱，蔡琪本、殿本誤作“從”），
音總。晉灼曰：音人相傚勇作惡。師古曰：容容，飛揚之貌也
（蔡琪本無“也”字）。沓沓，疾行也。般，相連也。縱縱（縱，
蔡琪本、殿本作“從”），衆也。容，音勇。縱（縱，蔡琪本、
殿本作“從”），音總。一曰，容，讀如本字；傚，音才公反。
【今注】容容：王先謙《漢書補注》引《文選·東京賦》“紛焱悠
以容裔”，薛注：“容裔，高低之貌。”以爲重言之曰“容容裔裔”，
上文云“裔裔”，此云“容容”，其義同。

[5]【顏注】如淳曰：《天文志》云：“若烟非烟，若雲非雲，
郁郁紛紛，是謂慶雲。”師古曰：翊，音弋入反，又音立。

[6]【顏注】師古曰：榆（榆，蔡琪本、大德本、殿本作
“揄”，本注下同），引也。壇宇，謂祭祠壇場及宮室。言神引來

降臨之也。榆，音踰。【今注】案，榆，大德本、殿本作“揄”。陳直《漢書新證》按：“揄”爲“愉”之假借字，謂愉樂也。

[7]【顏注】如淳曰：九疑，舜所葬。言以舜爲賓客也。夔典樂，龍管納言，皆隨舞而來（舞，蔡琪本、大德本、殿本作“舜”），舞以樂神。

[8]【顏注】師古曰：翔，古“翔”字也。言神安坐回翔，皆趣吉時也。

[9]【顏注】師古曰：“共”讀曰“恭”。翊翊，敬也。

[10]【顏注】師古曰：虞，樂也。貳觴猶重觴也。

[11]【顏注】師古曰：滂洋，饒廣也。滂，音普郎反。洋，音羊，又音祥。

[12]【顏注】師古曰：沛，音普大反。沛然，泛貌也。阿，水之曲隅。

[13]【顏注】師古曰：橫，充滿也。泰河，大河也。

[14]【顏注】師古曰：莽，雲貌。言光明之盛，莽莽然如雲也。【今注】莽若雲：王先謙《漢書補注》以爲言波如雲興。吳恂《漢書注商》以爲“莽”猶“莽莽”，廣大之貌。

[15]【顏注】師古曰：臚，陳也。騰，升也。言陳其歡慶，令歌上升於天。

五神相，包四鄰，[1]土地廣，揚浮雲。扢嘉壇，椒蘭芳，[2]璧玉精，垂華光。[3]益億年，美始興，[4]交於神，若有承。[5]廣宣延，咸畢觴，[6]靈輿位，偃蹇驤。[7]卉汨臚，析奚遺。[8]淫淥澤，洼然歸。[9]《五神》十六。

[1]【顏注】如淳曰：五帝爲太一相也。師古曰：包，含也。

四鄰，四方。【今注】案，王先謙《漢書補注》以爲五神者，五帝壇環居其下；四鄰者，其下四方地爲畷。

[2]【顏注】孟康曰：扢，摩也。師古曰：音公忽反。謂摩拭其壇，加以椒蘭之芳。

[3]【顏注】師古曰：言禮神之璧及玉之精英（及，蔡琪本、大德本作"乃"），故有光華也。

[4]【顏注】師古曰：言福慶方興起也。

[5]【顏注】師古曰：言神來降臨，故盡其肅恭。【今注】若有承：王先謙《漢書補注》以爲即指本書《郊祀志》所云："祭夜有美光，及晝，黃氣上屬天。有司云：'神靈之休，祐福兆祥。'"

[6]【顏注】師古曰：言徧延諸神，咸歆祭祀，畢盡觴爵也。

[7]【顏注】師古曰：神既畢饗，則嚴駕靈輿，引其侍從之位。偃蹇，高驤也。蹇，音居偃反。【今注】位：王先謙《漢書補注》以爲即各就其列。

[8]【顏注】師古曰：卉汩，疾意也。臚，陳也。析，分也。奚，何也。言速自陳列分散而歸，無所留也。汩，音干筆反。

[9]【顏注】師古曰：淫，久也。渌澤，澤名也。言我饗神之後，久在渌澤，乃淫然而歸也。渌，音綠。淫，音烏黃反。【今注】案，淫，溢也。《漢書考正》宋祁以爲"渌"當是"福祿"之"祿"。

　　朝隴首，覽西垠，[1]靁電燎，獲白麟。[2]爰五止，顯黃德，[3]圖匈虐，熏鬻殛。[4]闢流離，抑不詳，[5]賓百僚，山河饗。[6]掩回轅，鬗長馳，[7]騰雨師，洒路陂。[8]流星隕，感惟風，籋歸雲，撫懷心。[9]《朝隴首》十七。元狩元年，行幸雍獲白麟作。

[1]【顏注】臣瓚曰：謂朝於隴首而覽西北也。師古曰：隴

坻之首也。垠，厓也。坻，音丁禮反。

　　[2]【顏注】臣瓚曰：尞祭五時，皆有報應，聲若雷，光若電也。師古曰：尞，古“燎”字。

　　[3]【顏注】師古曰：爰，曰也，刃語辭也（刃，蔡琪本、大德本、殿本作“發”，是）。止，足也。時白麟足有五蹏。

　　[4]【顏注】應劭曰：熏鬻，匈奴本號也。師古曰：殛，窮也。一曰，殛，誅也，音居力反。

　　[5]【顏注】師古曰：流離不得其所者，爲開道路，使之安集。達道不詳善者，則抑黜之，以申懲勸也。【今注】流離：王念孫《讀書雜志·漢書第四》以爲，流離者，指梟，喻惡人。關言屏除，謂屏除惡人。　詳：通“祥”。

　　[6]【顏注】師古曰：百僚，百神之官也。饗，合韻音鄉。

　　[7]【顏注】如淳曰：鬘，音構。鬘鬘，長貌也。師古曰：音母元反（母，大德本、殿本作“武”）。【今注】掩：王先謙《漢書補注》以爲同“奄”，謂超忽。　鬘（mán）：錢大昭《漢書辨疑》引《説文》：“鬘，髮長貌。讀若曼。”

　　[8]【顏注】師古曰：洒，灑也。路陂，路傍也。言使雨師灑道也。洒，音灑，又音山刃反（刃，蔡琪本、大德本作“跂”，殿本作“跂”）。

　　[9]【顏注】師古曰：懷心，懷柔之心也。蹻，音蹻。

　　象載瑜，白集西，[1]食甘露，飲榮泉。[2]赤鴈集，六紛員，[3]殊翁雜，五采文。[4]神所見，施祉福，登蓬萊，結無極。[5]《象載瑜》十八。太始三年行幸東海獲赤鴈作。

　　[1]【顏注】服虔曰：象載，鳥名也。師古曰：此説非也。象載，象輿也。山出象輿，瑞應車也。瑜，美貌也。言此瑞車瑜

然色白而出西方也。西，合韻音先。

[2]【顏注】師古曰：駕輿者之所飲食也。榮泉，言泉有光華。【今注】案，《漢書考正》劉攽以爲，"此詩四句，先敘所見祥瑞之物也。象載瑜，黑車也。白集西，雍之麟也。甘露、榮泉，天之所降，地之所出也。注非"。

[3]【顏注】師古曰：言六者所獲赤鴈之數也。紛員，多貌也。言西獲象輿，東獲赤鴈，祥瑞多也。員，音云。【今注】紛員：同"紛紜"。"員""云"古字通。

[4]【顏注】孟康曰：翁，鴈頸也。言其文采殊異也。【今注】翁：沈欽韓《漢書疏證》補證引《説文》："翁，頸毛也。"

[5]【顏注】師古曰：見，顯示也。蓬萊，神山也，在海中。結，成也。

赤蛟綏，黃華蓋，[1]露夜零，晝晻薆。[2]百君禮，六龍位，[3]勺椒漿，靈已醉。[4]靈既享，錫吉祥，芒芒極，降嘉觴。[5]靈殷殷，爛揚光，[6]延壽命，永未央。杳冥冥，塞六合，澤汪濊，輯萬國。[7]靈禩禩，象輿轙，[8]票然逝，旗逶蛇。[9]禮樂成，靈將歸，託玄德，長無衰。[10]《赤蛟》十九。

[1]【顏注】師古曰：綏綏，赤蛟貌。黃華蓋，言其上有黃氣，狀若蓋也。【今注】綏：王先謙《漢書補注》以爲"綏"與"蓋"對文，當是靈車所有。《説文》："綏，車中把也。"

[2]【顏注】師古曰：晻，音烏感反。薆，音藹。晻薆，雲氣之貌。

[3]【顏注】師古曰：百君，亦謂百神也。

[4]【顏注】師古曰："勺"讀曰"酌"。

[5]【顏注】師古曰：芒芒，廣大貌也（大德本、殿本無“也”字），芒，音莫郎反（蔡琪本、大德本、殿本無“芒”字）。

[6]【顏注】師古曰：殷殷，盛也。爛，光貌。殷，音“隱”。

[7]【顏注】師古曰：塞，滿也。輯，和也。天地四方謂之六合。汪（蔡琪本、大德本、殿本作“汪”後有“濊”字），言饒多（蔡琪本、大德本、殿本句末有“也”字）。濊，音於廢反，又烏外反（蔡琪本、大德本、殿本“烏”前有“音”字）。“輯”與“集”同。

[8]【顏注】孟康曰：“褼褼”音近“枭”（蔡琪本、大德本、殿本少一“褼”字），不安欲去也。轙，待也。如淳曰：轙（殿本無“轙”字），僕人嚴駕待發之意也。師古曰：褼（殿本“褼”前有“轙音儀”三字），孟音是也。轙，如說是也。轙，音蟻（殿本無“轙音蟻”三字）。【今注】轙：車衡上貫穿韁繩的大環。洪亮吉《四史發伏》卷四引《爾雅》“載轡謂之轙”，郭璞注：“車軛上環，轡所貫也。”則轙是載轡之環，宜從本訓。《淮南子·説山訓》高誘注：“轙，所以縛衡也。”

[9]【顏注】師古曰：票然，輕舉意也。逶蛇，旗貌也。票，音匹遙反。蛇，音移。

[10]【顏注】師古曰：言託恃天德，冀獲長生，無衰竭也。

　　其餘巡狩福應之事，不序郊廟，故弗論。[1]是時，河閒獻王有雅材，亦以爲治道非禮樂不成，因獻所集雅樂。天子下大樂官，[2]常存隸之，[3]歲時以備數，然不常御，常御及郊廟皆非雅聲。然詩樂施於後嗣，猶得有所祖述。昔殷周之《雅》《頌》，迺上本有娥、姜原，[4]卨、稷始生，玄王、公劉、古公、大伯、王季、姜女、大任、大姒之德，[5]乃及成湯、文、武受命，武丁、成、康、宣王中興，[6]下及輔佐阿衡、周、召、太公、申伯、召虎、仲山甫之屬，[7]君臣男女有功德者，靡不襃揚。功德既信美矣，襃揚之聲盈乎天地之間，是以光名著於當世，遺譽垂於無窮也。今漢郊廟詩歌，未有祖宗之事，八音調均，又不協於鐘律，而内有掖庭材人，[8]外有上林樂府，皆以鄭聲施於朝廷。[9]

[1]【今注】案，沈欽韓《漢書疏證》以爲："巡狩之事，武帝也。福應之事，宣帝也。武帝巡狩詩歌，若《瓠子》《盛唐樅陽》《秋風辭》之類。宣帝福應，若《中和》《樂職》《宣布》之詩。"

[2]【今注】大樂官：王先謙《漢書補注》引《宋書·樂志》補證："所司之官，皆曰太樂，所以總領諸物，不可以一物名。太樂，漢舊名，後漢依讖改太子樂官。"

[3]【顏注】師古曰：隸，習也，音弋二反。

[4]【顏注】應劭曰：簡狄，有娀之女，吞燕卵而生契。師古曰：姜原（原，蔡琪本、大德本、殿本作"嫄"），后稷之母也。

[5]【顏注】師古曰：高，殷之始祖。稷，周之始祖。玄王亦殷之先祖，承黑帝之後，故曰玄王。公劉，后稷之曾孫也。古公亶甫，即豳公也。太伯，大王之子（王，殿本誤作"土"），王季之兄（蔡琪本、大德本、殿本句末有"也"字）。王季，文王之父也。姜女，亶甫之妃也。大任，文母也（文母也，蔡琪本、大德本、殿本作"文王之母"，是）。大姒，文王之妃，武王之母也。《毛詩》、鄭説（大德本、殿本無"詩"字），以玄玉即高也（大德本、殿本"以"前有"詩"字；玉，蔡琪本、大德本、殿

本作"王")。此《志》既言高，又有玄王，則玄王非高一人矣。

[6]【顏注】師古曰：武丁，殷王高宗也。成王（蔡琪本、大德本、殿本"成王"前有"周"字），武王之子也。康王，成王之子也。宣王，屬王之子（殿本句末有"也"字）。

[7]【顏注】師古曰：阿衡，伊尹職號也。周，周公旦也。召，召公奭也。太公，師尚父也。申伯、召武（武，蔡琪本、殿本作"虎"）、仲山甫皆周宣王臣也。

[8]【今注】掖庭：官署名。也作"掖廷"。秦和漢初稱永巷，漢武帝更名掖廷，屬少府，其長官稱令，另有副長官丞八人，掌後宮宮女及供御雜務，管理宮中詔獄等，由宦者擔任。

[9]【今注】案，陳直《漢書新證》指出，本書《藝文志》歌詩類有《詔賜中山靖王子噲及孺子妾冰未央材人歌詩》四篇，與本文掖庭材人正合，樂府令屬少府，上林令屬水衡都尉，有八丞十二尉，疑有一部分管理音樂事。今不可考。

至成帝時，謁者常山王禹世受河閒樂，[1]能説其義，其弟子宋曅等上書言之，[2]下大夫博士平當等考試。[3]當以爲"漢承秦滅道之後，賴先帝聖德，博受兼聽，修廢官，立大學，河閒獻王聘求幽隱，修興雅樂以助化。時大儒公孫弘、董仲舒等皆以爲音中正雅，立之大樂。春秋鄉射，作於學官，希闊不講。[4]故自公卿大夫觀聽者，但聞鏗鎗，不曉其意，而欲以風諭眾庶，其道無由。[5]是以行之百有餘年，德化至今未成。曅等守習孤學，大指歸於興助教化。衰微之學，興廢在人。宜領屬雅樂，以繼絶表微。[6]孔子曰：'人能弘道，非道弘人。'[7]河閒區區，小國藩臣，[8]以好學修古，能有所存。[9]民到于今稱之，況於聖主廣被之資，[10]修起舊文，放鄭近雅，述而不作，信而好古，於以風示海內，揚名後世，誠非小功小美也。"事下公卿，以爲久遠難分明，當議復寢。

[1]【今注】案，錢大昭《漢書辨疑》以爲本書《藝文志》"河間獻王與毛生等共采諸子言樂事者，以作《樂記》。其內史丞王定傳之，以授常山王禹"，是其事。

[2]【顏注】師古曰：畢，音于輒反。

[3]【今注】平當：傳見本書卷七一。

[4]【顏注】師古曰：講，謂論習也（殿本無"論"字）。

[5]【顏注】師古曰：風，化也。

[6]【顏注】師古曰：表，顯也。

[7]【顏注】師古曰：《論語》載孔子之言。

[8]【顏注】師古曰：區區，小貌也（貌，大德本作"皃"）。

[9]【顏注】師古曰：存意於禮樂。【今注】案，王先謙《漢書補注》以爲顏注非，當謂訪求遺書，存其篇籍。

[10]【顏注】師古曰：被猶覆也，音皮義反。

是時，鄭聲尤甚，黃門名倡丙彊、景武之屬富顯於世，[1]貴戚五侯定陵、富平外戚之家，[2]淫侈過度，至與人主爭女樂。[3]哀帝自爲定陶王時疾之，又性不好音，及即位，下詔曰："惟世俗奢泰文巧，而鄭衞之聲興。夫奢泰則下不孫而國貧，[4]文巧則趨末背本者衆，[5]鄭衞之聲興則淫辟之化流，[6]而欲黎庶敦朴家給，猶濁其源而求其清流，[7]豈不難哉！孔子不云乎：'放鄭聲，鄭聲淫。'[8]其罷樂府官。郊祭樂及古兵法武樂，在經非鄭衛之樂者，條奏，別屬他官。"

[1]【今注】黃門：官署名。漢朝設黃門官，給事於黃門之內。

[2]【顏注】師古曰：五侯，王鳳以下也。定陵，淳于長也。富平，張放。

[3]【今注】案，王先謙《漢書補注》曰，事見本書卷九八《元后傳》。

[4]【顏注】師古曰："孫"讀爲"遜"（爲，蔡琪本、殿本作"曰"；遜，大德本作"退"）。

[5]【顏注】師古曰："趨"讀曰"趣"（趨，殿本作"趍"）。趣，嚮也。

[6]【顏注】師古曰："辟"讀曰"僻"也。

[7]【顏注】師古曰：源，水泉之本。【今注】案，王念孫《讀書雜志·漢書第四》以爲當作"猶濁其源而求清其流"。今本"清""其"二字倒轉，文義不順。

[8]【顏注】師古曰：《論語》載孔子之言。

丞相孔光、大司馬何武奏："郊祭樂人員六十二人，給祠南北郊。大樂鼓員六人，《嘉至》鼓員十人，[1]邯鄲鼓員二人，騎吹鼓員三人，[2]江南鼓員二人，[3]淮南鼓員四人，巴俞鼓員三十六人，[4]歌鼓員二十四人，楚嚴鼓員一人，梁皇鼓員四人，[5]臨淮鼓員二十五人，[6]茲邡鼓員三人，[7]凡鼓十二，員百二十八人，朝賀置酒陳殿下，應古兵法。外郊祭員十三人，諸族樂人兼《雲招》給祠南郊用六十七人，[8]兼給事雅樂用四人，夜誦員五人，剛、別柎員二人，給《盛德》[9]主調箎員二人。[10]聽工以律知日冬夏至一人。鐘工、磬工、簫工員各一人，僕射二人主領諸樂人，皆不可罷。竽工員三人，一人可罷。[11]琴工員五人，三人可罷。柱工員二人，一人可罷。[12]繩弦工員六人，四人可罷。[13]鄭四會員六十二人，一人給事雅樂，六十一人可罷。張瑟員八人，七人可罷。《安世樂》鼓員二十人，十九人可罷。沛吹鼓員十二人，族歌鼓員二十七人，陳吹鼓員十三人，商樂鼓員十四人，[14]東海鼓員十六人，長樂鼓員十三人，[15]縵樂鼓員十三人，[16]凡鼓八，員百二十八人，朝賀置酒，陳前殿房中，不應經法。治竽員五人，楚鼓員六人，常從倡三十人，常從象人四人，[17]詔隨常從倡十六人，[18]秦倡員二十九人，秦倡象人員三人，詔隨秦倡一人，雅大人員九人，朝賀置酒爲樂。楚四會員十七人，巴四會員十二人，銚四會員十二人，[19]齊四會員十九人，蔡謳員三人，齊謳員六人，竽瑟鐘磬員五人，皆鄭聲，可罷。師學百四十二人，其七十二人給大官桐馬酒，[20]其七十人可罷。大凡八百二十九人，其三百八十八人不可罷，可領屬大樂，其四百四十一人不應經法，或鄭衛之聲，皆可罷。"[21]奏可。然百姓漸漬日久，又不制雅樂有以相變，豪富吏民湛沔自若，[22]陵夷壞于王莽。

　　[1]【今注】嘉至：錢大昭《漢書辨疑》以爲樂章名，迎神廟門所奏。

　　[2]【今注】騎吹鼓員：沈欽韓《漢書疏證》引《宋書・樂

志》補證："《建初録》云,《務成》《黄爵》《玄雲》《遠期》皆騎吹曲,非鼓吹曲。此則列於殿庭者爲鼓吹,今之從行鼓吹爲騎吹,二曲異也。"

[3]【今注】江南鼓員:王先謙《漢書補注》引《晉書·樂志》補證："凡樂章古詞,今之存者,並漢世街陌謳謡,《江南可采蓮》之屬也。吴歌雜曲並出江南。"

[4]【顔注】師古曰:巴,巴人也。俞,俞人也。當高祖初爲漢王,得巴俞人,並趫捷善鬭,與之定三秦、滅楚,因存其武樂也。巴俞之樂因此始也。巴即今之巴州,俞即今之渝州,各其本地。【今注】巴俞鼓員:沈欽韓《漢書疏證》補證引《晉書·樂志》:"漢高祖自蜀漢將定三秦,閬中范因率賨人以從帝,爲前鋒。高祖樂其猛鋭,數觀其舞,後使樂人習之。閬中有渝水,因其所居,故名曰《巴渝舞》。"

[5]【今注】梁皇:沈欽韓《漢書疏證》以爲"皇"當作"王"。

[6]【今注】案,二,大德本、殿本作"三"。

[7]【顔注】晉灼曰:邡,音方。【今注】兹邡:王先謙《漢書補注》以爲即汁邡。陳直《漢書新證》據《史記》卷四〇《楚世家》:"楚肅王四年,蜀伐楚,取兹方。"張守節《正義》引《古今地名》云:"荆州松滋縣,古鳩兹地,即兹方是也。"以爲當即本文之兹邡。王先謙謂兹方即汁邡,"兹""汁"雙聲,其説誤,且"汁邡"從無假借作"兹邡"者。

[8]【顔注】師古曰:"招"讀與"翹"同。

[9]【顔注】師古曰:剛及別柎皆鼓名也。柎,音膚。【今注】案,沈欽韓《漢書疏證》以爲"剛"與"掆"同。"別柎"疑即"搏拊"。

[10]【顔注】師古曰:篪以竹爲之,七孔,亦笛之類也。音池。

［11］【顏注】師古曰：竽，笙類也，三十六簧。音于。

［12］【顏注】師古曰：柱工，主箏瑟之柱者。

［13］【顏注】師古曰：弦，琴瑟之弦。繩，言主糾合作之也。

［14］【今注】商樂鼓員：沈欽韓《漢書疏證》據《晉書·職官志》：“光禄勳統清商令。”又引《三國志》卷四《三少帝紀》裴松之注：“每見九親婦女有美色，或留以付清商。”又引《隋書·百官志》：“太樂署、清商署各有樂師員。”以爲商樂是倡優之樂。

［15］【今注】長樂鼓員：陳直《漢書新證》指出，長樂宮有鐘室，見本書卷三四《韓信傳》，蓋有部分音樂，故設鼓員。

［16］【顏注】師古曰：縵樂，雜樂也。音漫。

［17］【顏注】孟康曰：象人，若今戲蝦魚師子者也。韋昭曰：著假面者也。師古曰：孟説是。【今注】象人：沈欽韓《漢書疏證》據《太平御覽》引梁元帝《纂要》“魚龍曼延”，復有“象人”，則象人非戲蝦魚師子者。應爲傀儡戲。

［18］【今注】隨常從倡：陳直《漢書新證》指出，倡屬於黃門令，上文有常從倡三十人，此加詔隨二字，應是巡幸時之隨從。

［19］【顏注】李奇曰：疑是“鼗”。韋昭曰：銚，國名，音繇。師古曰：韋説是也。銚，音姚。【今注】銚：吳仁傑《兩漢刊誤補遺》卷四疑古“銚”“趙”通。時所罷四會員，楚、巴、齊、蔡皆國名，則“銚”爲“趙”，理或近之。沈欽韓《漢書疏證》以爲即“鼗”。

［20］【顏注】李奇曰：以馬乳爲酒，撞桐乃成也（桐，蔡琪本、大德本、殿本作“挏”，本注下同）。師古曰：挏，音動。馬酪味如酒，而飲之亦可醉，故呼馬酒也。【今注】案，桐，蔡琪本、大德本、殿本作“挏”。

［21］【今注】案，陳直《漢書新證》引《居延漢簡釋文》：“丞相、大司空奏可省減罷條。”以爲當即指此事，與本志完全符

合，惟本志作丞相孔光、大司馬何武，本書《百官公卿表》元壽元年（前2）七月丙午，御史大夫孔光爲丞相，氾鄉侯何武爲御史大夫，御史大夫在哀帝時改爲大司空，孔光、何武奏罷樂府，當即在是年，何武本傳亦未言官大司馬，居延木簡作大司空是。

［22］【顏注】師古曰："湛"讀曰"沈"，又讀曰"耽"。自若，言自如故也。【今注】湛沔：與"沈湎"同。

今海內更始，民人歸本，戶口歲息，[1] 平其刑辟，牧以賢良，至於家給，既庶且富，則須庠序禮樂之教化矣。[2] 今幸有前聖遺制之威儀，誠可法象而補備之，經紀可因緣而存著也。孔子曰："殷因於夏禮，所損益，可知也；周因於殷禮，所損益，可知也；其或繼周者，雖百世可知也。"[3] 今大漢繼周，久曠大儀，未有立禮成樂，此賈誼、仲舒、王吉、劉向之徒所爲發憤而增嘆也。[4]

［1］【顏注】師古曰：今，謂班氏撰書時也。息，生也。【今注】歸本：王先謙《漢書補注》曰，謂還務本業。

［2］【顏注】師古曰：家給，解已在前。庶，眾也。《論語》云："孔子曰：'庶矣哉！'冉有曰：'既庶矣，又何加焉？'曰：'富之。'曰：'既富矣，又何加焉？'曰：'教之。'"故班氏引之也。

［3］【顏注】師古曰：《論語》載孔子對子張之言也。【今注】案，蔡琪本、殿本無"雖"字。

［4］【顏注】師古曰：感嘆也。

漢書　卷二三

刑法志第三[1]

[1]【今注】案，二十四史《刑法志》一門爲《漢書》首創。班固以"德主刑輔"爲綱，評述了夏商周三代以來法制及其變革的功過得失。叙述漢代刑法尤詳。自《漢書》後，又有十一種正史列《刑法志》（《魏書》稱《刑罰志》）。歷代研究《刑法志》著述甚多。或參見邱漢平《歷代刑法志》（商務印書館 1938 年版）。

夫人宵天地之貌，[1]懷五常之性，[2]聰明精粹，[3]有生之最靈者也。爪牙不足以供耆欲，趨走不足以避利害，[4]無毛羽以禦寒暑，[5]必將役物以爲養，用仁智而不恃力，[6]此其所以爲貴也。故不仁愛則不能群，不能群則不勝物，[7]不勝物則養不足。群而不足，爭心將作。上聖卓然先行敬讓博愛之德者，衆心説而從之。[8]從之成群，是爲君矣；歸而往之，是爲王矣。[9]《洪範》曰："天子作民父母，爲天下王。"[10]聖人取類以正名，而謂君爲父母，明仁愛德讓，王道之本也。愛待敬而不敗，德須威而久立，故制禮以崇敬，作刑以明威也。聖人既躬明悊之性，[11]必通天地之心，制禮作教，立法設刑，動緣民情，而則天象地。[12]故曰先王立禮，“則天之明，因地之性”也。[13]刑罰威獄，以類天之震曜殺戮也；[14]温慈惠和，以效天之生殖長育也。《書》云“天秩有禮”，“天討有罪”。[15]故聖人因天秩而制五禮，[16]因天討而作五刑。[17]大刑用甲兵，[18]其次用斧鉞；[19]中刑用刀鋸，[20]其次用鑽鑿；[21]薄刑用鞭扑。[22]大者陳諸原野，[23]小者致之市朝，[24]其所繇來者上矣。[25]

[1]【顏注】應劭曰：宵，類也。頭圜象天，足方象地。孟康曰：宵，化也，言稟天地氣，化而生也。師古曰：宵義與肖同，應説是也。故庸妄之人謂之不肖，言其狀貌，無所象似也。貌，古貌字。【今注】貌：同“貌”。又，《正字通》以爲古文“貌”字，非。又陳直《漢書新證》案，“兒或作貌”。《隸釋》卷三《言訴碑》云：“棠棠容貌。”與本文同，爲東漢時通行之隸體字。

[2]【顏注】師古曰：五常，仁、義、禮、智、信。

[3]【顏注】師古曰：精，細也，言其識性細密也。粹，淳也，音先遂反。

[4]【顏注】師古曰：耆讀曰嗜（蔡琪本無此注）。【今注】利害：爲偏義複詞，言害。

[5]【今注】寒暑：爲偏義複詞，言寒。

[6]【今注】案，用仁智，白鷺洲本、蔡琪本作“用智”，慶元本、大德本、殿本、中華本作“任智”。

[7]【今注】勝物：克制役使萬物。《莊子·應帝王》有“勝物而不傷”句。勝物一詞或來源於厭（yā）勝，一種古老巫術，謂能以詛咒制服人或物。

[8]【顏注】師古曰：説讀曰悦。

[9]【顏注】師古曰：言争往而歸之也。【今注】案，《荀子·

王制》云："君者，善群也。"《春秋繁露·滅國》云："君者，不失其群者也。"又曰："君者，群也。"《白虎通疏證》卷八《三綱六紀》云："君，群也，群下之所歸心也。"

[10]【顏注】師古曰：《洪範》，《周書》也。【今注】案，語見《尚書·洪範》。

[11]【顏注】師古曰：躬謂身親有之。【今注】惁：同"哲"。

[12]【顏注】師古曰：則，法也。

[13]【顏注】師古曰：《春秋左氏傳》載鄭大夫子大叔之辭也（大，蔡琪本、大德本同，殿本作"太"）。【今注】案，《孝經·三才章》有"則天之明，因地之利"句。

[14]【顏注】師古曰：震謂靁電也（靁，蔡琪本、大德本同，殿本作"雷"）。【今注】震曜：指雷電。《釋名·釋天》："曜，耀也，光明照耀也。"此二句或源於《左傳》昭公二十五年："爲刑罰威獄，使民畏忌，以類其震曜殺戮。"杜預注："雷震電曜，天之威也。聖人作刑獄，以象類之。"

[15]【顏注】師古曰：此《虞書》皋繇謩之辭也（謩，蔡琪本、大德本同，殿本作"謨"）。秩，叙也。言有禮者天則進叙之，有罪者天則討治之。【今注】案，《尚書·皋陶謨》載："天秩有禮，自我五禮有庸哉！同寅協恭和衷哉！天命有德，五服五章哉！天討有罪，五刑五用哉！政事懋哉懋哉！"

[16]【顏注】師古曰：五禮，吉、凶、賓、軍、嘉。【今注】案，五禮成說實駁雜，或參看秦蕙田《五禮通考》。

[17]【顏注】師古曰：其說在下也。【今注】五刑：此處五刑與後世異，下句所言"大刑用甲兵，其次用斧鉞"等，後人鮮有詮釋。其實，部落氏族時代，犯上作亂，便是大刑，須滅其族，故用甲兵、斧鉞。傳統五刑，即五種刑罰之統稱，不同時代，指稱不同。秦以前爲墨、劓、剕、宮、大辟。《尚書·舜典》："汝作士，五刑有服。"孔安國傳："五刑，墨、劓、剕、宮、大辟。"秦及漢

初爲黥、劓、斬左右趾、梟首、菹其骨肉。見本志：“令曰：當三族者，皆先黥、劓、斬左右止、笞殺之，梟其首，菹其骨肉於市。其誹謗詈詛者，又先斷舌。故謂之具五刑。”隋唐以後爲死、流、徒、杖、笞。見《舊唐書·刑法志》：“有笞、杖、徒、流、死爲五刑。”此外，對女性犯人，五刑則指舂、挴、杖、賜死、宮。

[18]【顏注】張晏曰：以六師誅暴亂。

[19]【顏注】韋昭曰：斬刑也。【今注】案，王鳴盛《十七史商榷》卷一一説此數語出《魯語》。班氏據此，故以戰守之兵與墨、劓等刑合爲一志。畢竟，刑，平時所用；兵，征討所用；二者不可合。班氏雖有此作，後世諸史無從之者。

[20]【顏注】韋昭曰：刀，割刑。鋸，刖刑也。

[21]【顏注】韋昭曰：鑽，髕刑也。鑿，黥刑也。師古曰：鑽，鑽去其髕骨也。鑽音子端反。髕音頻忍反（忍，蔡琪本、大德本同，殿本作“刃”）。

[22]【顏注】師古曰：扑，杖也，音普木反。

[23]【顏注】師古曰：謂征討所殺也。【今注】大者陳諸原野：即棄尸疆場。

[24]【顏注】應劭曰：大夫已上尸諸朝，士已下尸諸市（以上二處“已”，蔡琪本、大德本、殿本、中華本作“以”）。

[25]【顏注】師古曰：繇讀與由同。【今注】繇來者上：由來已久。

　　自黃帝有涿鹿之戰，以定火災，[1]顓頊有共工之陳，以定水害。[2]唐虞之際，至治之極，猶流共工，放讙兜，竄三苗，殛鯀，然後天下服。[3]夏有甘扈之誓，[4]殷、周以兵定天下矣。[5]天下既定，戢臧干戈，教以文德，[6]而猶立司馬之官，設六軍之衆，[7]因井田而制軍賦。[8]地方一里爲井，井十爲通，通十爲成，成方十里；成十爲終，終十爲同，同方百里；同十爲封，封十爲畿，畿方千里。有税有賦。[9]税以足食，賦以足兵。故四井爲邑，四邑爲丘。丘，十六井也，有戎馬一匹，牛三頭。四丘爲甸。甸，六十四井也，有戎馬四匹，兵車一乘，牛十二頭，甲士三人，卒七十二人，干戈備具，是謂乘馬之法。[10]一同百里，提封萬井，[11]除山川沈斥，城池邑居，園囿術路，三千六百井，[12]定出賦六千四百井，戎馬四百匹，兵車百乘，此卿大夫采地之大者也，[13]是謂百乘之家。一封三百一十六里，提封十萬井，定出賦六萬四千井，戎馬四千匹，兵車千乘，此諸侯之大者也，是謂千乘之國。[14]天子畿方千里，提封百萬井，定出賦六十四萬井，戎馬四萬匹，兵車萬乘，故稱萬乘之主。戎馬車徒干戈素具，春振旅以搜，夏拔舍以苗，秋治兵以獮，冬大閱以狩，[15]皆於農隙以講事焉。[16]五國爲屬，屬有長；十國爲連，連有帥；[17]三十國爲卒，卒有正；二百一十國爲州，州有牧。連帥比年簡車，[18]卒正三年簡徒，[19]群牧五載大簡車徒，此先王爲國立武足兵之大略也。[20]

[1]【顏注】鄭氏曰：涿鹿在彭城南。與炎帝戰，炎帝火行，故云火災。李奇曰：黃帝與炎帝戰於阪泉，今言涿鹿，地有二名也。文穎曰：《國語》云，黃帝，炎帝弟也。炎帝號神農，火行也，後子孫暴虐，黃帝伐之，故言以定火災。《律歷志》云"與炎帝後戰於阪泉"。涿鹿在上谷，今見有阪泉地黃帝祠。師古曰：文說是也。彭城者，上谷北別有彭城，非宋之彭城也。【今注】涿

鹿之戰：一説爲黄帝聯合炎帝，與蚩尤所進行的一場大戰；一説爲黄帝與炎帝之戰。參見郭麗娜《近百年來涿鹿之戰研究綜述》（《高校社科動態》2017 年第 1 期）、田成浩《黄炎蚩"兩戰説"與"一戰説"研究綜述》（《内江師範學院學報》2015 年第 7 期）。涿鹿，一説地名，故地在今河北涿鹿縣南。《莊子·盜跖》："然而黄帝不能致德，與蚩尤戰於涿鹿之野，流血百里。"成玄英疏："涿鹿，地名，今幽州涿鹿郡是也。"一説山名。《史記》卷一《五帝本紀》："於是黄帝乃徵師諸侯，與蚩尤戰于涿鹿之野，遂禽殺蚩尤。"裴駰《集解》引服虔曰："涿鹿，山名，在涿郡。"

　　[2]【顏注】文穎曰：共工，主水官也，少昊氏衰，秉政作害，顓頊伐之。本主水官，因爲水行也。師古曰：共讀曰龔。次下亦同（次下亦同，蔡琪本同，大德本作"下亦同"，殿本無此句）。【今注】顓（zhuān）頊（xū）：上古部落聯盟首領，列入"五帝"。生於若水，居於帝丘（今河南濮陽市），號高陽氏。古神話中的北方天帝，又稱黑帝或玄帝。參閲《大戴禮記·五帝德》《史記·五帝本紀》。　共工：古神話中炎帝後裔。相傳與顓頊争天子失敗，怒觸不周山而導致天柱折，地維絶。見《論衡·談天》。又相傳共工爲水神。《左傳》昭公十七年："共工氏以水紀，故爲水師而水名。"

　　[3]【顏注】師古曰：舜受堯禪而流共工于幽州，放讙兜于崇山，竄三苗于三危，殛鯀于羽山也。殛，誅也，音居力反。【今注】案，流放竄殛，指流放和殺戮。《尚書·舜典》孔傳："殛，竄，放，流，皆誅也，異其文，述作之體。"　讙兜：上古時期的歷史人物。堯之佞臣。《史記·五帝本紀》："放讙兜於崇山，以變南蠻。"　三苗：古部族名。與讙兜、共工、鯀合稱爲"四罪"。《尚書·舜典》："竄三苗于三危。"孔傳："三苗，國名，縉雲氏之後，爲諸侯，號饕餮。"《史記·五帝本紀》："三苗在江淮、荆州數爲亂。"三苗祖居地有西北説，有長江以南説。參見侯哲安《三苗

考》（《貴州民族研究》1979 年第 1 期）、郭偉川《古“三苗”新考》（《汕頭大學學報》2007 年第 2 期）。　鯀：古人名。傳說是夏禹的父親。《史記》卷二《夏本紀》：“夏禹，名曰文命。禹之父曰鯀，鯀之父曰顓頊，顓頊之父曰昌意，昌意之父曰黃帝。禹者，黃帝之玄孫而帝顓頊之孫也。”鯀、禹治水是中國最著名的洪水神話。鯀是有崇部落的首領，曾經治理洪水長達九年，勞苦功高。一說因鯀與堯之子丹朱、舜爭位失敗而被堯流放至羽山；一說是“堯令祝融殺鯀於羽山”。《左傳》昭公七年云：“昔堯殛鯀於羽山，其神化爲黃熊以入於羽淵。”

[4]【顏注】師古曰：謂啓與有扈戰于甘之野，作《甘誓》，事見《夏書》。扈國，今鄠縣是也。甘即甘水之上。【今注】甘扈之誓：夏啓討伐有扈氏，在甘地發出的戰爭誓言。孔穎達《尚書·甘誓》注疏：《甘誓》《正義》曰：發首二句敘其誓之由，其“王曰”已下皆是誓之辭也。《曲禮》云：“約信曰誓。”將與敵戰，恐其損敗，與將士設約，示賞罰之信也。將戰而誓，是誓之大者。《禮》將祭而號令齊百官，亦謂之誓。《周禮·大宰》云：“祀五帝則掌百官之誓戒。”鄭玄云：“誓戒，要之以刑，重失禮也。”《明堂位》所謂“各揚其職，百官廢職，服大刑”，是誓辭之略也。彼亦是約信，但小於戰之誓。馬融云：“軍旅曰誓，會同曰誥。”“誥”“誓”俱是號令之辭，意小異耳。傳“甘有”至“先誓”。正義曰：《地理志》扶風鄠縣，古扈國，夏啓所伐者也。“鄠”“扈”音同，未知何故改也。啓伐有扈，必將至其國，乃出兵與啓戰，故以“甘”爲有扈之郊地名。馬融云：“甘，有扈南郊地名。”計啓西行伐之，當在東郊。融則扶風人，或當知其處也。“將戰先誓”，誓是臨戰時也。《甘誓》《牧誓》《費誓》皆取誓地爲名，《湯誓》舉其王號，《泰誓》不言“武誓”者，皆史官不同，故立名有異耳。

[5]【顏注】師古曰：謂湯及武王。

[6]【顏注】師古曰：戢，斂也。

[7]【顏注】師古曰：司馬，夏官卿，掌邦政，軍旅屬焉。萬二千五百人爲軍，王則六軍也。【今注】司馬之官：此處當是對軍事長官泛稱，不應視爲夏官大司馬屬官。《周禮》夏官大司馬之屬官，有軍司馬、輿司馬、行司馬。春秋時晉作三軍，每軍別置司馬。　六軍：泛指禁軍，天子所統領的軍隊。《周禮·夏官·序官》：“凡制軍，萬有二千五百人爲軍。王六軍，大國三軍，次國二軍，小國一軍。”

[8]【今注】井田：相傳殷、周時代的一種土地制度。因將土地劃作“井”字形，故名。井田一詞，最早見於《穀梁傳》宣公十五年：“古者三百步爲里，名曰井田。”《孟子·滕文公上》：“方里而井，井九百畝，其中爲公田。八家皆私百畝，同養公田。公事畢，然後敢治私事。”近代以來，關於井田制有無，聚訟紛紜。言有者，認爲是土地公有制向私有制過渡的一種土地所有制形態；言無者，認爲井田祇是一種理想。參見朱執信、胡漢民、吕思勉、胡適等《井田制度有無之研究》（上海華通書局 1930 年版）、孫筱《井田制與溝洫制》（《心齋問學集》，團結出版社 1992 年版）、曹毓英《井田制研究》（華中師範大學出版社 2005 年版）、周新芳《近年來井田制研究的趨向與特點》（《江西社會科學》2002 年第 4期）。

[9]【顏注】師古曰：稅者，田租也。賦，謂發斂財也（蔡琪本、大德本、殿本“謂發”後有“賦”字，底本無）。【今注】案，王先謙《漢書補注》說官本“租”作“賦”，注“發”下多“賦”字，引宋祁曰：“邵、姚本云：‘發賦斂之賦也。’”王鳴盛《十七史商榷》卷一一：“下文即云‘稅以足食，賦以足兵’，證之顏注，則合作‘有稅有賦’。又《食貨志》前一段語意與此正同，亦云‘有稅有賦’。若作‘租’，租即稅也，不可通矣。”

[10]【顏注】鄭氏曰：甲士在車上也。師古曰：乘音食證反。其下並同。【今注】案，王先謙《漢書補注》說《荀紀》“卒”

上有"步"字。

　　[11]【顏注】蘇林曰：提音衹，陳留人謂舉田爲衹。李奇曰：提，舉也，舉四封之內也。師古曰：李說是也。提讀如本字，蘇音非也。說者或以爲積土而封謂之隄封（隄，蔡琪本同，大德本、殿本作"提"），既改文字，又失義也。【今注】提封：總共、大凡。王念孫《讀書雜志・漢書第十六》：諸說皆非也。《廣雅》曰："隄封，都凡也。"都凡者，猶今人言大凡、諸凡也。"隄"與"提"古字通。"都凡"與"提封"一聲之轉，皆是大數之名。"提封萬井"，猶言通共萬井耳。《食貨志》曰："地方百里，提封九萬頃。"《地理志》曰："提封田一萬萬四千五百一十三萬六千四百五頃。"《匡衡傳》曰："樂安鄉本田，提封三千一百頃。"《王莽傳》曰："於是遂營長安城南，提封百頃。"義並與此同。若訓提爲舉，訓封爲四封，而云舉封若干井，舉封若干頃，則甚爲不詞。又《東方朔傳》曰"迺使大中大夫吾邱壽王與待詔能用算者二人，舉籍阿城以南、盩厔以東、宜春以西，提封頃畝及其賈直"，亦謂舉籍其頃畝之大數及其賈直耳。若云舉封頃畝，則尤爲不詞。且上言舉籍，下不當復言舉封。以此知諸說之皆非也。"提"，《廣雅》作"隄"。蘇林音衹。曹憲音時。《集韻》音常支切，字作"隄"，引《廣雅》"隄封，都凡也"。李善本《文選・西都賦》"提封五萬"，五臣本及《後漢書・班固傳》並作"隄封"，"提封"爲"都凡"之轉，其字又通作，"隄""隄"則亦可讀爲都奚反。凡假借之字，依聲託事，本無定體，古今異讀，未可執一。顏以蘇林音衹爲非，《匡謬正俗》又謂"提封"之"提"不當作"隄"字，且不當讀爲都奚反，皆執一之論也。

　　[12]【顏注】臣瓚曰：沈斥，水田烏鹵也。如淳曰：衍，大道也。師古曰：川謂水之通流者也。沈謂居深水之下也。斥（斥，蔡琪本、大德本同，殿本作"兵"），鹹鹵之地。【今注】沈斥：或作"沉斥"解。王念孫《讀書雜志・漢書第四》："沉當爲沇。

沇，大澤也。" 園囿（yòu）：畜有鳥獸的皇家花園。園，種植花木；囿，畜養動物。

[13]【顏注】師古曰：采，官也。因官食地，故曰采地。《爾雅》曰"采、寮，官也"。說者不曉采地之義，因謂菜地，云以種菜，非也。【今注】采地：古代諸侯分封給卿大夫土地，亦作"采邑"。

[14]【今注】千乘之國：擁有許多兵馬的國家。乘，兵馬。《漢舊儀》："九夫爲井，四井爲邑，四邑爲丘，四丘爲乘。乘則具車一乘、四馬、步卒三十六人。千乘之國，馬四千匹，步卒三萬六千人，爲三軍大國也。次國二軍。小國一軍。"

[15]【顏注】師古曰：振旅，整衆也。搜，搜擇不任孕者。拔舍，草止，不妨農也。苗，爲苗除害也。治兵，觀威武也。獮，應殺氣也。大閱，簡車馬也。狩，火田。一曰，狩，守也，圍守而取之。拔音步末反。【今注】案，搜、苗、獮、狩，是對古代天子或王侯四季田獵的稱謂。《左傳》隱公五年："春蒐、夏苗、秋獮、冬狩，皆於農隙以講事也。"《司馬法·仁本》："天下既平，天子大愷，春蒐秋獮，諸侯春振旅，秋治兵，所以不忘戰也。"參見高春華《〈春秋左傳正義〉四季田獵名稱考》（《學行堂文史集刊》2014年第1期）。

[16]【顏注】師古曰：隙，空閑也。講，和習也（蔡琪本、大德本、殿本"和習"後有"之"字）。

[17]【顏注】師古曰：長音竹兩反。帥音所類反。

[18]【顏注】師古曰：比年，頻年也。【今注】簡車：檢閱兵車。

[19]【顏注】師古曰：徒，人衆。【今注】簡徒：檢閱士兵。

[20]【今注】立武足兵：強軍備戰。

周道衰，法度墮，[1]至齊桓公任用管仲，而國富民安。公問行伯用師之道，[2]管仲曰：“公欲定卒伍，修甲兵，大國亦將修之，而小國設備，則難以速得志矣。”[3]於是乃作內政而寓軍令焉，[4]故卒伍定虖里，[5]而軍政成虖郊。連其什伍，[6]居處同樂，死生同憂，禍福共之，故夜戰則其聲相聞，晝戰則其目相見，緩急足以相死。[7]其教已成，外攘夷狄，內尊天子，以安諸夏。[8]齊桓既没，晉文接之，[9]亦先定其民，作被廬之法，[10]總帥諸侯，迭爲盟主。[11]然其禮已頗僭差，又隨時苟合以求欲速之功，故不能充王制。二伯之後，寖以陵夷，[12]至魯成公作丘甲，[13]哀公用田賦，[14]搜狩治兵大閱之事皆失其正。《春秋》書而譏之，以存王道。於是師旅亟動，百姓罷敝，[15]無伏節死難之誼。孔子傷焉，[16]“以不教民戰，是謂棄之”。[17]故稱子路曰：“由也，千乘之國，可使治其賦也。”而子路亦曰：“千乘之國，攝虖大國之閒，加之以師旅，因之以饑饉，由也爲之，比及三年，可使有勇，且知方也。”[18]治其賦兵教以禮誼之謂也。

[1]【顏注】師古曰：墮即隳字。墮，毀也，音火規反。

[2]【顏注】師古曰：伯讀曰霸。

[3]【今注】案，管子所言，又可見《國語·齊語》。

[4]【顏注】師古曰：寓，寄也，寄於內政而修軍令也。

[5]【今注】虖：古通“乎”。

[6]【顏注】師古曰：五人爲伍，二伍爲什。【今注】什伍：一爲古代户籍編制，五家爲伍，十户爲什，相聯互保。《管子·立政》：“十家爲什，五家爲伍，什伍皆有長焉。”《史記》卷六八

《商君列傳》：“令民爲什伍，而相牧司連坐。”二指古代軍隊編制。《禮記·祭義》：“軍旅什伍，同爵則尚齒，而弟達乎軍旅矣。”鄭玄注：“什伍，士卒部曲也。”

[7]【今注】緩急：偏義複詞，言急。

[8]【顏注】師古曰：攘，郤也。諸夏，中國之諸侯也。夏，大也，言大於四夷也。攘音人羊反。

[9]【今注】案，王本“桓”前有“威”，底本與殿本等皆無。

[10]【顏注】應劭曰：搜於被廬之地，作執秩以爲六官之法，因以名之也。師古曰：“被廬，晉地也。被音皮義反。【今注】被廬之法：又稱執秩之法，是公元前 633 年晉國在被廬春獵時晉文公制定的法律，核心精神是“貴賤不愆”，捍衛西周以來的等級制度，維護傳統的“尊尊”秩序。

[11]【顏注】師古曰：迭，互也，音大結反。【今注】迭：更換。

[12]【顏注】師古曰：寖，漸也。陵夷，積替也。二伯，齊桓公、晉文公也。伯讀曰霸。

[13]【顏注】師古曰：丘，十六井也，上出戎馬一匹（上，蔡琪本、大德本、殿本作“止”），牛三頭。四丘爲甸。甸，六十四井也，乃出戎馬四匹，兵車一乘，牛十二頭，甲士三人，卒七十二人耳。今乃使丘出甸賦，違常制也。一説，別令人爲丘作甲也。士農工商四類異業，甲者非凡人所能爲，而令作之，譏不正也。【今注】丘甲：春秋時魯國徵發軍事用品的制度。《春秋》成公元年：“三月，作丘甲。”古時農工分職，制甲爲工民之事，魯違常制，使“丘民”作甲，稱丘甲。沈欽韓《漢書疏證》案，顏前説襲杜預，後説本《穀梁》，皆非也。顧炎武《左傳補正》云：“周制四丘爲甸，旁加一里爲成，共出長轂一乘，步卒七十二人，甲士三人，則丘得十八人，不及一甲。今作丘甲，令丘出二十五人，一甸之中共出百人矣。解云，丘出甸賦，驟增三倍，恐未必

然。”然作丘甲之實義，衆説紛紜，皆推測之辭，並無確證。或如范文瀾《中國通史簡編》所言，視爲軍賦改革，且與魯宣公十五年“初税畝”聯繫，當較爲合理。

[14]【顔注】師古曰：田賦者，別計田畝及家財各爲一賦。言不依古制，役煩斂重也。【今注】用田賦：春秋時期魯哀公十二年（前483），魯卿季康子推行的按田地多少徵收軍賦制度。王先謙《漢書補注》引葉德輝曰：事見《左傳》哀公十一年。本疏引賈逵注云：“欲令一井之間出一丘之税，井別出馬一匹、牛三頭。”先謙案，《魯語》曰：“季康子欲以田賦，仲尼曰：‘先王制土，其歲收田一井，出稯禾、秉芻、缶米，不是過也。’”仲尼惟言一井所出，則此云“田賦”者，謂用一井之田賦耳。

[15]【顔注】師古曰：亟，屢也，音丘吏反。罷讀曰疲。

[16]【今注】案，蔡琪本、大德本、殿本“孔子傷焉”後有“曰”字。

[17]【顔注】師古曰：《論語》載孔子之言也，非其不素習。【今注】案，語見《論語·子路》

[18]【顔注】師古曰：皆《論語》所載也。方，道也。比音必寐反。【今注】案，語見《論語·公冶長》《論語·先進》。攝虖，夾在。

春秋之後，滅弱吞小，並爲戰國，稍增講武之禮，以爲戲樂，用相夸視。[1]而秦更名角抵，[2]先王之禮没於淫樂中矣。雄桀之士因執輔時，作爲權詐，以相傾覆，吳有孫武，齊有孫臏，[3]魏有吳起，秦有商鞅，皆禽敵立勝，垂著篇籍。當此之時，合從連衡，[4]轉相攻伐，代爲雌雄。[5]齊愍以技擊彊，[6]魏惠以武卒奮，[7]秦昭以鋭士勝。[8]世方爭於功利，而馳説者以孫、吳爲宗。時唯孫卿明於王道，[9]而非之曰：“彼孫、吳者，上埶利而貴變詐；施於暴亂昏嫚之國，君臣有閒，[10]上下離心，政謀不良，故可變而詐也。夫仁人在上，爲下所卬，[11]猶子弟之衛父兄，若手足之扞頭目，何可當也？[12]鄰國望我，歡若親戚，芬若椒蘭，顧視其上，猶焚灼仇讎。人情豈肯爲其所惡而攻其所好哉？故以桀攻桀，猶有巧拙；以桀詐堯，若卵投石，夫何幸之有！[13]《詩》曰：‘武王載旆，有虔秉鉞，如火烈烈，則莫我敢遏。’[14]言以仁誼綏民者，無敵於天下也。若齊之技擊，得一首則受賜金。事小敵脆，則媮可用也；[15]事鉅敵堅，則渙然離矣。[16]是亡國之兵也。魏氏武卒，衣三屬之甲，[17]操十二石之弩，[18]負矢五十个，置戈其上，冠胄帶劍，贏三日之糧，[19]日中而趨百里，[20]中試則復其户，利其田宅。[21]如此，則其地雖廣，其稅必寡，其氣力數年而衰。是危國之兵也。秦人，其生民也陿陋，其使民也酷烈。[22]劫之以埶，隱之以陋，[23]狃之以賞慶，道之以刑罰，[24]使民所以要利於上者，非戰無由也。功賞相長，五甲首而隷五家，[25]是最爲有數，[26]故能四世有勝於天下。然皆干賞蹈利之兵，庸徒鬻賣之道耳，[27]未有安制矜節之理也。[28]故雖地廣兵彊，鰓鰓常恐天下之一合而共軋己也。[29]至乎齊桓、晉文之兵，可謂入其域而有節制矣，[30]然猶未本仁義之統也。[31]故齊之技擊不可以遇魏之武卒，魏之武卒不可以直秦之銳士，[32]秦之銳士不可以當桓、文之節制，桓、文之節制不可以敵湯、武之仁義。"[33]

[1]【顏注】師古曰：視讀曰示。

[2]【顏注】師古曰：抵音丁禮反，解在《武紀》。【今注】角抵：源於"以角抵人"，類似現在相撲之類的兩兩較力的活動。《南齊書·樂志》"角抵、像形、雜伎，歷代相承有也。其增損源起，事不可詳，大略漢世張衡《西京賦》是其始也"。似未讀此志者。

[3]【顏注】師古曰：臏音頻忍反。

[4]【顏注】師古曰：衡，橫也。戰國時，齊、楚、韓、魏、燕、趙爲從，秦國爲衡。從音子容反。謂其地形南北從長也。秦地形東西橫長，故爲衡也。【今注】合從連衡：即合縱連橫，簡稱縱橫。戰國時縱橫家所宣導的外交和軍事政策。東方六國地連南北，聯合抗秦，稱"合縱"；秦與東方六國橫向聯合，破六國合縱，稱"連橫"。其實合縱與連橫變化無常。合縱既可抗齊，又可抗秦；連橫既可聯秦，也可聯楚，這就是所謂"朝秦暮楚"。

[5]【顏注】師古曰：代亦迭也（蔡琪本、大德本同，殿本"代"後無"亦"）。

[6]【顏注】孟康曰：兵家之技巧。技巧者，習手足，便器械，積機關，以立攻守之勝。【今注】案，《荀子·議兵》："齊人隆技擊，其技也，得一首者則賜贖錙金，無本賞矣。"楊倞注："齊人以勇力擊斬敵者，號爲技擊。"

[7]【顏注】師古曰：奮，盛起。【今注】武卒：魏國吳起訓練的鐵甲重裝步兵。《吳子·圖國》記載吳起率武卒"與諸侯大戰七十六，全勝六十四，餘則鈞解。闢土四面，拓地千里"。

[8]【顏注】師古曰：銳，勇利。【今注】銳士：秦精兵名。案，技擊、武卒、銳士，詳見《荀子·議兵》。

[9]【顏注】師古曰：孫卿，楚人也（蔡琪本、大德本同，

殿本"楚人"後無"也"字），姓荀名況，避漢宣帝之諱，故改作孫（大德本同，蔡琪本、殿本"孫"後有"卿"字）。

　　[10]【顏注】師古曰：言有間隙不諧和。

　　[11]【顏注】師古曰（殿本無此三字）：卬讀曰仰（曰，蔡琪本同，大德本作"作"）。【今注】卬："仰"的古字。

　　[12]【顏注】師古曰：扞，禦難也，音下旦反（下，大德本、殿本作"卜"）。

　　[13]【顏注】師古曰：言往必破碎。

　　[14]【顏注】師古曰：殷頌《長發》之詩也。武王謂湯也（蔡琪本、大德本同，殿本"武王"後無"謂"字）。虔，敬也。遏，止也。言湯建號興師，本猶仁義（猶，蔡琪本、大德本同，殿本作"由"），雖執戚鉞，以敬爲先，故得如火之盛，無能止也。【今注】武王：此指商湯。引詩見《詩經·商頌·長發》。王念孫《讀書雜志·漢書第四》："旆"本作"發"，今作"旆"者，後人依《毛詩》改之也。《荀子·議兵篇》《韓詩外傳》並引《詩》"武王載發"，此志上下文所引皆《議兵篇》文，故其字亦作"發"。發，謂興師伐桀也。《豳風·七月》箋曰"載之言則也"。武王載發，武王則發也。《律曆志》述周武王伐紂之事，曰"癸巳，武王始發"，與此"發"字同義。《毛詩》作"旆"者，借字耳。據顏氏注云"言湯建號興師，本由仁義，雖執戚鉞，以敬爲先"，"興師"二字正釋"發"字，而不言載旆，則所見本是"發"字明矣。

　　[15]【顏注】師古曰：媮與偷同，謂苟且。【今注】事：此指戰事。　脆：古同"脆"。案，蔡琪本、大德本同，殿本作"脆"。

　　[16]【顏注】師古曰：鉅，大也。渙然，散貌。

　　[17]【顏注】服虔曰：作大甲三屬，竟人身也。蘇林曰：兜鍪也，盆領也（盆，蔡琪本、大德本同，殿本作"盤"），鞸禪

也（禪，蔡琪本、殿本同，大德本作“禪”）。如淳曰：上身一，髀禪一，踁繳一，凡三屬也。師古曰：如説是也。屬，聯也，音之欲反。髀音陛。踁即脛字。【今注】三屬之甲：鎧甲名，上有披膊、中有胸鎧、下有腿裙，三者連綴，故名三屬之甲。

　　[18]【今注】十二石之弩：指弩的張力，即開弩所用力量。古一石約合三十公斤。陳直《漢書新證》：漢代弩機射擊力至多以十石爲止。《貞松堂集古遺文續編》有白馬十石弩機，其餘在居延漢簡中皆標明四石至六石不等，本書此段係用《荀子》原文，所謂十二石之弩，蓋戰國時之利器。

　　[19]【顏注】師古曰：个讀曰簡。簡，枚也。冑，兜鍪也。冠冑帶劍者，著兜鍪而又帶劍也。贏謂擔負也，音盈。

　　[20]【顏注】師古曰：中（蔡琪本同，大德本、殿本“中”前有“日”字），一日之中。

　　[21]【顏注】師古曰：中試，試之而中科條也。復謂免其賦税也。利田宅者，給其便利之處也。中音竹仲反。復音方目反。

　　[22]【顏注】師古曰：陋，地小也。阨，險固也。酷，重厚也。烈，猛威也。

　　[23]【顏注】鄭氏曰：秦地多阸，臧隱其民於阸中也。臣瓚曰：秦政急峻，隱栝其民於阸狹之法（栝，蔡琪本、大德本、殿本作“括”）。師古曰：鄭説是也。

　　[24]【顏注】師古曰：狃，串習也，音女救反。道讀曰導。【今注】狃（niǔ）：貪圖。　道：王先謙《漢書補注》説，《荀子》“道”作“鰌”，蓋即“遒”之借字。《説文》：“遒，迫也。或作逎。”遒之以刑罰，迫之以刑罰也。《彊國篇》云“大燕鰌吾後”，亦謂迫吾後也。班改“鰌”爲“遒”，傳寫者遂訛爲“道”耳。顏讀道爲導，不思刑不可言導也。

　　[25]【顏注】服虔曰：能得著甲者五人首，使得隸役五家也。如淳曰：役隸五家，是爲相君長。

［26］【今注】最爲有數：王先謙《漢書補注》説，比之齊、魏，最爲有術數也。

［27］【顔注】師古曰：鬻音育。

［28］【顔注】師古曰：矜，持也。【今注】安制矜節：王先謙《漢書補注》説，安制，安習制度。矜節，矜尚節義。《荀子》"矜"作"綦"。

［29］【顔注】蘇林曰：鰓音慎而無禮則葸之葸。鰓，懼貌也。張晏曰：軋，踐轢也。師古曰：鰓音先祀反。軋音於黠反。

［30］【顔注】孟康曰：入王兵之域，而未盡也（蔡琪本、大德本、殿本"未盡"後有"善"字）。【今注】節制：法度。亦指嚴整有規矩。

［31］【今注】案，統，蔡琪本、大德本同，殿本作"統"。

［32］【顔注】師古曰：直亦當也。

［33］【今注】案，上述荀子之言，見於《荀子·議兵》，文句與今本略異。

故曰："善師者不陳，[1]善陳者不戰，善戰者不敗，善敗者不亡。"[2]若夫舜修百僚，咎繇作士，[3]命以"蠻夷猾夏，寇賊姦軌"，[4]而刑無所用，所謂善師不陳者也。湯、武征伐，陳師誓衆，而放禽桀、紂，[5]所謂善陳不戰者也。齊桓南服彊楚，使貢周室，[6]北伐山戎，爲燕開路，[7]存亡繼絶，功爲伯首，[8]所謂善戰不敗者也。楚昭王遭闔廬之禍，國滅出亡，[9]父老送之。王曰："父老反矣！何患無君？"父老曰："有君如是其賢也！"[10]相與從之。或犇走赴秦，號哭請救，[11]秦人爲之出兵。[12]二國并力，遂走吴師，[13]昭王返國，[14]所謂善敗不亡者也。若秦因四世之勝，據河山之阻，任用白起、王翦豺狼之徒，[15]奮其爪牙，禽獵六國，以并天下。[16]窮武極詐，士民不附，卒隸之徒，還爲敵讎，[17]焱起雲合，果共軋之。[18]斯爲下矣。凡兵，所以存亡繼絕，救亂除害也。故伊、吕之將，子孫有國，與商周並。[19]至於末世，苟任詐力，以徇貪殘，[20]爭城殺人盈城，爭地殺人滿野。孫、吴、商、白之徒，皆身誅戮於前，而國滅亡於後。[21]報應之執，各以類至，其道然矣。

[1]【顏注】師古曰：戰陳之義本因陳列爲名，而音變耳，字則作陳，更無別體。而末代學者輒改其字旁從車，非經史之本文也。今宜依古，不從流俗也。

[2]【今注】案，《穀梁傳》莊公八年："善爲國者不師，善師者不陳，善陳者不戰，善戰者不死，善死者不亡。"

[3]【顏注】師古曰：士師，理官，謂司寇之職也（蔡琪本、大德本同，殿本"職"後無"也"字）。【今注】咎繇：亦作"皋陶"，舜時爲司法之長。　士：古亦指掌管刑獄的官員。《周禮·大司徒》："其附于刑者，歸於士。"

[4]【顏注】師古曰：《虞書·舜典》舜命咎繇之文也。猾，亂也。夏，諸夏也。寇謂攻剽，賊謂殺人。在外爲姦（爲，蔡琪本同，大德本、殿本作"日"，本注下同），在内爲軌。【今注】案，語見《尚書·舜典》。

[5]【顏注】師古曰：謂《湯誓》《泰誓》《牧誓》是也。【今注】放禽桀紂：桀被流放於南巢，紂自焚。

[6]【顏注】師古曰：謂僖四年伐楚，次于陘，責包茅不入，王祭不供也。【今注】案，事見《左傳》僖公四年。以下二例講述齊桓公"外攘夷狄，内尊天子"事。

[7]【顏注】師古曰：謂莊三十年伐山戎，以其病燕故（蔡琪本、大德本、殿本“故”後有“也”字）。【今注】案，事見《春秋》莊公三十年。

[8]【顏注】師古曰：謂存三亡國，衞、邢、魯也。伯讀曰霸。

[9]【顏注】師古曰：謂定四年吳入郢，楚子出，涉睢濟江，入于雲中也。【今注】案，事見《左傳》定公四年。公元前506年，吳王闔廬率兵入楚都郢城，楚昭王逃亡隨國。

[10]【顏注】師古曰：言無有如此君者。

[11]【顏注】師古曰：謂申包胥如秦乞師也。犇，古奔字。【今注】號哭請救：即楚申包胥乞師於秦之事。秦王不許，包胥“立依於庭牆而哭，日夜不絶聲，勺飲不入口七日”，秦爲所感，遂救楚。後世以“哭秦庭”爲請兵抒國難之典。事見《左傳》定公四年、《史記》卷六六《伍子胥列傳》。

[12]【顏注】師古曰：謂秦子蒲、子武帥車五百乘以救楚也。【今注】案，蔡琪本、大德本、殿本“秦人”後有“憐之”。

[13]【顏注】師古曰：謂子蒲大敗夫槩王于沂，蓬射之子子西敗吳師於軍祥（蓬，大德本、殿本作“遂”；蔡琪本、大德本、殿本“之子”後有“從”字）。

[14]【顏注】師古曰：吳師已歸，楚子入郢。

[15]【今注】白起：秦國名將，《戰國策》作“公孫起”。伊闕之戰大破魏韓聯軍，攻陷楚國國都郢城。長平之戰重創趙國主力，功勳赫赫。傳見《史記》卷七三。　王翦：秦國名將，率軍滅燕、趙、楚。平定六國，功績卓著，秦始皇尊其爲師。傳見《史記》卷七三。

[16]【顏注】師古曰：言如獵之取獸。

[17]【顏注】師古曰：謂陳勝、吳廣、英布之徒也。

[18]【顏注】師古曰：猋，疾風也。如猋之起，言其速也。

如雲之合，言其盛也。猋音必遙反。

[19]【顏注】師古曰：言其同盛衰也。【今注】伊呂：商之伊尹、周之呂尚。

[20]【今注】恔："快"字的異體。案，恔，蔡琪本、大德本、殿本作"快"。

[21]【顏注】師古曰：孫武、孫臏、吳起、商鞅、白起也。

　　漢興，高祖躬神武之材，[1]行寬仁之厚，總擥英雄，[2]以誅秦、項。[3]任蕭、曹之文，[4]用良、平之謀，[5]騁陸、酈之辯，[6]明叔孫通之儀，[7]文武相配，大略舉焉。天下既定，踵秦置材官於郡國，[8]京師有南北軍之屯。[9]至武帝平百粵，[10]內增七校，[11]外有樓舡，[12]皆歲時講肄修武備云。[13]至元帝時，以貢禹議，[14]始罷角抵，而未正治兵振旅之事也。

[1]【今注】躬：本身具有。

[2]【今注】擥："攬"字的異體。

[3]【今注】秦項：秦王朝、項羽。

[4]【今注】蕭曹：蕭何、曹參。二人傳均見本書卷三九。

[5]【今注】良平：張良、陳平。二人傳均見本書卷四〇。

[6]【今注】陸酈：陸賈、酈食其。二人傳均見本書卷四三。

[7]【今注】叔孫通：叔孫何，字通。輔佐劉邦制定漢朝禮儀。傳見本書卷四三。

[8]【顏注】師古曰：踵，因也。【今注】案，蔡琪本、大德本、殿本"踵秦"後有"而"字。　材官：秦漢始置，特選的地方常備兵員。《漢官儀》："民年二十三爲正，一歲以爲衛士，一歲爲材官騎士，習射御騎馳戰陣。八月，太守、都尉、令、長、相、

丞、尉會都試，課殿最。水家爲樓船，亦習戰射行船。邊郡太守各將萬騎，行郭塞烽火追虜。材官、樓船年五十六衰老，乃得免爲民。"或參見王彥輝《論秦漢時期的正卒與材官騎士》（《歷史研究》2015 年第 4 期）。

[9]【今注】南北軍：西漢初設置在長安城内的禁衞軍。南軍屬衞尉統領，負責保衞皇宫；北軍屬中尉統領，負責保衞京城。

[10]【今注】百粤：亦作"百越"。古代南方越人的總稱。分布在今浙、閩、粤、桂等地，因部落衆多，故總稱百粤。

[11]【顔注】晉灼曰：《百官表》中壘、屯騎、步兵、越騎、長水、胡騎、射聲、虎賁，凡八校尉，胡騎不常置，故此言七也。【今注】案，沈欽韓《漢書疏證》：中壘校尉掌北軍壘門，又掌西域（當作"西城"，見《百官表》）。不領兵，故但云七校。晉灼言"胡騎不常置，故七"，此是在後之制，非武帝制也。

[12]【今注】樓舡：有樓的大船。古代多用作戰船。此代指水軍。案，舡，蔡琪本、大德本、殿本作"船"。

[13]【顔注】師古曰：肄，習也，音弋二反。【今注】講肄：操練。

[14]【今注】案，貢禹議事見本書卷七二《貢禹傳》。

古人有言："天生五材，民並用之，[1]廢一不可，誰能去兵？"[2]鞭朴不可弛於家，[3]刑罰不可廢於國，征伐不可偃於天下。用之有本末，行之有逆順耳。孔子曰："工欲善其事，必先利其器。"[4]文德者，帝王之利器；威武者，文德之輔助也。夫文之所加者深，則武之所服者大；德之所施者博，則威之所制者廣。[5]三代之盛，至於刑錯兵寢者，其本末有序，帝王之極功也。[6]

[1]【顏注】師古曰：五材，金、木、水、火、土也。

[2]【今注】案，語見《左傳》襄公二十七年。

[3]【顏注】師古曰：弛，放也，音式爾反。【今注】案，朴，蔡琪本、大德本、殿本作“扑”。

[4]【顏注】師古曰：《論語》載孔子之言。【今注】案，語見《論語·衛靈公》。

[5]【今注】案，語出《文子》。

[6]【顏注】師古曰：刑錯兵寢，皆謂置而弗用也。【今注】案，何焯《義門讀書記》卷一六：此兼爲建武以還，悉罷郡國都尉之官，罷材官、樓船士，歲時不講肄武，備言之。

昔周之法，建三典以刑邦國，詰四方。[1]一曰，刑新邦用輕典；[2]二曰，刑平邦用中典；[3]三曰，刑亂邦用重典。[4]五刑，墨罪五百，劓罪五百，宮罪五百，刖罪五百，殺罪五百，所謂刑平邦用中典者也。[5]凡殺人者踣諸市，[6]墨者使守門，[7]劓者使守關，[8]宮者使守內，[9]刖者使守囿，[10]完者使守積。[11]其奴，男子入于罪隸，[12]女子入舂槁。[13]凡有爵者，與七十者，與未齔者，皆不爲奴。[14]

[1]【顏注】師古曰：詰，責也，音口一反。字或作誥，音工到反。誥，謹也，以刑治之令謹敕也。【今注】案，《周禮·秋官·大司寇》：“大司寇之職，掌建邦之三典，以佐王刑邦國，詰四方。一曰，刑新國用輕典；二曰，刑平國用中典；三曰，刑亂國用重典。”

[2]【顏注】師古曰：新闢地立君之國，其人未習於教，故用輕法。

［3］【顏注】師古曰：承平守成之國，則用中典常行之法也。

［4］【顏注】師古曰：篡殺畔逆之國，化惡難移，則用重法誅殺之也。自此以上，大司寇所職也。【今注】案，周壽昌《漢書注校補》說，漢避"邦"爲"國"。此出《周禮·秋官》，本作"新國""平國""亂國"，此志引之皆云"邦"，蓋因避"邦"作"國"之故，後人回改顛倒，皆誤作"邦"。下文"善人爲國百年"，避"邦"字，與《論語》異，可證。

［5］【顏注】師古曰：墨，黥也，鑿其面以墨涅之。劓，截鼻也。宮，淫刑也，男子割腐，婦人幽閉。刖，斷足也。殺，死刑也。自此以上，司刑所職也。劓音牛冀反。刖音五刮反，又音月。【今注】墨：即墨刑，又稱黥刑、黥面。古代五刑中最輕的一種刑罰，在犯人的臉上刺字塗墨。　劓（yì）：古代五刑之一，割鼻。漢文帝時將應受劓刑的罪改爲笞刑。　宮：又稱蠶室、腐刑、陰刑和椓刑。古代五刑之一，對男子或女子的陰處施刑，破壞其性機能。　刖（yuè）：古代五刑之一。夏朝稱臏，周朝稱刖，秦朝稱斬趾。指砍去受罰者左腳、右腳或雙腳。亦有指刖刑是削去膝蓋骨（臏骨）使犯人不能站立的說法。　殺：古代五刑中最重的一種刑罰。又作"大辟"，即死刑，分爲戮、烹、車裂、梟首、棄市、絞、凌遲等。

［6］【顏注】師古曰：踣謂斃之也，音妨付反。【今注】踣（bó）：跌倒。此指陳屍。

［7］【顏注】師古曰：黥面之人不妨禁衞也。【今注】案，陳直《漢書新證》說，《敦煌漢簡校文》一一五頁，有簡文云："右肩左黥，皆四歲京。"漢代黥刑，本刻字塗墨在面，簡文獨云右肩左黥，蓋在隱藏之處，人不易見，當然比黥面刑爲輕，黥後仍須要作苦四歲，故云皆四歲黥，黥刑或在肩，亦爲《漢書》所未詳。

［8］【顏注】師古曰：以其鬚毀，故遠之。

［9］【顏注】師古曰：人道既絕，於事便也。

［10］【顏注】師古曰：驅御禽獸，無足可也。

［11］【顏注】師古曰：完謂不虧其體，但居作也。積，積聚之物也。自此以上，掌戮所職也。【今注】完：或稱“耐”，古代一種較輕的刑罰。剃去鬢毛而服役。對完刑的解釋，大致有兩種觀點。其一耐刑即完刑，兩種刑罰均是剃去鬢毛和鬍鬚而保留頭髮。其二耐刑不等於完刑，耐刑是剃去鬢須而保留頭髮，完刑則是剃光頭髮和鬢須。　守積：看守倉庫。案，墨者使守門以下諸句，又見於《周禮·秋官·司民》。

［12］【顏注】李奇曰：男女徒總名爲奴。【今注】奴：此指犯罪或因株連而被罰服勞役。　罪隸：古代因犯罪或因株連而被罰在官府爲奴之人。《周禮·秋官·司屬》曰：“其奴，男子入於罪隸，女子入於春槀。”

［13］【顏注】孟康曰：主暴燥春之也。韋昭曰：“春，春人；槀，槀人也。給此二官之役。師古曰：槀音口老反（口，蔡琪本同，大德本、殿本作“古”）。【今注】春槀：古代春人、槀人的合稱。職掌罪人服苦役之事。春，即春人，掌供米物。見《周禮·地官·春人》。槀，即槀、槀人，掌供散官冗食者之食。見《周禮·地官·槀人》。案，王念孫《讀書雜志·漢書第四》：“女子入”下亦有“于”字，而今本脱之。當依《周官·司屬》補。

［14］【顏注】師古曰：有爵，謂命士以上也。齔，毁齒，男子八歲，女子七歲，而毁齒矣。自此以上，司屬所職也。【今注】未齔（chèn）：兒童尚未換牙。齔，乳牙脱落，長出恒牙。

　　周道既衰，穆王眊荒，命甫侯度時作刑，以詰四方。[1]墨罰之屬千，劓罰之屬千，髕罰之屬五百，宮罰之屬三百，大辟之罰其屬二百。[2]五刑之屬三千，[3]蓋多於平邦中典五百章，所謂刑亂邦用重典者也。

[1]【顏注】師古曰：穆王，昭王之子也，享國既百年，而王眊亂荒忽，乃命甫侯爲司寇，商度時宜，而作刑之制，以治四方也。甫，國名也。眊音莫報反。度音大各反。【今注】眊荒：又作“耄恍”，年老昏瞶。 甫侯：又稱“吕侯”。西周時人。傳爲炎帝後裔，姜姓。周穆王任司寇。時諸侯不睦，言於王，作《吕刑》以布告天下。事見《尚書·吕刑》。

[2]【顏注】師古曰：臏罰，去膝頭骨。大辟，死刑也。臏音頻忍反。

[3]【顏注】師古曰：五者之刑凡三千。【今注】案，何焯《義門讀書記》卷一六説《志》中雖序《甫刑》，而無一言及于金贖，蓋以唐、虞之法止於官府、學校，鞭朴輕刑，而又情法可議者。穆王則五刑皆得罰鍰以免，衰世敝法，不可以訓，故從削略。而於《蕭望之傳》中駮難張敞之議，致其意焉。

春秋之時，王道寖壞，教化不行，[1]子産相鄭而鑄刑書。[2]晉叔嚮非之曰：[3]“昔先王議事以制，不爲刑辟。[4]懼民之有爭心也，猶不可禁禦，是故閑之以誼，糾之以政，[5]行之以禮，守之以信，奉之以仁；[6]制爲禄位以勸其從，[7]嚴斷刑罰以威其淫。[8]懼其未也，故誨之以忠，慥之以行，[9]教之以務，[10]使之以和，[11]臨之以敬，蒞之以彊，[12]斷之以剛。猶求聖哲之上，明察之官，忠信之長，慈惠之師。[13]民於是乎可任使也，而不生禍亂。民知有辟，[14]則不忌於上，並有爭心，以徵於書，而徼幸以成之，弗可爲矣。[15]夏有亂政而作禹刑，商有亂政而作湯刑，周有亂政而作九刑。[16]三辟之興，皆叔世也。[17]今吾子相鄭國，制參辟，鑄刑書，[18]將以靖民，不亦難乎！[19]《詩》曰：‘儀式刑

文王之德，日靖四方。'[20] 又曰：'儀刑文王，萬邦作
孚。'[21] 如是，何辟之有？[22] 民知爭端矣，將棄禮而徵
於書。[23] 錐刀之末，將盡爭之，[24] 亂獄滋豐，貨賂並
行。[25] 終子之世，鄭其敗虖！"子產報曰："若吾子之
言，僑不材，不能及子孫，吾以救世也。"[26] 媮薄之
政，[27] 自是滋矣。孔子傷之，曰："導之以德，齊之以
禮，有恥且格；導之以政，齊之以刑，民免而無
恥。"[28] "禮樂不興，則刑罰不中；刑罰不中，則民無
所錯手足。"[29] 孟氏使陽膚爲士師，[30] 問於曾子，[31] 亦
曰："上失其道，民散久矣。如得其情，則哀矜而
勿喜。"[32]

[1]【顏注】師古曰：寖，漸也。

[2]【顏注】師古曰：子產，鄭大夫公孫僑也。鑄刑法於鼎，
事在昭六年。【今注】子產：春秋時期著名政治家。名僑，字子
產，又字子美。他是鄭穆公之孫，公元前 543 年執政，歷史典籍以
其字"子產"爲通稱。　鑄刑書：將刑書鑄於鼎，公布於衆。事見
《左傳》昭公六年。

[3]【顏注】師古曰：叔嚮，晉大夫羊舌肸也。遺其書以非
之。嚮音許兩反。【今注】叔嚮：名羊舌肸（xī），晉國大夫。以下
叔嚮與子產答問，均見《左傳》昭公六年，文字稍異。

[4]【顏注】李奇曰：先議其犯事，議定然後乃斷其罪，不
爲一成之刑著於鼎也。師古曰：虞舜則象以典刑，流宥五刑。周
禮則三典五刑，以詰邦國。非不豫設，但弗宣露使人知之。【今
注】議：或以"議"爲"儀"。王引之《經義述聞·左傳》："議"
讀爲"儀"。儀，度也。謂度事之輕重以斷其罪，不豫設爲定法也。
古字多以"議"爲"儀"。　刑辟：刑法，刑律。

[5]【顏注】師古曰：閑，防也。糾，舉也。【今注】閑：本義柵欄，引申爲限制，約束。 誼：古與"義"同。

[6]【顏注】師古曰：奉，養也。

[7]【顏注】師古曰：勸其從教之心也。

[8]【顏注】師古曰：淫，放也。

[9]【顏注】晉灼曰：憱，古竦字也。師古曰：憱，謂獎也，又音所項反。【今注】憱：即"憱"。恐懼。《説文》：憱，懼也，從心，雙省聲。

[10]【顏注】師古曰：時所急。

[11]【顏注】師古曰：悦以使人也。

[12]【顏注】師古曰：茬謂監視也。

[13]【顏注】師古曰：上謂公侯也。官，卿佐也。長、師，皆列職之首也。

[14]【今注】案，知，蔡琪本、大德本同，殿本作"之"。

[15]【顏注】師古曰：辟，法也。爲，治也。權移於法，故人不畏上，因危文以生詐妄，徼幸而成巧，則弗可治也。【今注】案，王先謙《漢書補注》曰杜注："因危文以生争，緣徼幸以成其巧僞。"於義爲晰。

[16]【顏注】韋昭曰：謂正刑五，及流、贖、鞭、扑也。【今注】案，沈欽韓《漢書疏證》：此肉刑之制，非始於禹，乃後王之法耳。《紀年》："帝芬三十六年，作圜土。"《墨子·非樂篇》："湯之官刑有之曰：'其恒舞於宫，是謂巫風。'"《吕覽·孝行篇》："《商書》曰：'刑三百，罪莫重於不孝。'"《紀年》："祖甲二十四年，重作湯刑。"《周書·嘗麥解》："四年孟夏，王命大正正刑書。太史筴《刑書》九篇，以升授大正。"

[17]【顏注】師古曰：叔世言晚時也。【今注】叔世：古時少長順序按伯、仲、叔、季排列。叔季在兄弟中排行最後，比喻末世將亂的時代。《左傳》孔穎達疏引服虔云："政衰爲叔世"，"將亡

爲季世"。

[18]【顏注】孟康曰：謂夏、殷、周亂政所制三辟也。

[19]【顏注】師古曰：靖，安也，一曰治也。

[20]【顏注】師古曰：《周頌·我將》之詩也。言法象文王之德，以爲儀式，則四方日以安靖。【今注】案，《詩·周頌·我將》作"儀式刑文王之典，日靖四方"。

[21]【顏注】師古曰：《大雅·文王》詩也。孚，信也。又言法象文王，則萬國皆信順也。【今注】案，引詩見《詩·大雅·文王》。

[22]【顏注】師古曰：若詩所言，不宜制刑辟。

[23]【顏注】師古曰：取證於刑書。

[24]【顏注】師古曰：喻微細。

[25]【顏注】師古曰：滋，益也。

[26]【顏注】師古曰：言雖非長久之法，且救當時之敝。

[27]【今注】婾薄：浮薄，輕薄。

[28]【顏注】師古曰：《論語》載孔子之言也。格，正也。言用德禮，則人有恥而自正；尚政刑，則下苟免而無恥。【今注】案，《論語·爲政》："道之以政，齊之以刑，民免而無恥；道之以德，齊之以禮，有恥且格。"

[29]【顏注】師古曰：亦《論語》所載孔子之言。禮以治人，樂以易俗，二者不興，則刑罰濫矣。錯，置也。【今注】案，語見《論語·子路》。

[30]【顏注】師古曰：亦《論語》所載。陽膚，曾子弟子也。士師，獄官。【今注】孟氏：孟孫氏，魯大夫。曾與季孫氏、叔孫氏共執魯國國政。

[31]【顏注】師古曰：問何以居此職也。

[32]【顏注】師古曰：此曾子對辭（對，蔡琪本、大德本同，殿本作"答"）。言萌俗澆離（萌，蔡琪本、大德本同，殿

本作"民"），輕犯於法，乃由上失其道，非下之過。今汝雖得獄情，當哀矜之，勿喜也（蔡琪本、大德本、殿本"勿"後有"自"字）。【今注】案，語見《論語·子張》。

　　陵夷至於戰國，[1]韓任申子，[2]秦用商鞅，連相坐之法，[3]造參夷之誅；[4]增加肉刑、大辟，[5]有鑿顛、抽脅、鑊亨之刑。[6]

[1]【今注】陵夷：衰落。

[2]【今注】申子：申不害，戰國時法家人物，曾爲韓昭侯之相。

[3]【今注】連相坐之法：即連坐法。指人因與犯罪者有某種關係而受牽連入罪。商鞅在秦國變法，頒布連坐法。編户齊民互保，一人有罪，五人連坐，《秦律》中多次提到"伍"的組織，例如說："何謂四鄰？四鄰即伍人謂殹（也）。"凡是大夫以下，"當伍及人"，都應該編入"伍"的户籍，一人犯罪，"當坐伍人"（《秦律·法律答問》）。連坐法亦實行於軍隊的行伍之中。《商君書·畫策篇》："行間之治連以五。"

[4]【顏注】師古曰：參夷，夷三族。【今注】參夷之誅：即夷三族。秦漢時期的一種刑名。三族有多説。《儀禮·士昏禮》注說："三族限於同宗之久昆弟、己見弟及子昆弟。"《史記》卷五《秦本紀》張晏注則謂："父、兄弟、妻子也。"如淳注則謂："父族、母族及妻族。"

[5]【今注】大辟：中國古代五刑之一，隋朝以前死刑之通稱。

[6]【顏注】師古曰：鼎大而無足曰鑊，以鬻人也。【今注】鑿顛：開鑿頭顱。　抽脅：抽去肋骨。　鑊（huò）亨：用鼎鑊煮人。鑊，古代烹煮食物的大鍋。亨，通"烹"。案，王先謙《漢書補注》：《晉志》"秦文初造參夷，始皇加之抽脅"，説又不同。

至於秦始皇，兼吞戰國，遂毀先王之法，滅禮誼之官，專任刑罰，躬操文墨，[1]晝斷獄，夜理書，自程決事，日縣石之一。[2]而姦邪並生，赭衣塞路，[3]囹圄成市，[4]天下愁怨，潰而叛之。

[1]【顏注】師古曰：躬，身也。操，執持也，音千高反。

[2]【顏注】服虔曰：縣，稱也。石，百二十斤也。始皇省讀文書，日以百二斤爲程。【今注】案，王先謙《漢書補注》：《始皇紀》：“上至以衡石量書，日夜有呈，不中呈不得休息。”“呈”與“程”同。

[3]【今注】赭衣：古代囚衣。因以赤土染成赭色，故稱。

[4]【今注】囹圄：監獄。

漢興，高祖初入關，約法三章曰：“殺人者死，傷人及盜抵罪。”[1]蠲削煩苛，兆民大説。[2]其後四夷未附，兵革未息，三章之法不足以禦姦，[3]於是相國蕭何攈摭秦法，[4]取其宜於時者，作律九章。[5]

[1]【今注】約法三章：荀悦《漢紀》卷二曰：“沛公與秦人約法三章：殺人者死，傷人者刑，及盜抵罪。”這一條記載與《史記》《漢書》所記不同。或參見張繼海《“約法三章”小考》（《中國史研究》2001年第2期）。

[2]【顏注】師古曰：說讀曰悦。

[3]【顏注】師古曰：禦，止也。

[4]【顏注】師古曰：攈摭，謂收拾也。攈音九問反。摭音之石反。

[5]【今注】案，蕭何作九章律事，《史記》未載。九章律分

別是盜律、賊律、囚律、捕律、雜律、具律、户律、興律、厩律。前六篇大體與秦律同，源於李悝的《法經》。後三篇新增關於户口、賦役、興造、畜産、倉庫等項的規定，若説是蕭何所造，較爲勉强。或參見李振宏《蕭何"作律九章"説質疑》（《歷史研究》2005 年第 3 期）。

當孝惠、高后時，百姓新免毒蠚，人欲長幼養老。[1]蕭、曹爲相，填以無爲，[2]從民之欲，而不擾亂，是以衣食滋殖，刑罰用稀。

[1]【顏注】師古曰：蠚音呼各反。【今注】毒蠚（hē）：毒蟲用毒刺施毒。蠚，同"蜇"。

[2]【顏注】師古曰：言以無爲之法填安百姓也。填音竹刃反。

及孝文即位，躬脩玄默，[1]勸趣農桑，減省租賦。而將相皆舊功臣，少文多質，[2]懲惡亡秦之政，論議務在寬厚，恥言人之過失。化行天下，告訐之俗易。[3]吏安其官，民樂其業，畜積歲增，户口寖息。[4]風流篤厚，禁罔疏闊。選張釋之爲廷尉，[5]罪疑者予民，[6]是以刑罰大省，至於斷獄四百，[7]有刑錯之風。[8]

[1]【今注】玄默：沉静無爲。《淮南子·主術訓》："天道玄默，無容無則。"《文選》卷九揚雄《長楊賦》："且人君以玄默爲神，澹泊爲德。"李周翰注："玄默，無事也。"

[2]【今注】少文多質：《論語·雍也》："質勝文則野，文勝質則史，文質彬彬，然後君子。"

[3]【顏注】師古曰：訐，面相斥罪也（面相斥，蔡琪本、大德本同，殿本作"而相斥"），音居謁反。【今注】告訐之俗：告訐即告密，自商鞅變法後較爲盛行。《史記》卷六八《商君列傳》載："令民爲什伍，而相牧司連坐。不告奸者腰斬，告奸者與斬敵首同賞，匿奸者與降敵同罰。"

[4]【顏注】師古曰：畜讀曰蓄。寖，益也。息，生也。

[5]【今注】張釋之：傳見本書卷五〇。

[6]【顏注】師古曰：從輕斷。

[7]【顏注】師古曰：謂普天之下重罪者也。【今注】斷獄四百：指全國每年定案祇有四百宗。

[8]【今注】刑錯：亦作"刑措""刑厝"。指置刑法而不用。《荀子·議兵》："傳曰：'威厲而不試，刑錯而不用。'"

　　即位十三年，太倉令淳于公有罪當刑，[1]詔獄逮繫長安。[2]淳于公無男，有五女，當行會逮，罵其女曰："生子不生男，緩急非有益！"[3]其少女緹縈，自傷悲泣，[4]迺隨其父至長安，上書曰："妾父爲吏，齊中皆稱其廉平，今坐法當刑。妾傷夫死者不可復生，刑者不可復屬，[5]雖後欲改過自新，其道亡繇也。[6]妾願没入爲官婢，以贖父刑罪，使得自新。"書奏天子，天子憐悲其意，遂下令曰："制詔御史：[7]蓋聞有虞氏之時，[8]畫衣冠異章服以爲戮，而民弗犯，何治之至也！今法有肉刑三，[9]而姦不止，其咎安在？非乃朕德之薄，而教不明與！[10]吾甚自愧。故夫訓道不純而愚民陷焉。[11]《詩》曰：'愷弟君子，民之父母。'[12]今人有過，教未施而刑已加焉，或欲改行爲善，而道亡繇至，[13]朕甚憐之。夫刑至斷支體，刻肌膚，終身不息，[14] 何其刑之痛而不德也！豈爲民父母之意哉？[15] 其除肉刑，有以易之；及令罪人各以輕重，不亡逃，有年而免。[16] 具爲令。"[17]

[1]【今注】太倉令：職掌倉廩出納的職務。案，蔡琪本、大德本、殿本"太倉"前有"齊"字。　淳于公：姓淳于，名意，史稱倉公。曾任齊太倉令，精醫道。事見《史記》卷一〇五《扁鵲倉公列傳》。

[2]【顏注】師古曰：逮，及也。辭之所及，則追捕之，故謂之逮。一曰逮者，在道將送，防禦不絕，若今之傳送囚也。【今注】詔獄：奉皇帝令拘捕犯人的監獄。參見宋傑《漢代監獄制度研究》（中華書局 2013 年版）。案，詔，蔡琪本、大德本同，殿本作"防"。

[3]【今注】案，蔡琪本、大德本、殿本句後有"也"字。

[4]【顏注】師古曰：緹縈，女名也。緹音他弟反。

[5]【顏注】師古曰：屬，聯也，音之欲反。

[6]【顏注】師古曰：繇讀與由同。由，從也。【今注】道亡繇：無路可走。

[7]【今注】御史：官名。漢御史大夫屬官。關於"制詔御史"，陳直《漢書新證》說，《漢書》所記制詔丞相御史或制詔御史，皆指御史大夫而言，非指御史大夫屬官之御史也。又按：此文帝十三年除肉刑之詔書。《居延漢簡釋文》卷四、二十頁，有簡文云："前三年十二月辛巳下，凡九十一字。"又云："孝文皇帝五年十一月壬寅下，凡三十八字。"又云："（制）曰可，孝文皇帝三年，十月庚辰下。凡六十六字。"三詔校以字數及年月，皆爲《刑法志》所未載。律令每條統計字數，恐刀筆之吏，舞文弄法，私自增減，此點亦爲漢律所未詳。

[8]【今注】有虞氏：上古部落名。始祖虞幕是黃帝的曾孫，

擅長製作樂器，常引百鳥和鳴，黃帝就封此人於"虞"地，號稱有虞氏。舜爲虞幕的後裔，接受堯帝的禪讓，史稱虞舜帝。

[9]【顏注】孟康曰：黥、劓二，刖左右趾合一（刖左，殿本、大德本同，蔡琪本作"則也"），凡三也。

[10]【顏注】師古曰：與讀曰歟。

[11]【顏注】師古曰：道讀曰導。

[12]【顏注】師古曰：《大雅·泂酌》之詩也。言君子有和樂簡易之德（簡易，蔡琪本、大德本同，殿本作"易簡"），則其下尊之如父，親之如母也。【今注】案，語見《詩·大雅·泂酌》。

[13]【顏注】師古曰：繇讀與由同。

[14]【顏注】師古曰：息，生也。

[15]【今注】案，蔡琪本、大德本、殿本"豈"後有"稱"字。

[16]【顏注】孟康曰：其不亡逃者，滿其年數，得免爲庶人。

[17]【顏注】師古曰：使更爲條制。【今注】令：本書卷六〇《杜周傳》載："前主所是著爲律，後主所是疏爲令"，顏師古注："著謂明表也，疏謂分條也。"《太平御覽》卷六三八："律以正罪名，令以存事制。"但秦漢時律令無嚴格區別。雲夢秦簡中以律名篇的若干律，如田律、金布律，漢代則稱爲田令、金布令。

丞相張倉、御史大夫馮敬奏言：[1]"肉刑所以禁姦，所由來者久矣。陛下下明詔，憐萬民之一有過被刑，刑者終身不息，[2]及罪人欲改行爲善而道亡繇至，於盛德，[3]臣等所不及也。臣謹議請定律曰：諸當完者，完爲城旦、舂；[4]當黥者，髡、鉗爲城旦、舂；[5]當劓者，笞三百；當斬左止者，[6]笞五百；當斬右止，及殺人先自告，及吏坐受賕枉法，[7]守縣官財物而即盜之，[8]已論命復有籍笞罪者，皆棄市。[9]罪人獄已決，完爲城旦、舂，滿三歲爲鬼薪、白粲。[10]鬼薪、白粲一歲，爲隸臣妾。隸臣妾一歲，免爲庶人。[11]隸臣妾滿二歲，爲司寇。司寇一歲，及作如司寇二歲，皆免爲庶人。[12]其亡逃及有耐罪以上，不用此令。[13]前令之刑城旦舂歲而非禁錮者，[14]完爲城旦舂歲數以免。[15]臣昧死請。”制曰：“可。”是後，外有輕刑之名，内實殺人。斬右止者又當死。斬左止者笞五百，當劓者笞三百，率多死。[16]

[1]【今注】張倉：傳見本書卷四二。案，倉，蔡琪本、大德本、殿本作“蒼”。　馮敬：文帝時爲御史大夫。

[2]【今注】案，蔡琪本、大德本、殿本“者”前無“刑”字。

[3]【今注】於：音 wū，表示感歎。王先謙《漢書補注》：詳語氣，“至”字下屬，則“至於”二字間文；上云“或欲改行爲善而道亡繇至”，是“至”字當上屬明矣。下引平、勃奏云“甚盛德，臣等所不及也”，與此文法一例。“於”疑“甚”之訛。

[4]【顏注】臣瓚曰：文帝除肉刑，皆有以易之，故以完易髡，以笞代劓，以釱左右止代刖。今髡曰完矣，不復云以完代完也。此當言髡者完也（髡，大德本同，蔡琪本、殿本作“既”）。【今注】城旦舂：秦漢時一種徒刑。城旦爲男犯人之刑罰，意爲“治城”，即築城；舂爲女犯人之刑罰，意爲“治米”，即舂米。男女差役非一成不變。參見東漢衛宏《漢舊儀》、萬榮《張家山漢簡〈二年律令〉之“司寇”“城旦舂”名分析》（《晉陽學刊》2005 年第 6 期）、《〈睡虎地秦墓竹簡〉“城旦舂”考釋》（《海南大學學報》2013 年第 9 期）。

[5]【今注】髡（kūn）：剃去頭髮。　鉗：以鐵圈束頸。

[6]【今注】止：通“趾”，脚。

[7]【今注】賕（qiú）：意爲以財物枉法相謝也。賄賂之意。

[8]【今注】縣官：泛指官府。

[9]【顏注】李奇曰：命，逃亡也。復於論命中有罪也。晉灼曰：命者，名也，成其罪也。師古曰：止，足也。當斬右足者，以其辠次重，故從棄市也。殺人先自告，謂殺人而自首，得免罪者也。吏受賕枉法，謂曲公法而受略者也。守縣官財物而即盜之，即今律所謂主守自盜者也。殺人害重，受賕盜物，贓汙之身，故此三罪已被論名而又犯笞，亦皆棄市也。今流俗書本（蔡琪本、大德本、殿本“今流俗書本”後有“笞三百”），“笞五百”之上及“剝者”之下有“籍笞”字，“復有笞罪”亦云“復有籍笞罪”，皆後人妄加耳，舊本無也。【今注】論命：指定罪。王先謙《漢書補注》説，鬼薪白粲，三歲刑，解見《惠紀》。此下並就已論決者言之。鬼薪白粲輕於城旦舂，已滿三歲，得減此刑。是鬼薪白粲三歲，當城旦舂一歲也。案，白鷺洲本、慶元本、蔡琪本、大德本、殿本、中華本等“復有”後無“籍”字。

[10]【今注】鬼薪：男犯砍柴，以供宗廟。陳直《漢書新證》：鬼薪爲秦代刑名，漢因之。《史記》卷六《秦始皇本紀》云：“九年嫪毐舍人，輕者爲鬼薪。”秦二十五年造上郡戈，有“工鬼薪敢”之題名（見《金文續考》四十頁）。　白粲：女犯擇米做飯，以供祭祀。鬼薪白粲之刑較城旦舂輕。

[11]【顏注】師古曰：男子爲隸臣，女子爲隸妾。鬼薪白粲滿三歲爲隸臣，隸臣一歲免爲庶人。隸妾亦然也。【今注】案，王先謙《漢書補注》説，此自鬼薪白粲遞減，故隸臣妾一歲即免爲庶人，與下本罪爲隸臣妾者不同。注“三歲”誤，當爲“一歲”。

[12]【顏注】如淳曰：罪降爲司寇，故一歲，正司寇，故二歲也。【今注】司寇：此特指刑徒稱爲司寇。將犯人罰至邊地，一

面服役，一面禦寇。雲夢秦律中亦將有的刑徒稱爲司寇（參見高恒《秦律中的刑徒及其刑期問題》，《法學研究》1983 年第 6 期）。

如司寇：指女犯人服類似司寇的勞役。《漢舊儀》：“司寇男備守，女爲作如司寇，皆作二歲。”案，司寇作爲刑徒名，有兩説。沈家本説：司猶察也，古別無“伺”字。司即伺察之字。司寇即伺察寇盗（參見沈家本《歷代刑法考》，中國檢察出版社 2003 年版，第 307 頁）。蔡樞衡説：司寇實作笥簑斫，是編織精美竹器勞役刑徒名（參見蔡樞衡《中國刑法史》，中國法制出版社 2005 年版，第 79 頁）。蔡氏之説，雖別出心裁，但不如沈説有本可據。

［13］【顏注】師古曰：於本罪中又重犯者也。【今注】案，耐罪，蔡琪本、大德本、殿本作“罪耐”。

［14］【今注】銅：“鋼”之誤字。大德本、蔡琪本、殿本皆作“鋼”。

［15］【顏注】李奇曰：謂文帝作此令之前有刑者（蔡琪本“作”後無“此”字）。【今注】案，此句蔡琪本、白鷺洲本、慶元本、殿本、中華本作“如完爲城旦舂歲數以免”。《漢書考正》宋祁曰：“如完”，姚本刪“如”字。

［16］【顏注】師古曰：斬古止者棄市（古，蔡琪本、大德本、殿本作“右”），故人多死（多，蔡琪本、大德本、殿本作“於”）。案，《漢書考正》宋祁曰：姚本改“入於”作“人多”）。以笞五百代斬左止，笞三百代劓，笞數既多，亦不活也。

景帝元年，下詔曰：“加笞，重罪無異，[1] 幸而不死，不可爲人。[2] 其定律：笞五百曰三百，笞三百曰二百。”猶尚不全。至中六年，[3] 又下詔曰：“加笞者，或至死而笞未畢，朕甚憐之。其減笞三百曰二百，笞二百曰一百。”又：“笞者，所以教之也，其定箠令。”[4] 丞相劉舍、御史大夫衛綰請：“笞者，箠長五尺，其本大一寸，其竹也，末薄半寸，皆平其節。當笞者笞臀。[5]母得更人，[6]畢一罪乃更人。”自是笞者得全，然酷吏猶以爲威。死刑既重，而生刑又輕，民易犯之。

[1]【顏注】孟康曰：重罪謂死刑。【今注】案，蔡琪本、白鷺洲本、大德本、慶元本、殿本、中華本本句作“加笞與重罪無異”。

[2]【顏注】師古曰：謂不能自起居也。

[3]【今注】中六年：公元前144年。年號制度自武帝始，景帝無年號，史書所載景帝前元、中元、後元皆非年號，僅爲區別景帝前後三次改元而已。

[4]【顏注】師古曰：箠，策也，所以擊者也，音止藥反。【今注】案，蔡琪本、大德本、殿本“又”後有“曰”字。　箠：鞭打。同“棰”。

[5]【顏注】如淳曰：然則先時笞背也。師古曰：臀音徒門反。【今注】案，周壽昌《漢書注校補》：漢法，先或笞背，後但鞭背耳。《書》“鞭作官刑”，鞭也；“扑作教刑”，杖笞也。自是以來，鞭、杖、笞兼用。梁天監時尚有制鞭、法鞭、常鞭三等之差，載在令典。鞭以皮爲之，有生革、熟靼之分。至隋始除鞭刑。唐太宗覽《明堂鍼灸圖》，見人之五臟皆近背，鍼灸失所則其害致死，歎曰：“夫箠者，五刑之輕。死者，人之所重。安得犯至輕之刑而或至死！”乃詔罪人毋鞭背。自是鞭刑永除。知當日是鞭背，非笞背也。

[6]【顏注】師古曰：謂行笞者不更易人也。【今注】母：通“毋”。“毋”字或源於“母”，指女性不可侵犯，後引申爲禁止。又，周壽昌《漢書注校補》：謂更人則力紓，行笞者重。北齊刑律“笞者笞臀，而不中易人”，皆承漢法也。

　　及至孝武即位，外事四夷之功，内盛耳目之好，徵發煩數，百姓貧耗，[1]窮民犯法，酷吏擊斷，[2]姦軌不勝。於是招進張湯、趙禹之屬，[3]條定法令，作見知故縱、監臨部主之法，[4]緩深故之罪，[5]急縱出之誅。[6]其後姦猾巧法，轉相比況，禁罔寖密。[7]律令凡三百五十九章，[8]大辟四百九條，千八百八十二事，死罪決事比萬三千四百七十二事。[9]文書盈於几閣，典者不能徧賭。[10]是以郡國承用者駮，[11]或罪同而論異。姦吏因緣爲市，[12]所欲活則傅生議，所欲陷則予死比，[13]議者咸冤傷之。

[1]【顏注】師古曰：耗，損也，音呼到反。

[2]【今注】擊斷：專斷；決斷。

[3]【今注】張湯：傳見本書卷五九。　趙禹：傳見本書卷九〇。

[4]【顏注】師古曰：見知人犯法不舉告爲故縱，而所監臨部主有罪并連坐也。【今注】案，王先謙《漢書補注》說，《食貨志》："自公孫弘以《春秋》之義繩下，張湯以峻文決理，於是見知之法生，而廢格沮誹窮治之獄用矣。"《咸宣傳》："帝作沈命法，曰：'群盜起不發覺，發覺而弗捕滿品者，二千石以下至小吏，主者皆死。'"

[5]【顏注】孟康曰：孝武欲急刑，吏深害及故入人罪者，皆寬綏（綏，蔡琪本、大德本、殿本作"緩"）。

[6]【顏注】師古曰：吏釋罪人，疑以爲縱出，則急誅之。亦言尚酷。

[7]【顏注】師古曰：寖，漸也。其下亦同。

[8]【今注】案，王先謙《漢書補注》說，《晉志》："叔孫通

益律所不及，旁章十八篇。張湯《越宫律》二十七篇。趙禹《朝律》六篇。合六十篇。又漢時決事，集爲《令甲》以下三百餘篇。"

[9]【顏注】師古曰：比，以例相比況也。【今注】決事比：亦作"比"。漢代法律形式之一，彙編已判決的案例，後經皇帝御批，即可作爲判案的依據。《周禮·秋官·大司寇》賈公彥疏："若今律其有斷事，皆依舊事斷之，其無條，取比類以決之，故云決事比。"

[10]【今注】案，睹，大德本同，蔡琪本、殿本作"睹"。

[11]【顏注】師古曰：不曉其指，用意不同也。【今注】駮：古同"駁"，雜亂。

[12]【顏注】師古曰：弄法而受財，若市買之交易（交，殿本作"文"）。

[13]【顏注】師古曰：傅讀曰附。【今注】傅：通"附"，附着。

宣帝自在閭閻而知其若此，[1]及即尊位，廷史路溫舒上疏，[2]言秦有十失，其一尚存，治獄之吏是也。語在《溫舒傳》。上深愍焉，迺下詔曰："閒者吏用法，[3]巧文寖深，是朕之不德也。夫決獄不當，使有罪興邪，不辜蒙戮，[4]父子悲恨，朕甚傷之。今遣廷史與郡鞫獄，任輕祿薄，[5]其爲置廷平，[6]秩六百石，員四人。其務平之，以稱朕意。"於是選于定國爲廷尉，[7]求明察寬恕黃霸等以爲廷平，[8]季秋後請讞。[9]時上常幸宣室，齋居而決事，[10]獄刑號爲平矣。時涿郡太守鄭昌上疏言："聖王置諫爭之臣者，非以崇德，防逸豫之生也。[11]立法明刑者，非以爲治，救衰亂之起也。今明主躬垂明聽，雖不置廷平，獄將自正；若開後嗣，不若刪定律令。[12]律令一定，愚民知所避，姦吏無所弄矣。今不正其本，而置廷平以理其末也，政衰聽怠，則廷平將招權而爲亂首矣。"[13]宣帝未及修正。

[1]【今注】閭閻：古代里巷内外的門，後泛指平民老百姓。

[2]【今注】廷史：廷尉的屬吏，掌書記。　路溫舒：傳見本書卷五一。

[3]【今注】間者：近來。《史記》卷一二《孝武本紀》："間者河溢皋陸，堤繇不息。"

[4]【顏注】晉灼曰：當重而輕，使有罪者起邪惡之心也。師古曰：有罪者更興邪惡，無辜者反陷罪刑（罪，蔡琪本、大德本、殿本作"重"），是決獄不平故。

[5]【顏注】如淳曰：廷史，廷尉史也。以囚辭決獄事爲鞫，謂疑獄也。李奇曰：鞫，謂窮獄也（蔡琪本、大德本、殿本作"窮也獄"），事窮竟也。師古曰：李說是也。【今注】鞫獄：審理案件。鞫，通"鞫"。

[6]【今注】廷平：官名。廷尉平之省稱。

[7]【今注】于定國：傳見本書卷七一。

[8]【今注】黄霸：傳見本書卷八九。

[9]【今注】讞（yàn）：審判定罪。

[10]【顏注】如淳曰：宣室，布政教之室也。重用刑，故齋戒以決事。晉灼曰：未央宫中有宣室殿。師古曰：晉說是也（蔡琪本、大德本同，殿本無此句）。《賈誼傳》亦云受釐坐宣室，蓋其殿在前殿之側也，齋則居之。

[11]【今注】逸豫：安逸享樂。

[12]【顏注】師古曰：刪，刊也。有不便者，則刊而除之。

[13]【顏注】蘇林曰：招音翹。翹，舉也，猶賣弄也。孟康

曰：招，求也，招致權著己也。師古曰：孟説是也。【今注】招權：攬權，弄權。

　　元帝初立，[1]迺下詔曰："夫法令者，所以抑暴扶弱，欲其難犯而易避也。今律煩多而不約，[2]自典文者不能分明，而欲羅元元之不逮，[3]斯豈刑中之意哉！[4]其議律令可蠲除輕減者，條奏，惟在便安萬姓而已。"[5]

　　[1]【今注】案，蔡琪本、白鷺洲本、慶元本、大德本、殿本、中華本此句作"至元帝初立"。

　　[2]【今注】案，蔡琪本、大德本、殿本"今律"後有"令"字。

　　[3]【顏注】師古曰：羅，網也。不逮，言意識所不及。【今注】元元：百姓，庶民。《戰國策·秦策一》："制海内，子元元，臣諸侯，非兵不可！"高誘注："元，善也，民之類善故稱元。"

　　[4]【顏注】師古曰：中，當也。

　　[5]【今注】案，初元五年（前44），省刑法七十餘事，除光禄大夫以下至郎中保父母同産之令，見本書卷九《元紀》。又，惟，蔡琪本、大德本同，殿本作"唯"。

　　至成帝河平中，[1]復下詔曰："《甫刑》云'五刑之屬三千，大辟之罰其屬二百'，[2]今大辟之刑千有餘條，律令煩多，百有餘萬言，奇請它比，日以益滋，[3]自明習者不知所由，[4]欲以曉喻眾庶，不亦難乎！於以羅元元之民，夭絕亡辜，豈不哀哉！其與中二千石、二千石、博士及明習律令者議，減死刑及可蠲除約省者，令較然易知，[5]條奏。《書》不云乎？'惟刑之恤哉！'[6]其審核之，務準古法，[7]朕將盡心覽焉。"有司無仲山父將明之材，[8]不能因時廣宣主恩，建立明制，爲一代之法，而徒鉤摭微細，毛舉數事，以塞詔而已。[9]是以大議不立，遂以至今。議者或曰，法難數變，此庸人不達，疑塞治道，聖智之所常患者也。[10]故略舉漢興以來，法令稍定而合古便今者。

[1]【今注】河平：成帝年號（前28—前25）。

[2]【顏注】師古曰：《甫刑》，即《周書·呂刑》。初爲呂侯，號曰呂刑，後爲甫侯，故又稱甫刑（蔡琪本、大德本同，殿本無"故"字）。

[3]【顏注】師古曰：奇請，謂常文之外，主者別有所請以定罪也。它比，謂引它類以比附之，稍增律條也。奇音居宜反。【今注】奇請它比：指在法律正文外，另引條文判案。

[4]【顏注】師古曰：由，從也。

[5]【今注】較：通"皎"，明顯。

[6]【顏注】師古曰：《虞書·舜典》之辭（辭，蔡琪本、大德本同，殿本作"詞"）。恤，憂也，言當憂刑也。【今注】案，引文見《尚書·舜典》。

[7]【顏注】師古曰：核，究其實也。

[8]【顏注】師古曰：有司已下（已，蔡琪本、大德本、殿本作"以"），史家之言也。《大雅·蒸人》之詩曰："肅肅王命，仲山父將之；邦國若否，仲山父明之。"將，行也。否，不善也。言王有誥命，則仲山父行之；邦國有不善之事，則仲山父明之。故引以爲美，傷今不能然也。【今注】仲山父：一作"仲山甫"。周宣王時任卿士，位居百官之首，封地爲樊，故又稱"樊仲山甫"。

[9]【顏注】師古曰：毛舉，言舉豪毛之事（豪，蔡琪本、大德本，殿本作"毫"），輕小之甚。塞猶當者也。

[10]【顏注】師古曰：塞謂不通也。

　　漢興之初，雖有約法三章，網漏吞舟之魚，[1]然其大辟，尚有夷三族之令。令曰："當三族者，皆先黥，劓，斬左右止，笞殺之，梟其首，菹其骨肉於市。[2]其誹謗詈詛者，[3]又先斷舌。"故謂之具五刑。彭越、韓信之屬皆受此誅。至高后元年，[4]乃除三族罪、袄言令。[5]孝文二年，[6]又詔丞相、太尉、御史："法者，治之正，所以禁暴而衞善人也。今犯法者已論，而使無罪之父母妻子同産坐之及收，[7]朕甚弗取。其議。"左右丞相周勃、陳平奏言："父母妻子同産相坐及收，所以累其心，使重犯法也。[8]收之之道，所由來久矣。臣之愚計，以爲如其故便。"文帝復曰："朕聞之，法正則民慤，罪當則民從。[9]且夫牧民而道之以善者，吏也；[10]既不能道，又以不正之法罪之，是法反害於民，爲暴者也。[11]朕未見其便，宜孰計之。"平、勃乃曰："陛下幸加大惠於天下，使有罪不收，無罪不相坐，甚盛德，臣等所不及也。臣等謹奉詔，盡除收律、相坐法。"其後，新垣平謀爲逆，[12]復行三族之誅。由是言之，風俗移易，人性相近而習相遠，信矣。[13]夫以孝文之仁，平、勃之知，猶有過刑謬論如此甚也，而況庸材溺於末流者乎？

[1]【顏注】師古曰：言疏闊。吞舟，謂大魚也。

　　〔2〕【顔注】師古曰：菹謂醢也。菹音側於反。【今注】菹：古代一種酷刑，把人剁成肉醬。

　　〔3〕【今注】詈詛：辱駡詛咒。

　　〔4〕【今注】高后元年：公元前 187 年。

　　〔5〕【今注】祅言令：秦漢時罪名之一。祅言即譭謗、妄説之語。《史記》卷八《高祖本紀》載，秦制"誹謗者族，偶語者棄市"。《史記》卷一〇《孝文本紀》載："今法有誹謗妖言之罪，是使衆臣不敢盡情，而上無由聞過失也。"參見吕宗力《漢代"妖言"探討》（《中國史研究》2006 年第 4 期）、〔日〕大庭脩《秦漢法制史研究》第三章第三節"誹謗與祅言"（徐世虹等譯，中西書局 2017 年版）。

　　〔6〕【今注】案，孝文二年當爲孝文元年（前 179）。是年漢文帝除收帑相坐律令。

　　〔7〕【今注】收：逮捕，拘押。又沈欽韓《漢書疏證》：坐者，核其輕重，減本人一等、二等也。收者，無少長皆棄市也。

　　〔8〕【顔注】師古曰：重，難也。累音力瑞反。【今注】案，錢大昕《廿二史考異·漢書二》載《公卿表》："孝文元年十月，右丞相陳平爲左丞相，太尉周勃爲右丞相。八月，勃免，平獨爲丞相。二年十月，丞相平薨。十一月，勃復爲丞相。"是平、勃同爲丞相在元年，非二年也。《文紀》"元年十二月，除收帑相坐律"，正平、勃並相之時。《志》云"二年"，誤。

　　〔9〕【顔注】師古曰：愨，謹也，音丘角反。【今注】愨：誠實，謹慎。

　　〔10〕【顔注】師古曰：道讀曰導。以善導之也。

　　〔11〕【顔注】師古曰：法害於人，是法爲暴。

　　〔12〕【今注】新垣平：西漢人。漢文帝十五年（前 165）以望氣見文帝，官至上大夫。後讓人獻玉杯，刻"人主延壽"四字。文帝因以十七年爲元年，令天下大酺。後人上書告其所言皆詐。下吏

治，處以參夷之罪。事見本書《郊祀志》。

[13]【顏注】師古曰：《論語》云孔子曰"性相近，習相遠"也，言人同稟五常之性，其所取舍本相近也，但所習各異，漸漬而移，則相遠也。

《周官》有五聽、八議、三刺、三宥、三赦之法。[1]五聽：一曰辭聽，[2]二曰色聽，[3]三曰氣聽，[4]四曰耳聽，[5]五曰目聽。[6]八議：一曰議親，[7]二曰議故，[8]三曰議賢，[9]四曰議能，[10]五曰議功，[11]六曰議貴，[12]七曰議勤，[13]八曰議賓。[14]三刺：一曰訊群臣，再曰訊群吏，三曰訊萬民。[15]三宥：一曰弗識，二曰過失，三曰遺忘。[16]三赦：一曰幼弱，二曰老眊，三曰惷愚。[17]凡囚，"上罪梏拲而桎，中罪梏桎，下罪梏；王之同族拲，有爵者桎，以待弊"。[18]高皇帝七年，[19]制詔御史："獄之疑者，吏或不敢決，有罪者久而不論，無罪者久繫不決。[20]自今已來，[21]縣道官獄疑者，各讞所屬二千石官，二千石官以其罪名當報。[22]所不能決者，皆移廷尉，廷尉亦當報之。廷尉所不能決，謹具為奏，傅所當比律令以聞。"[23]上恩如此，吏猶不能奉宣。故孝景中五年復下詔曰："諸獄疑，雖文致於法而於人心不厭者，輒讞之。"[24]其後獄吏復避微文，遂其愚心。至後元年，[25]又下詔曰："獄，重事也。人有愚智，官有上下。獄疑者讞，有令讞者已報讞而後不當，讞者不為失。"[26]自此之後，獄刑益詳，近於五聽三宥之意。三年復下詔曰："高年老長，人所尊敬也；鰥寡不屬逮者，人所哀憐也。[27]其著令：年八十以上，八歲以下，及孕者未乳，[28]師、朱儒[29]當鞠繫者，頌繫之。"[30]至孝宣元康四年，[31]又下詔曰："朕念夫耆老之人，髮齒墮落，血氣既衰，亦無逆亂之心，[32]今或羅于文法，[33]執于囹圄，不得終其年命，朕甚憐之。自今以來，諸年八十非誣告殺傷人，它皆勿坐。"至成帝鴻嘉元年，[34]定令："年未滿七歲，賊鬬殺人及犯殊死者，[35]上請廷尉以聞，得減死。"合於三赦幼弱老眊之人。此皆法令稍近古而便民者也。[36]

[1]【顏注】師古曰：刺，殺也。訊而有罪，則殺之也。宥，寬也。赦，舍也，謂釋置也。【今注】周官：即《周禮》。以上所言皆見《周禮·秋官》之《小司寇》《司刺》篇。　五聽：審案的五種方法。　八議：減免刑的八種條件。　三刺：三次詢問後判決。　三宥：從寬處理的三種情況。　三赦：三種可以獲赦之人。

[2]【顏注】師古曰：觀其出言，不直則煩。

[3]【顏注】師古曰：觀其顏色，不直則變。

[4]【顏注】師古曰：觀其氣息，不直則喘。

[5]【顏注】師古曰：觀其聽聆，不直則惑。

[6]【顏注】師古曰：觀其瞻視，不直則亂。

[7]【顏注】師古曰：王之親族也。【今注】議親：指對皇親國戚進行特別審議，以減免其刑罰。案，沈欽韓《漢書疏證》：《唐律注》："謂皇帝袒免以上親，及太皇太后、皇太后緦麻以上親，皇后小功以上親。"

[8]【顏注】師古曰：王之故舊也。【今注】議故：指對舊交犯罪可減輕刑罰的規定。案，沈欽韓《漢書疏證》：《唐律疏議》："謂宿得侍見、特蒙接遇歷久者。"

　　[9]【顏注】師古曰：有德行者也。【今注】議賢：指對有德行之人犯罪可減輕刑罰的規定。案，沈欽韓《漢書疏證》：《周官》注："鄭司農云：'若今時廉吏有罪先請是也。'"

　　[10]【顏注】師古曰：有道蓺者。【今注】議能：指對有才幹之人犯罪可減輕刑罰的規定。案，沈欽韓《漢書疏證》：《説文》："罷，遣有罪也。從網、能。言有賢能而入網，即貰遣之。"

　　[11]【顏注】師古曰：有大勳力者。【今注】議功：指對有功勳之人犯罪可減輕刑罰的規定。案，沈欽韓《漢書疏證》：《疏議》："謂能斬將搴旗，摧鋒萬里，或率衆歸化，寧濟一時，匡救艱難，銘功太常者。"

　　[12]【顏注】師古曰：爵位高者也。【今注】議貴：指對有爵禄之人犯罪可減輕刑罰的規定。案，沈欽韓《漢書疏證》：鄭司農云："若今時吏墨綬有罪先請是也。"

　　[13]【顏注】師古曰：謂盡悴事國者也。【今注】議勤：指對勤政之人犯罪可減輕刑罰的規定。案，沈欽韓《漢書疏證》：《疏議》："謂大將吏恪居官次，夙夜在公，若遠使絶域，經涉險難者。"

　　[14]【顏注】師古曰：謂前代之後，王所不臣者也。自五聽以下至此，皆小司寇所職也。【今注】議賓：指對先朝後裔而享受國賓待遇者進行特別審議，以減免刑罰。《唐律疏議·名例·八議》："議賓。謂承先代之後爲國賓者。"

　　[15]【顏注】師古曰：訊，問也，音信。【今注】案，再曰，蔡琪本、大德本、殿本作"二曰"。

　　[16]【顏注】師古曰：弗識，不審也。過失，非意也。遺忘，忽忘也。【今注】三宥：古又稱"三侑"。　弗識：一説因不知法而犯法；二説因誤察而犯法，例如將乙當作甲而誤殺之。《周禮·秋官·司刺》鄭玄注："識，審也。不審，若今仇讎當報甲，見乙，誠以爲甲，而殺之者。"　過失：因過失犯法。　遺忘：失

誤。《周禮·秋官·司刺》鄭玄注:"若問帷薄,忘有在焉,而以兵矢投射之。"參見劉洋《再論秦漢律中的"三環"問題》(《社會科學》2007 年第 5 期)

[17]【顏注】師古曰:幼弱,謂七歲巳下(巳,蔡琪本、大德本、殿本作"以",本注下同)。老眊,謂八十以上。惷愚,生而癡騃者。自三刺巳下至此,皆司刺所職也。眊讀與耄同。惷音丑江反(蔡琪本、大德本後有"又音貞巷反",此句殿本作"一音貞巷反")。【今注】惷:騷動。《説文》:"惷,亂也。《春秋傳》曰:'王室日惷惷焉。'"《玉篇·心部》:"惷,擾動也,亂也。"案,《左傳》昭公二十四年作"蠢蠢"。

[18]【顏注】師古曰:械在手曰梏,兩手同械曰拲,在足曰桎。敝(敝,蔡琪本、大德本、殿本作"弊",本注下同),斷罪也。自此以上掌囚所職也。梏音古篤反。拲即拱字也。桎音之日反。敝音蔽也(也,蔡琪本、大德本、殿本無"也"字)。【今注】上罪:重罪。《周禮·秋官·司圜》:"能改者,上罪三年而舍,中罪二年而舍,下罪一年而舍。" 梏:木手銬。 拲:把雙手銬在一起。 桎:木脚鐐。 敝:通"弊"。案,蔡琪本同,大德本、殿本作"弊"。

[19]【今注】高皇帝七年:公元前 200 年。本書卷一《高紀下》載:"(七年)春,令郎中有罪耐以上,請之。"

[20]【今注】案,蔡琪本同,大德本、殿本"無罪"後無"者"字。

[21]【今注】案,巳,蔡琪本、大德本、殿本作"以"。

[22]【顏注】師古曰:當謂處斷也。【今注】案,白鷺洲本、蔡琪本、大德本、殿本、慶元本、中華本"當報"後有"之"字。

[23]【顏注】師古曰:傅讀曰附。

[24]【今注】孝景中五年:公元前 145 年。本書卷五《景紀》記載五年九月,詔曰:"法令度量,所以禁暴止邪也。獄,人之大

命，死者不可復生。吏或不奉法令，以貨賂爲市，朋黨比周，以苛爲察，以刻爲明，令亡罪者失職，朕甚憐之。有罪者不伏罪，姦法爲暴，甚亡謂也。諸獄疑，若雖文致於法而於人心不厭者，輒讞之。"

［25］【今注】後元年：即景帝後元元年（前143）。

［26］【顏注】師古曰：解並在《景紀》。

［27］【顏注】師古曰：屬音之欲反。

［28］【顏注】師古曰：乳，産也，音人喻反。

［29］【顏注】如淳曰：師，樂師盲瞽者。朱儒，短人不能走者。【今注】朱儒：侏儒。

［30］【顏注】師古曰：頌讀曰容。容，寬容之，不桎梏。

［31］【今注】元康四年：公元前62年。元康，漢宣帝年號（前65—前61）。

［32］【今注】案，逆亂，蔡琪本、白鷺洲本、慶元本、大德本、殿本、中華本作"暴逆"。

［33］【今注】案，羅，大德本同，蔡琪本、殿本作"罹"。

［34］【今注】鴻嘉元年：公元前20年。鴻嘉，漢成帝年號（前20—前17）。

［35］【今注】殊死：此指斬首的死刑。參見魏道明《漢代"殊死"考》（載《漢晉時期國家與社會論集》，廣西師範大學出版社2016年版，第281—296頁）。

［36］【顏注】師古曰：近音其靳反。【今注】案，中華本作"此皆法令稍定，近古而便民者也"。雖與蔡琪本、白鷺洲本、大德本、慶元本、殿本同，但"法令稍定"指義不明。

孔子曰："如有王者，必世而後仁；善人爲國百年，可以勝殘去殺矣。"[1]言聖王承衰撥亂而起，被民以德教，[2]變而化之，必世然後仁道成焉；至於善人，不入於室，然猶百年勝殘去殺矣。[3]此爲國者之程式也。今漢道至盛，歷世二百餘載，[4]考自昭、宣、元、成、哀、平六世之間，斷獄殊死，率歲千餘口而一人，[5]耐罪上至右止，三倍有餘。[6]古人有言曰："滿堂而飲酒，有一人鄉隅而悲泣，[7]則一堂皆爲之不樂。"王者之於天下，譬猶一堂之上也，故一人不得其平，爲之悽愴於心。今郡國被刑而死者歲以萬數，天下獄二千餘所，[8]其冤死者多少相覆，[9]獄不減一人，此和氣所以未洽者也。

[1]【顏注】師古曰：《論語》載孔子之言。此謂若有受命之王，必三十年仁政乃成也。勝殘，謂勝殘暴之人，使不可爲惡（蔡琪本、大德本、殿本"使不"後無"可"字）。去殺，不行殺戮也。【今注】必世：三十年爲一世。《論語·子路》："如有王者，必世而後仁。"邢昺疏："三十年曰世"，"必三十年仁政乃成也"。《論衡·宣漢》："且孔子所謂一世，三十年也。"

[2]【顏注】師古曰：被，加也，音皮義反。

[3]【顏注】師古曰：《論語》稱子張問善人之道，子曰："不踐迹，亦不入于室也（于，蔡琪本、大德本同，殿本作"於"；也，蔡琪本同，大德本、殿本無"也"字）。"言善人不但修踐舊迹而已，固少自創制，然亦不能入聖人之室。【今注】案，孔子語見《論語·先進》。

[4]【顏注】師古曰：今謂撰志時。【今注】今：此指班固寫《漢書》之時。案《後漢書》卷四〇《班彪傳》記載，班固自永平中（約66）受詔作《漢書》，至建初中（約83）乃成，此距高祖，當有二百年。

[5]【顏注】如淳曰：率天下犯罪者千口而有一人死。

[6]【顏注】李奇曰：耐從司寇以上至右止，爲千口三人刑。

[7]【顏注】師古曰：鄉讀曰嚮。【今注】案，王先謙《漢書補注》載葉德輝説，《文選·笙賦》李善注：“《説苑》曰：‘古人於天下，譬一堂之上。今有滿堂飲酒，一人獨索然向隅泣，則一堂之人皆不樂。’《韓詩外傳》曰：‘衆或滿堂而飲酒，有人向隅悲泣，則一堂爲之不樂。’”又，蔡琪本、大德本、殿本“有言”後無“曰”字。

[8]【今注】案，王先謙《漢書補注》載《地理志》：“縣、邑、道、侯國一千五百八十七。”《續志》注：“孝武帝置中都官獄二十六所。”此“二千餘所”，“二”蓋“一”字之誤。

[9]【今注】多少：偏義複詞，言多。

　　原獄刑所以蕃若此者，[1]禮教不立，刑法不明，民多貧窮，豪桀務私，姦不輒得，獄豻不平之所致也。[2]《書》云“伯夷降典，悊民惟刑”，[3]言制禮以止刑，猶隄之防溢水也。今隄防陵遲，[4]禮制未立；死刑過制，生刑易犯；饑寒並至，窮斯濫溢；豪桀擅私，爲之囊橐；[5]姦有所隱，則狃而寖廣。[6]此刑之所以蕃也。孔子曰：“古之知法者能省刑，本也；今之知法者不失有罪，末矣。”[7]又曰：“今之聽獄者，求所以殺之；古之聽獄者，求所以生之。”[8]與其殺不辜，寧失有罪。今之獄吏，上下相驅，以刻爲明，深者獲功名，平者多患害。[9]諺曰：“鬻棺者欲歲之疫。”[10]非憎人欲殺之，利在於人死也。今治獄吏欲陷害人，亦猶此矣。凡此五疾，[11]獄刑所以尤多者也。

　　[1]【顏注】師古曰：蕃，多也，音扶元反。

　　［2］【顏注】服虔曰：鄉亭之獄曰豻。臣瓚曰：獄岸，獄訟也。師古曰：《小雅·小宛》之詩云“宜岸宜獄”。瓚說是也。【今注】獄豻：亦作“獄犴”，牢獄。此指訴訟。沈欽韓《漢書疏證》：服虔說本《韓詩》。《釋文》云：“‘岸’，《韓詩》作‘犴’，云：‘鄉亭之繫曰犴，朝廷曰獄。’”《風俗通》：“犴，司空也。”案，司空即圜土之類。《說文》一說“豻，野犬”。犬所以守，故謂獄爲犴。

　　［3］【顏注】師古曰：《周書·甫刑》之辭也。悊，知也。言伯夷下禮法以道人，人習知禮，然後用刑也。【今注】伯夷：舜臣子，齊之祖先。《尚書·舜典》：“帝曰：‘諮！四嶽。有能典朕三禮？’僉曰：‘伯夷。’”孔傳：“伯夷，臣名，姜姓。”　悊：同“哲”。聰明。《尚書·周書·吕刑》爲“伯夷降典，折民惟刑”。又，王先謙《漢書補注》說《世本》“伯夷作五刑”。此典禮兼作刑之證。《大傳》引《書》曰“折民以刑”，則《今文》作“折”，班用《今文》。據下文意，志文作“折”無疑。後人用馬本改“悊”。顏注未審。

　　［4］【今注】陵遲：此指敗壞。

　　［5］【顏注】師古曰：有底曰囊，無底曰橐。言容隱姦邪，若囊橐之盛物。【今注】囊橐：此指包庇。本書卷七六《張敞傳》：“廣川王姬昆弟及王同族宗室劉調等通行爲之囊橐，吏逐捕窮窘，蹤迹皆入王宮。”

　　［6］【顏注】師古曰：狃，串習也。寖，漸也。狃音女救反。【今注】狃：習慣，習以爲常。

　　［7］【顏注】師古曰：省謂減除之，絕於未然，故曰本也。不失有罪，事止聽訟，所以爲末。

　　［8］【今注】案，引文可見《孔叢子·刑論》。

　　［9］【今注】案，患害，蔡琪本、大德本、白鷺洲本、慶元本、殿本、中華本作“後患”。

[10]【顔注】師古曰：鬻，賣也。疫，癘病也。鬻音育。疫音役。

[11]【今注】五疾：指上述隄防陵遲，禮制未立等五種狀況。王先謙《漢書補注》所云禮教不立等爲五疾，當誤。

自建武、永平，民亦新免兵革之禍，[1]人有樂生之慮，[2]與高、惠之閒同，而政在抑彊扶弱，朝無威福之臣，邑無豪桀之俠。以口率計，斷獄少於成、哀之閒什八，可謂清矣。[3]然而未能稱比隆於古者，[4]以其疾未盡除，而刑本不正。

[1]【今注】建武：東漢光武帝年號（25—56）。 永平：東漢明帝年號（58—75）。

[2]【今注】慮：王先謙《漢書補注》說，既云"新免兵革之禍"，當曰"人有樂生之意"。"意""慮"字相去不遠，此傳寫之誤也。

[3]【顔注】師古曰：十少其八也。

[4]【今注】案，蔡琪本、白鷺洲本、大德本、慶元本、殿本、中華本"比"字前有"意"字。

善乎！孫卿之論刑也，[1]曰："世俗之爲説，[2]以爲治古者無肉刑，[3]有象刑墨黥之屬，[4]菲履赭衣而不純，[5]是不然矣。以爲治古，則人莫觸罪邪，豈獨無肉刑哉，亦不待象刑矣。[6]以爲人或觸罪矣，而直輕其刑，是殺人者不死，而傷人者不刑也。罪至重而刑輕，[7]民無所畏，亂莫大焉。凡制刑之本，將以禁暴惡，且懲其末也。[8]殺人者不死，傷人者不刑，是惠暴而寬惡也。故象刑非生於治古，方起於亂今也。[9]凡爵列官職，賞慶刑罰，皆以類相從者也。一物失稱，亂之端也。[10]德不稱位，能不稱官，賞不當功，刑不當罪，不祥莫大矣焉。[11]夫征暴誅悖，治之威也。殺人者死，傷人者刑，是百王之所同也，未有知其所由來者也。故治則刑重，亂則刑輕，[12]犯治之罪固重，犯亂之罪固輕也。《書》云‘刑罰世重世輕’，此之謂也。”[13]所謂“象刑惟明”者，言象天道而作刑，[14]安有菲屨赭衣者哉？

[1]【今注】孫卿：即荀子（前313—前238），名況，字卿，西漢時避漢宣帝劉詢諱，因“荀”與“孫”二字古音相通，故又稱孫卿。

[2]【今注】案，蔡琪本、大德本、殿本“説”後有“者”字。

[3]【顏注】師古曰：治古，謂上古至治之時也。治音丈吏反。

[4]【今注】象刑：上古之時，代替身體受刑的象徵性刑罰。《尚書·堯典》：“象以典刑。”《周禮·司圜》疏引《孝經緯》云：“畫象者，上罪墨蒙赭衣雜屨；中罪赭衣雜屨，下罪雜屨而已。”《白虎通疏證》卷九《五刑》曰：“犯墨者蒙巾；犯劓者以赭著其衣；犯臏者以墨蒙其臏處而畫之；犯宮者屨雜扉；犯大辟者布衣無領。”或參見莊春波《“象刑”解》（《江漢論壇》1986年第12期）。

[5]【顏注】師古曰：菲，草履也。純，緣也。衣不加緣，示有恥也。菲音扶味反。純音之允反。

[6]【顏注】師古曰：人不犯法，則象刑無所施也。

[7]【今注】案，蔡琪本、白鷺洲本、大德本、慶元本、殿本、中華本此句作“罪至重而刑至輕”。

［8］【顏注】師古曰：懲，止也。【今注】懲其末："末"應爲"未"之誤。錢大昭《漢書辨疑》：《荀子》作"徵其未"，楊倞注曰："'徵'讀爲'懲'。未，謂將來。"案，徵，古"懲"字。《魯頌》"荆舒是懲"，《史記·建元以來侯者年表》引作"荆荼是徵"。

［9］【顏注】如淳曰：古無象刑也，所有象刑之言者，近起今人惡刑之重，故遂推言古之聖君但以象刑，天下自治。

［10］【顏注】師古曰：稱，宜也，音尺孕反。

［11］【今注】案，矣，大德本同，蔡琪本、殿本無"矣"字。錢大昭《漢書辨疑》："矣"字衍。《荀子》及《漢紀》皆無。

［12］【顏注】李奇曰：世所以治者，乃刑重也；所以亂者，乃刑輕也。【今注】案，錢大昭《漢書辨疑》：李説非也。楊倞以爲"治世刑必行，則不敢犯，故重；亂世刑不行，則人易犯，故輕"，其説得之。

［13］【顏注】師古曰：《周書·甫刑》之辭也（辭，大德本、殿本同，蔡琪本作"篇"）。言刑輕重（蔡琪本、大德本、殿本"言刑"後有"罰"字），各隨其時。【今注】案，以上引文或見《荀子·正論》，文字稍異。

［14］【顏注】師古曰：《虞書·益稷》曰"咎繇方祗厥叙，方施象刑惟明"，言敬其次叙，施其法刑皆明白也。【今注】象刑惟明：語見《尚書·虞書·益稷》。

孫卿之言既然，又因俗説而論之曰：禹承堯舜之後，自以德衰而制肉刑，湯武順而行之者，以俗薄於唐虞故也。今漢承衰周暴秦極敝之流，[1]俗已薄於三代，而行堯舜之刑，是猶以糜而御駻突，[2]違救時之宜矣。且除肉刑者，本欲以全民也，今去髡鉗一等，轉而入於大辟。以死罔民，失本惠矣。[3]故死者歲以萬數，刑重之所致也。至乎穿窬之盜，[4]忿怒傷人，男女淫佚，吏爲姦臧，[5]若此之惡，髡鉗之罰又不足以懲也。故刑者歲十萬數，民既不畏，又曾不恥，刑輕之所生也。故俗之能吏，公以殺盜爲威，專殺者勝任，奉法者不治，亂名傷制，不可勝條。是以罔密而姦不塞，刑蕃而民愈嫚。[6]必世而未仁，百年而不勝殘，誠以禮樂闕而刑不正也。豈宜惟思所以清原正本之論，刪定律令，簒二百章，以應大辟。[7]其餘罪次，於古當生，今觸死者，皆可募行肉刑。[8]及傷人與盜，吏受賕枉法，男女淫亂，皆復古刑，爲三千章。[9]詆欺文致微細之法，悉蠲除。[10]如此，則刑可畏而禁易避，吏不專殺，法無二門，輕重當罪，民命得全，合刑罰之中，殷天人之和，[11]順稽古之制，成時雍之化。成康刑錯，雖未可致，孝文斷獄，庶幾可及。《詩》云“宜民宜人，受祿于天”。[12]《書》曰“立功立事，可以永年”。[13]言爲政而宜於民者，功成事立，則受天祿而永年命，所謂“一人有慶，萬民賴之”者也。[14]

[1]【今注】敝：“敝”之誤字。敝通“弊”。蔡琪本、大德本、殿本皆作“敝”。

[2]【顏注】孟康曰：以繩縛馬口謂之羈。晉灼曰：羈，古羈字也。如淳曰：羈音捍。突，惡馬也。師古曰：馬絡頭曰羈也。

[3]【顏注】師古曰：罔，謂羅網也。【今注】罔：古同“網”。網，捕鳥獸作網。轉義喻指法律，法令。《正字通》網，法網。又王念孫《讀書雜志·漢書第四》：“本惠”當爲“本意”字之誤也。除肉刑以全民，文帝之本意也。今以死罔民，則失其本意。“本意”

二字承上"本欲以全民"而言。若作"本惠",則非其指矣。《漢紀孝成紀》作"失其本意矣",是其證。唐魏徵《群書治要》所引已誤。

[4]【今注】窬（yú）：通"逾"。從墙上爬過去。《字彙》窬，逾墙曰窬。

[5]【顏注】師古曰：佚讀與逸同。

[6]【顏注】師古曰：塞，止也。蕃，多也，音扶元反。嫚與慢同。

[7]【顏注】孟康曰：篹音撰。【今注】二百章：意據《尚書·吕刑》"大辟之屬二百"而撰集二百章。

[8]【顏注】李奇曰：欲死邪，欲腐邪?【今注】王鳴盛《十七史商榷》卷一一：《魏志》陳群議云："漢除肉刑而增加笞，本興仁惻而死更衆，所謂名輕實重也。名輕則易犯，實重則傷民。且殺人償死，合於古制；至於傷人，或殘毀其體而裁翦毛髮，非其理也。若用古制，使淫者下於蠶室，盜者刖其足，永無淫放穿窬之患矣。夫三千之屬，雖未可卒復，若斯數者，時之所患，宜先施用。漢律所設殊死之罪，仁所不及也。其餘逮死者，可以刑殺。如此，則所刑與所生足以相貿矣。今以笞死之法易不殺之刑，是重人肢體、輕人軀命也。"其旨本班氏。

[9]【今注】三千章：《尚書·吕刑》："五刑之屬三千。"

[10]【顏注】師古曰：詆謂誣也，音丁禮反。【今注】案，《後漢書》卷四六《陳寵傳》寵請"令三公、廷尉平定律令，應經合義者，可使大辟二百，而耐罪、贖罪二千八百，并爲三千，悉删除其餘令"。

[11]【顏注】李奇曰：殷亦中。

[12]【顏注】師古曰：《大雅·假樂》之詩也。蓋嘉成王之德（蔡琪本、大德本、殿本"德"後有"云"字）。【今注】案，語見《詩經·大雅·假樂》。《毛詩序》："《假樂》，嘉成王也。"

《魯詩》則認爲是美宣王。何楷《詩經世本古義》認爲美武王。王闓運《詩經補箋》說："假，嘉，嘉禮也，蓋冠詞。"

[13]【顏注】師古曰：今文《泰誓》之辭也。永，長也。【今注】案，漢初伏生二十八篇無《泰誓》。武帝時，河內女子獻《泰誓》，後漢馬融等疑是僞作，未傳。

[14]【顏注】師古曰：《呂刑》之辭也。一人，天子也。言天子用刑詳審，有福慶之惠，則衆庶咸賴之也。【今注】案，語見《尚書·周書·呂刑》。

漢書　卷二四上

食貨志第四上[1]

[1]【今注】案，金少英《漢書食貨志集釋》謂《食貨志》雖本《史記·平準書》而作，而内容充實，叙次井然，其實後來居上。若以兩書對讀，裨益尤多。志文上篇言食，下篇言貨。但上篇首段自"《洪範》八政"至"地亡曠土"均食貨並言，實總冒全文；自"理民之道"以下，始依時代叙述。志文所載乃先秦至王莽時期的經濟史脈絡。

《洪範》八政，[1]一曰食，二曰貨。食謂農殖嘉穀可食之物，[2]貨謂布帛可衣，[3]及金刀龜貝，所以分財布利通有無者也。[4]二者，生民之本，興自神農之世。"斲木爲耜，煣木爲耒，耒耨之利以教天下"，而食足；[5]"日中爲市，致天下之民，聚天下之貨，交易而退，各得其所"，而貨通。[6]食足貨通，然後國實民富，而教化成。黄帝以下"通其變，使民不倦"。[7]堯命四子以"敬授民時"，[8]舜命后稷以"黎民祖飢"，[9]是爲政首。[10]禹平洪水，定九州，[11]制土田，[12]各因所生遠近，賦入貢棐，[13]楙遷有無，萬國作乂。[14]殷周之盛，《詩》《書》所述，[15]要在安民，富而教之。故

《易》稱“天地之大德曰生，聖人之大寶曰位；何以守位曰仁，何以聚人曰財。”[16]財者，帝王所以聚人守位，養成群生，奉順天德，治國安民之本也。故曰：“不患寡而患不均，不患貧而患不安；蓋均亡貧，和亡寡，安亡傾。”[17]是以聖王域民、[18]築城郭以居之，制廬井以均之，[19]開市肆以通之，[20]設庠序以教之；[21]士農工商，四人有業。[22]學以居位曰士，闢土殖穀曰農，作巧成器曰工，通財鬻貨曰商。[23]聖王量能授事，四民陳力受職，故朝亡廢官，邑亡敖民，地亡曠土。[24]

[1]【今注】《洪範》八政：中國古代對治理國家的八種主要政事的概括。因見於《尚書·洪範》，故名。《尚書·洪範》：“八政：一曰食，二曰貨，三曰祀，四曰司空，五曰司徒，六曰司寇，七曰賓，八曰師。”主要是指重視糧食、布帛與貨幣、各項祭祀、工程、土地管理、賦役徵斂、刑獄、禮儀、士子教育諸事。

[2]【顏注】師古曰：殖，生也。嘉，善也。

[3]【顏注】師古曰：衣，音於既反。

[4]【顏注】師古曰：金謂五色之金也。黃者曰金，白者曰銀，赤者曰銅，青者曰鉛，黑者曰鐵。刀謂錢幣也。龜以卜占，貝以表飾，故皆爲寶貨也。【今注】案，楊樹達《漢書窺管》謂《說文》六篇下《貝部》有“古者貨貝而寶龜，周而有泉。至秦，廢貝行錢”，可知古以龜貝爲貨幣，與卜占表飾無關，顏說殊誤。

[5]【顏注】師古曰：斲，斫也。𤛑，屈也。耒，手耕曲木也。耜，耒端所以施金也。耨，耘田也。耜音似。𤛑音人九反。耒音來內反。耨音乃搆反。【今注】耒：農具。　耨：鋤草具。

[6]【顏注】師古曰：自“斲木爲耜”以至於此，事見《易·上繫辭》。

[7]【顏注】李奇曰：器幣有不便於時，則變更通利之，使民樂其業而不倦也。

[8]【顏注】師古曰：四子謂羲仲、羲叔、和仲、和叔也。事見《虞書·堯典》也。

[9]【顏注】孟康曰：祖，始也。黎民始飢，命棄爲稷官也。古文言阻。師古曰：事見《虞書·舜典》（蔡琪本、大德本、殿本無"虞書"二字）。【今注】后稷：姓姬，名棄。古代周族始祖。相傳其母爲有邰氏女姜嫄，因在野外踏巨人脚迹受孕而生。好農耕，善於稼穡，堯、舜時曾任農官，教民耕種，號曰后稷。　案，王先謙《漢書補注》謂《史記》卷一《五帝本紀》作"黎民始飢"，徐廣注："《今文尚書》作'祖飢'。"孟康本馬融説。飢，蔡琪本、大德本同，殿本作"饑"，下同。

[10]【今注】政首：即施政的首要問題。案，金少英《漢書食貨志集釋》謂民以食爲天，羲、和、后稷授時播種，此實施政首要問題。

[11]【顏注】師古曰：九州謂冀、兗、青、徐、楊、荆、豫、梁、雍。

[12]【今注】制土田：金少英《漢書食貨志集釋》謂別土壤之性，定墾殖之宜，且以制土田之等、貢賦之差。

[13]【顏注】應劭曰：棐，竹器也，所以盛。方曰筐，隋曰棐。師古曰：棐讀與匪同，《禹貢》所謂"厥貢漆絲，厥篚織文"之類是也。隋，圓而長也。隋音他果反。

[14]【顏注】師古曰：楙與茂同，勉也。言勸勉天下，遷易有無，使之交足，則萬國皆治。

[15]【今注】案，金少英《漢書食貨志集釋》謂《史記·平準書》云："《書》道唐虞之際，《詩》述殷周之世。"

[16]【顏注】師古曰：《下繫》之辭。

[17]【顏注】師古曰：《論語》載孔子之言。【今注】案，引

文見《論語‧季氏》。

[18]【顏注】師古曰：爲邦域。【今注】案，金少英《漢書食貨志集釋》謂《孟子‧公孫丑》有"域民不以封疆之界"。趙岐注："域民，居民也。"居民猶處民。

[19]【顏注】師古曰：井田之中爲屋廬。

[20]【顏注】師古曰：肆，列也。【今注】案，金少英《漢書食貨志集釋》謂《周禮‧地官》有肆長，"掌其肆之政令"。賈公彥疏云："一肆立一長，使之檢校一肆之事，若今行頭者也。"又有司市，"掌市之治教政刑"。

[21]【顏注】師古曰：庠序，禮官養老之處。【今注】庠序：中國古代地方學校的泛稱。《孟子‧梁惠王上》："謹庠序之教。"趙岐注："庠序者，教化之宮也，殷曰序，周曰庠。"本書卷一二《平紀》："郡國曰學，縣、道、邑、侯國曰校。校、學置經師一人。鄉曰庠，聚曰序。序、庠置《孝經》師一人。"

[22]【今注】案，人，殿本同，蔡琪本、大德本作"民"。

[23]【顏注】師古曰：鬻，賣也。鬻音弋六反。

[24]【顏注】師古曰：敖謂逸游也。曠，空也。

理民之道，地著爲本。[1]故必建步立晦，正其經界。[2]六尺爲步，步百爲晦，晦百爲夫，夫三爲屋，屋三爲井，[3]井方一里，是爲九夫。八家共之，各受私田百晦，公田十晦，是爲八百八十晦，餘二十晦以爲廬舍。[4]出入相友，守望相助，疾病相救，民是以和睦，而教化齊同，力役生產可得而平也。

[1]【顏注】師古曰：地著，謂安土也，音直略反。

[2]【顏注】師古曰：晦，古畝字也（殿本此注位於"故必

建步立畮”後）。【今注】經界：指井田之界。

[3]【今注】井：即井田，商周土地分配的一種形式。因其土地區劃形同井字，或同飲一井之水，故名。文獻記載有《周禮》與《孟子》兩個系統。

[4]【顏注】師古曰：廬，田中屋也。春夏居之，秋冬即去（即，蔡琪本、大德本、殿本作“則”）。

民受田，上田夫百畮，中田夫二百畮，下田夫三百畮。歲耕種者爲不易上田；[1]休一歲者爲一易中田；休二歲者爲再易下田，三歲更耕之，自爰其處。[2]農民戶人已受田，[3]其家衆男爲餘夫，[4]亦以口受田如比。[5]士工商家受田，五口乃當農夫一人。[6]此謂平土可以爲法者也。[7]若山林藪澤原陵淳鹵之地，[8]各以肥磽多少爲差。[9]有賦有稅。稅謂公田什一及工商衡虞之入也。[10]賦共車馬甲兵士徒之役，[11]充實府庫賜予之用。稅給郊社宗廟百神之祀，[12]天子奉養百官禄食庶事之費。[13]民年二十受田，六十歸田。七十以上，上所養也；十歲以下，上所長也；十一以上，上所强也。[14]種穀必雜五種，以備災害。[15]田中不得有樹，用妨五穀。[16]力耕數耘，收獲如寇盜之至。[17]還廬樹桑，[18]菜茹有畦，[19]瓜瓠果蓏[20]殖於疆易。[21]雞豚狗彘毋失其時，[22]女修蠶織，則五十可以衣帛，七十可以食肉。[23]

[1]【今注】易：更換。此指輪耕或休耕。

[2]【顏注】孟康曰：爰，於也。師古曰：更，互也，音工

衡反。

[3]【今注】案，王念孫《讀書雜志四·漢書第四》謂"農民戶人"本作"農民戶一人"。"一人"二字，對下"衆男爲餘夫"言之。下文"士工商家受田，五口乃當農夫一人"，又承此"農民戶一人"言之。其實不然。先秦秦漢時期，户人乃户主之謂，亦即"正夫"，里耶秦簡等可證。

[4]【今注】餘夫：指家中户人之外的其餘男勞力。

[5]【顏注】師古曰：比，例也，音必寐反。【今注】以口受田：關於餘夫的身份與授田量，除本卷所述内容以外，還有以下幾種説法：(1)《孟子·滕文公上》趙岐注："餘夫者，一家一人受田，其餘老小尚有餘力者受二十五畝，半於圭田，謂之餘夫也。"其所受田、萊之比例，當如《周禮》所言上、中、下三等。且"餘夫"祇受田，"不當徵賦"；(2)《公羊傳》宣公十五年何休注：古代授田"五口爲一家"，"一夫一婦受田百畝"，多於五口，名曰餘夫。"餘夫以率受田二十五畝"；(3)《周禮·地官·載師》賈公彦疏，同意本卷"農民户人已受田，其家衆男爲餘夫"之説，但認爲《孟子》所言受二十五畝田之"餘夫"，乃"年二十九以下未有妻"者，《周禮》所言"餘夫"則是"三十有妻"，與正夫同樣"受田百畝"者。並疏《遂人》云："六遂之中，家一人爲正卒，第二者爲羨卒，自外並爲餘夫"，凡餘夫，不任力役；(4)孫詒讓《周禮正義》謂："餘夫之名與正夫皆起於一夫一婦"，凡年二十以上已娶妻授室，但尚未與父兄分居自立門户之正夫子弟，皆爲"餘夫"，受田量爲二十五畝。"餘夫"即"羨卒"，不服兵役，而服力役。

[6]【今注】案，金少英《漢書食貨志集釋》稱，"五口乃當農夫一人"，謂丁男五口，否則農民一家五口亦常事，受田百畝，將與士工商同。《周禮·地官·載師》賈公彦疏："士既有禄沾及子弟，故其家田亦五口乃當農夫一人也。其工商比農民爲賤，故其家

人亦五口乃當農夫一人。"

［7］【今注】平土：平整的土地。

［8］【顏注】晉灼曰：淳，盡也，烏鹵之田不生五穀也。

［9］【顏注】師古曰：磽，磽确也（磽确也，大德本同，蔡琪本作"磽角也"，殿本作"确也"），謂瘠薄之田也，音口交反。【今注】案，金少英《漢書食貨志集釋》引李慶善謂井田制實行於平原地區，可以大體整齊劃分份地，平均分配，所謂平土可以爲法者。若山林藪澤原陵淳鹵之地，不可整齊劃一，固當以肥磽多少爲差。

［10］【顏注】師古曰：賦謂計口發財，稅謂收其田入也。什一，謂十取其一也。工、商、衡、虞雖不墾殖，亦取其稅者，工有技巧之作，商有行販之利，衡虞取山澤之材產也。【今注】衡虞：泛指掌山林水澤之官。

［11］【顏注】師古曰：徒，衆也。共讀曰供。

［12］【今注】郊社：古代祭天地之禮。帝王冬至日祭天稱"郊"，夏至日祭地稱"社"，合爲"郊社"。《禮記·中庸》："郊社之禮，所以事上帝也。"祭天以示受命於天，祈天帝庇祐；祭地以祈農事，求禱豐年。

［13］【今注】庶事：日常事務。

［14］【顏注】師古曰：勉強勸之（強，大德本同，蔡琪本、殿本作"彊"，下同），令習事也。強音其兩反。

［15］【顏注】師古曰：歲月有宜，及水旱之利也。種即五穀，謂黍、稷、麻、麥、豆也。【今注】案，金少英《漢書食貨志集釋》引《公羊傳》宣十五年何休注"種穀不得種一穀，以備災害"，認爲雜種五穀，不僅防災，亦可改良土壤。

［16］【今注】案，錢大昭《漢書辨疑》引賈思勰《齊民要術》注云："五穀之田，不宜樹果。諺曰：'桃李不言，下自成蹊。'匪直妨耕種、損禾苗，抑亦惰夫之所休息，豎子之所嬉游。"

[17]【顏注】師古曰：力謂勤作之也。如寇盜之至，謂促遽之甚，恐爲風雨所損。

[18]【顏注】師古曰：還，繞也。

[19]【今注】茹：金少英《漢書食貨志集釋》指出，茹，菜之總名。

[20]【顏注】應劭曰：木實曰果，草實曰蓏。張晏曰：有核曰果，無核曰蓏。臣瓚曰：按木上曰果（按，大德本、殿本同，蔡琪本作“桉”），地上曰蓏也。師古曰：茹，所食之菜也。畦，區也。茹，音人豫反。畦，音胡圭反。蓏，音來果反。

[21]【顏注】張晏曰：至此易主，故曰易。師古曰：《詩·小雅·信南山》云“中田有廬，疆場有瓜”，即謂此也。

[22]【顏注】師古曰：疏即蔬。

[23]【今注】案，雞豚等句化用自《孟子·梁惠王下》。

　　在壄曰廬，在邑曰里。[1]五家爲鄰，五鄰爲里，四里爲族，五族爲黨，五黨爲州，五州爲鄉。鄉，萬二千五百户也。鄰長位下士，自此以上，稍登一級，至鄉而爲卿也。於是里有序而鄉有庠。[2]序以明教，庠以行禮而視化焉。[3]春令民畢出在壄，冬則畢入於邑。其《詩》曰：“四之日舉止，同我婦子，饁彼南畝。”[4]又曰：“十月蟋蟀，入我牀下，嗟我婦子，聿爲改歲，入此室處。”[5]所以順陰陽，備寇賊，習禮文也。春，將出民，里胥平旦坐於右塾，鄰長坐於左塾，[6]畢出然後歸，夕亦如之。[7]入者必持薪樵，輕重相分，班白不提挈。[8]冬，民既入，婦人同巷，相從夜績，女工一月得四十五日。[9]必相從者，所以省費燎火，[10]同巧拙而合習俗也。[11]男女有不得其所者，因相與歌詠，各言其傷。[12]

[1]【顏注】師古曰：廬各在其田中，而里聚居也。【今注】壄：同"野"。

[2]【今注】案，蔡琪本、大德本、殿本無"是"字。

[3]【顏注】師古曰：視，讀爲示也。【今注】案，以，蔡琪本、大德本、殿本作"則"。

[4]【顏注】師古曰：此《豳詩·七月之章》也。饁，饋也。四之日，周之四月，夏之二月也。農人無不舉足而耕也，則其婦與子同以食來至南晦治田之處而饋之也。饁音于輒反。【今注】舉止：謂舉足而耕。古末耜插地端頭上方有物可供腳踩，耕者需舉足踩此物方可將末耜插入地中。錢大昭《漢書辨疑》謂《詩·七月》作"舉趾"。《儀禮·士昏禮》"皆有枕，北止"，鄭玄注："止，足也。古文'止'作'趾'。"《説文》："止，下基也。象艸木出有址，故以止爲足。"又周壽昌《漢書注校補》稱本書《刑法志》"趾"皆作"止"。

[5]【顏注】師古曰：亦《七月之章》也。蟋蟀，蛬也，今謂之促織。聿，曰也。言寒氣既至，蟋蟀漸來，則婦子皆曰歲將改矣，而去田中入室處也。蛬音拱。【今注】婦子：農夫之婦與子。 改歲：更改年歲，周曆十月爲歲末。

[6]【顏注】孟康曰：里胥，如今里吏也。師古曰：門側之堂曰塾。坐於門側者，督促勸之，知其早晏（晏，蔡琪本、大德本同，殿本作"宴"），防怠惰也。塾音孰。【今注】里胥：鄉吏。猶里正、里典。 鄰長：職官名。掌一鄰之政務，五家爲鄰。《周禮·地官·鄰長》："鄰長掌相糾相受，凡邑中之政相贊，徙于他邑，則從而授之。"

[7]【顏注】師古曰：言里胥鄰長亦待入畢，然後歸也。

[8]【顏注】師古曰：班白者，謂髮雜色也。不提挈者，所

以優老人也。【今注】案，金少英《漢書食貨志集釋》謂《禮記·王制》有"父之齒隨行，兄之齒雁行，朋友不相踰。輕任并，重任分，班白不提挈"。孔穎達疏："任謂有擔負者俱應擔負。老少並輕，則併與少者擔之也。重任分者，老少並重，不可併與少者一人，則分爲輕重，重與少者，輕與老者。"

[9]【顏注】服虔曰：一月之中，又得夜半爲十五日，凡四十五日也。

[10]【今注】案，燎，蔡琪本、大德本、殿本作"燎"。

[11]【顏注】師古曰：省費燎火（燎，蔡琪本、大德本、殿本作"燎"，下同），省燎火之費也。燎所以爲明，火所以爲温也。燎音力召反。

[12]【顏注】師古曰：怨刺之詩也。

是月，餘子亦在于序室。[1]八歲入小學，學六甲五方書計之事，[2]始知室家長幼之節。十五入大學，學先聖禮樂，而知朝庭君臣之禮。[3]其有秀異者，移鄉學于庠序；庠序之異者，移國學于少學。[4]諸侯歲貢少學之異者於天子，學于大學，命曰造士。[5]行同能偶，則別之以射，[6]然後爵命焉。

[1]【顏注】蘇林曰：餘子，庶子也。或曰，未任役爲餘子。師古曰：未任役者是也。幼童皆當受業，豈論嫡庶乎？

[2]【顏注】蘇林曰：五方之異書，如今祕書學外國書也。臣瓚曰：辨五方之名及書蓺也。師古曰：瓚説是也。【今注】案，顧炎武《日知録》卷二七謂"六甲者，四時六十甲子之類。五方者，九州嶽瀆列國之名。書者，六書。計者，九數。瓚説未盡"。周壽昌《漢書注校補》謂《禮記·內則》有"九年教之數日"，鄭

玄注：“朔望與六甲也。”猶言學數干支。“六年教之數與方名”，鄭
玄注：“方名東西。”即所云“五方”。以東西該南北中。“十年出就
外傅，居宿於外，學書記”。書記，即書計。書，文字。計，籌算。

[3]【今注】案，庭，蔡琪本、大德本、殿本作“廷”。

[4]【今注】國：指諸侯國。　少學：古代學校名。在太學
之下。

[5]【顏注】李奇曰：造，成也。【今注】造士：先秦時期已
完成其學業之士人，謂之造士。意爲已經造就成材之士。

[6]【顏注】師古曰：以射試之。【今注】行同能偶：德才彼
此相當。

　　孟春之月，[1]群居者將散，[2]行人振木鐸徇于路，
以采詩，[3]獻之大師，比其音律，以聞於天子。[4]故曰
王者不窺牖户而知天下。

[1]【今注】孟春之月：農曆正月。案，孟春，蔡琪本、大德
本同，殿本作“春秋”。

[2]【顏注】師古曰：謂各趣農畝也。

[3]【顏注】師古曰：行人，道人也，主號令之官。鐸，大
鈴也，以木爲舌，謂之木鐸。徇，巡也。采詩，采取怨刺之詩也。
【今注】案，周壽昌《漢書注校補》引《公羊》宣公十四年《傳》
何休注：“男年六十、女年五十無子者，官衣食之，使之民閒求詩。
鄉移於邑，邑移於國，國以聞於天子。故王者不出牖户，盡知天下
所苦。”劉寶楠《論語正義》卷四稱，“木鐸者，《周官》《小宰》
《小司徒》《小司寇》《士師》《宮正》《司烜氏》《鄉師》，皆有木
鐸之徇”。鄭玄注《小宰》云：“古者將有新令，必奮木鐸以警衆，
使明德也。木鐸木舌也。文事奮木鐸，武事奮金鐸。”疏云：“以木
爲舌，則曰木鐸；以金爲舌，則曰金鐸。”

[4]【顏注】師古曰：大師，掌音律之官，教六詩以六律爲之音者。比謂次之也。比，音頻二反。

　　此先王制土處民富而教之之大略也。故孔子曰："道千乘之國，敬事而信，節用而愛人，使民以時。"[1]故民皆勸功樂業，先公而後私。其《詩》曰："有渰淒淒，興雲祁祁，雨我公田，遂及我私。"[2]民三年耕，則餘一年之畜。[3]衣食足而知榮辱，廉讓生而爭訟息，故三載考績。[4]孔子曰"苟有用我者，期月而已可也，三年有成"，成此功也。[5]三考黜陟，[6]餘三年食，進業曰登；[7]再登曰平，餘六年食；三登曰泰平，二十七歲，遺九年食。[8]然後至德流洽，[9]禮樂成焉。故曰"如有王者，必世而後仁"，[10]繇此道也。[11]

　　[1]【顏注】師古曰：《論語》載孔子之言（殿本"言"後有"也"字）。道，治也。舉事必敬，施令必信，不爲奢侈，愛養其萌，無奪農時。【今注】案，引文見《論語·學而》。

　　[2]【顏注】師古曰：《小雅·大田》之詩也。渰，陰雲也。淒淒，雲起貌也。祁祁，徐也。言陰陽和，風雨時，萌庶慶悦，喜其先雨公田，乃及私也。

　　[3]【顏注】師古曰："畜"讀曰"蓄"。其下並同。

　　[4]【顏注】師古曰：績，功也。言主治萌者，三年一考其功也（功，蔡琪本、大德本同，殿本作"績"）。

　　[5]【顏注】師古曰：《論語》載孔子之言也。用謂使爲政，朞月可以易俗（朞，大德本同，蔡琪本、殿本作"期"），三年乃得成功也。【今注】案，引文見《論語·子路》。

　　[6]【今注】黜陟：考核官員，以定升降。降免者稱黜，晉升

者稱陜。

【顏注】鄭氏曰：進上百工之業也。或曰進上農工諸事業，名曰登。【今注】案，成語有"五穀豐登"。

[8]【今注】遺：儲備。

[9]【今注】案，至，蔡琪本、大德本、殿本作"王"。

[10]【顏注】師古曰：亦孔子之言也。解在《刑法志》。【今注】案，引文見《論語·子路》。金少英《漢書食貨志集釋》引《論語·子路》何晏注："孔曰，三十年曰世。如有受命王者，必三十年仁政乃成。"

[11]【顏注】師古曰：繇，讀與"由"同。由，用也，從也。

周室既衰，暴君污吏慢其經界，[1]繇役橫作，[2]政令不信，上下相詐，公田不治。故魯宣公"初稅畮"，《春秋》譏焉。[3]於是上貪民怨，災害生而禍亂作。

[1]【顏注】師古曰：污謂貪穢也。【今注】慢：忽視。

[2]【顏注】師古曰：繇，讀曰"徭"。橫，音胡孟反。

[3]【顏注】孟康曰：《春秋》謂之履畮，履踐民所種好者而取之，譏其貪也。【今注】魯宣公：春秋時魯國國君。公元前608年至前591年在位。名俀，一作"倭"。魯文公庶子，一說文公弟。即位時已是"公室卑，三桓強"。宣公元年（前608）將濟西之田（今山東鉅野、東平與陽谷縣之間）贈齊。後長期附齊。十年齊歸還濟西之田。十五年"初稅畮"，實行田稅改革。在位時，前由公子遂執政，後由季孫行父擅權。公室更卑，三桓益盛。晚年使公孫歸父聘於晉，欲借晉之力除"三桓"，未成而卒。　初稅畮：春秋時期魯國首次實行的按田畮徵稅的制度。魯宣公十五年（前594）《春秋》記載："初稅畮。"《左傳》於同年記載："初稅畮，非禮也，穀出不過藉，以豐財也。"從字面上解釋，這是將傳統的"藉田以

卷二四上

食貨志第四上

力"的徭役制剥削改爲不分公田、私田，一律按田畝數徵收土地税的制度。對"初税畝"中土地税的性質及税畝制本身的歷史意義，較爲流行的説法是，"初税畝"表明魯國正式宣布廢除井田制，承認私田合法性而一律取税。

　　陵夷至於戰國，[1]貴詐力而賤仁誼，先富有而後禮讓。是時，李悝爲魏文侯作盡地力之教，[2]以爲地方百里，提封九萬頃，[3]除山澤邑居參分去一，爲田六百萬畝，治田勤謹則畝益三升，[4]不勤則損亦如之。地方百里之增減，輒爲粟百八十萬石矣。又曰糴甚貴傷民，[5]甚賤傷農；民傷則離散，農傷則國貧。故甚貴與甚賤，其傷一也。善爲國者，使民毋傷而農益勸。[6]今一夫挾五口，治田百畝，歲收畝一石半，[7]爲粟百五十石，除十一之税十五石，餘百三十五石。食，人月一石半，五人終歲爲粟九十石，餘有四十五石。石三十，[8]爲錢千三百五十，除社閭嘗新春秋之祠，[9]用錢三百，餘千五十。衣，人率用錢三百，[10]五人終歲用千五百，不足四百五十。[11]不幸疾病死喪之費，及上賦斂，又未與此。[12]此農夫所以常困，有不勸耕之心，而令糴至於甚貴者也。是故善平糴者，必謹觀歲有上中下孰。上孰其收自四，餘四百石；[13]中孰自三，餘三百石；[14]下孰自倍，餘百石。[15]小飢則收百石，[16]中飢七十石，[17]大飢三十石。[18]故大孰則上糴三而舍一，中孰則糴二，下孰則糴一，使民適足，賈平則止。[19]小飢則發小孰之所斂，[20]中飢則發中孰之所斂，大飢則發大孰之所斂，而糶之。故雖遇飢饉水旱，糴不貴而民不散，取有餘以補不足也。行之魏國，國以富彊。

［1］【今注】陵夷：衰頹，衰落。

［2］【顏注】師古曰：李悝，文侯臣也。"悝"音"恢"。【今注】李悝：戰國初傑出政治家。魏文侯時，李悝任魏相國。主張廢除"世卿世禄"制度，按功勞和能力選拔官吏；"盡地力之教"，鼓勵耕作，增加產量；實行"平糴"，即豐年收購餘糧，荒年糴出，以平糧價。這些措施，促進了生產的發展，使魏國成爲戰國初期強國之一。著有《法經》，爲秦以後歷代法律的基本。所著《李子》，今佚。其言論見清馬國翰所輯《李克書》。 魏文侯：戰國時魏國第一位君主，名斯。公元前 445 年至前 396 年在位。執政期間師於李悝，進行變法，造《法經》、盡地力之教；用吳起、樂羊爲將，西伐秦，北伐中山；任西門豹守鄴，河內稱治。經過變法與改革，魏國富強起來。

［3］【今注】提封：總計。本書《刑法志》"提封萬井"注："李奇曰：提，舉也，舉四封之內也。"王念孫《讀書雜志·漢書第四》謂《廣雅》曰："堤封，都凡也。"都凡者，猶今人言大凡、諸凡也。"堤"與"提"古字通。"都凡"與"提封"一聲之轉，皆是大數之名。"提封萬井"，猶言通共萬井。若訓提爲舉，訓封爲四封，而云舉封若干井，舉封若干頃，則甚爲不詞。案，里耶秦簡與嶽麓書院藏秦簡均有提封田的記錄。

［4］【顏注】服虔曰：與之三升也。臣瓚曰：當言三斗。謂治田勤，則畮加三斗也。師古曰：計數而言，字當爲斗。瓚說是也。

［5］【顏注】韋昭曰：此民謂士工商也（殿本"士"後有"民"字）。

［6］【今住】案，毋，蔡琪本、大德本同，殿本作"無"。

［7］【今注】畮一石半：陳直《漢書新證》謂志文所記，皆是

大斗，以食人月一石半，可以知之。漢代小斗一斗，折合大斗六升。居延漢木簡記載給發戍卒每月口糧，大率爲小斗三石三升少，大斗每月則爲二石。桓寬《鹽鐵論·散不足》云“十五斗粟，當丁男半月之食”，則指小斗而言。漢代一石，僅合現時二斗，志文以每畝一石半計算，則爲三斗半，可見產量相當低。案，所言畝一石半有四種計算方式：一是小畝小石，折換爲240平方步的大畝爲三石六斗；二是大畝大石，折換爲小石爲二石五斗；三是大畝小石，畝一石半不變；四是小畝大石，折換小石則高達六石。前三种均有可能，通常認爲第二種比較合理，唯獨最後一種不可取。

[8]【今注】石三十：陳直《漢書新證》謂漢代米粟價平均每石百錢左近，志文以每石三十計，是按低價計算。

[9]【今注】社閭：二十五家爲閭，閭立土地神於里門，一里之人共祀之。　嘗新：黍稷稻粱等新穀收穫時，要先獻之於祖先和山川之神，舉行祭祀，此即嘗新。

[10]【今注】錢三百：陳直《漢書新證》謂漢代一匹布，長四丈，祇可做成人一件長袍，每匹布價，通常在三百錢左右，志文是按最低之標準計算。

[11]【顏注】師古曰：少四百五十，不足也。

[12]【顏注】師古曰：“與”讀曰“豫”。【今注】與：計算在內。

[13]【顏注】張晏曰：平歲百畝收百五十石，今大孰四倍，收六百石，計民食終歲長四百石，官糴三百石，此爲糴三舍一也。

[14]【顏注】張晏曰：自三，四百五十石也。終歲長三百石，官糴二百石，此爲糴二而舍一也。

[15]【顏注】張晏曰：自倍，收三百石，終歲長百石，官糴其五十石，云下孰糴一，謂中分百石之一。

[16]【顏注】張晏曰：平歲百畝之收，收百五十石，今小飢收百石，收三分之二也。

[17]【顏注】張晏曰：收二分之一。

[18]【顏注】張晏曰：收五分之一也。以此準之，大小中飢之率也。

[19]【顏注】師古曰：“賈”讀曰“價”。

[20]【顏注】李奇曰：官以斂臧出糶也（臧，蔡琪本同，大德本、殿本作“藏”）。

及秦孝公用商君，[1]壞井田，開仟伯，[2]急耕戰之賞，雖非古道，猶以務本之故，傾鄰國而雄諸侯。然王制遂滅，僭差亡度。[3]庶人之富者累鉅萬，[4]而貧者食糟糠；有國彊者兼州域，而弱者喪社稷。至於始皇，遂并天下，內興功作，外攘夷狄，收泰半之賦，[5]發閭左之戍，[6]男子力耕不足糧饟，[7]女子紡績不足衣服。竭天下之資財以奉其政，[8]猶未足以澹其欲也。[9]海內愁怨，遂用潰畔。[10]

[1]【今注】秦孝公：戰國時秦國國君，名渠梁。獻公子。孝公六年（前356）任用商鞅，實行變法。十二年，遷都咸陽，進一步變法改制，開阡陌，普遍設縣。十四年，初爲賦。從此秦國日益富強。在位二十四年。諡孝。　商君：即商鞅。衛國公族的後代，亦稱衛鞅。少好刑名之學，初爲魏相公叔座家臣。後入秦以富國強兵之道説秦孝公，被任爲左庶長。於公元前356年（一説前359年）實行變法，從政治、經濟、軍事等方面改革舊制度。旋升大良造。公元前350年將國都由雍遷至咸陽，進一步下令變法。變法十年，鄉邑大治，國勢日強。秦令商鞅率兵伐魏，逼魏割西河之地於秦。公元前340年，因功封商十五邑，號商君。秦孝公死，商鞅被貴族誣害，車裂而死。

[2]【顏注】師古曰：仟伯，田間之道也。南北曰仟，東西曰伯。伯音莫白反。【今注】開：開立、開置。青川秦牘《爲田律》證明，此開阡陌即指改 100 平方步小畝爲 240 平方步之大畝。

[3]【今注】僭差：謂僭越名分，上下失序。

[4]【顏注】師古曰：鉅，大也。大萬，謂萬萬也。累者兼數，非止一也。言其貲財積累萬萬也。【今注】庶人：金少英《漢書食貨志集釋》謂實指商賈。

[5]【顏注】師古曰：泰半，三分取其二。【今注】案，泰半亦稱太半。秦漢簡牘有眾多太半、少半記錄，前者均指三分之二，後者均指三分之一。

[6]【顏注】應劭曰：秦時以適發之，名適戍。先發吏有過及贅壻、賈人，後以嘗有市籍者發，又後以大父母、父母嘗有市籍者。戍者曹輩盡，復入閭，取其左發之，未及取右而秦亡。師古曰：閭，里門也。言居在里門之左者，一切發之。此閭左之釋，應最得之，諸家之義煩穢牴牾，故無所取也。【今注】閭左：秦代居里門之左的人，指身份卑賤之人。秦代謫發次序，先發有罪，次及身份、職業受歧視者，漸及“閭左”等無辜之人。或以閭左爲居於閭里之左，在復除之列（如本書卷四九《鼂錯傳》引孟康説、《史記》卷四八《陳涉世家》引司馬貞注）。于振波將諸説分爲“黔首”説（郭嵩燾、岑仲勉、王好立、蔣非非）、“身份較高”説（莊春波、王子今）、“地位貧賤”説（馬非百、林劍鳴、盧南喬、袁仲一、辛德勇、王育成、田人隆），以閭左爲“黔首”中以無田或少田之雇農和佃農爲主的貧民（《簡牘與秦漢社會》，湖南大學出版社 2012 年版，第 132—155 頁）。臧知非認爲閭即秦代基本居民組織，後指里門，閭左即里門之左側，所居多貧賤人員（《“閭左”新證——以秦漢基層社會結構爲中心》，《史學集刊》2012 年第 2 期）。張信通認爲，閭左爲普通民眾，與“豪右”對應。左並不指方位（《秦代的“閭左”考辨》，《貴州師範學院學報》2013

年第 11 期）。孟彥弘認爲，閻左爲“閻五”之訛，閻五即“閭
（里）士五”之簡稱，爲秦代一種法定身份。見睡虎地秦簡（《〈史
記〉“閻左”發覆》，《文史哲》2016 年第 6 期）。里耶秦簡亦證明，
秦之徭役確以先發徒隸和身份卑賤之人、後發或少發黔首爲常態。

[7]【顔注】師古曰：纕，古餉字也。

[8]【今注】以奉其政：謂供給統治者的各項要求。

[9]【顔注】師古曰：澹，古贍字也。贍，給也。其下並同
也（其下並同也，蔡琪本、大德本無“也”字，殿本作“下
同”）。

[10]【顔注】師古曰：下逃其上曰潰。

　　漢興，接秦之敝，諸侯並起，民失作業，而大飢
饉。凡米石五千，[1]人相食，死者過半。高祖乃令民得
賣子，就食蜀漢。天下既定，民亡蓋臧，[2]自天子不能
具醇駟，[3]而將相或乘牛車。[4]上於是約法省禁，輕田
租，什五而稅一，[5]量吏禄，度官用，以賦於民。[6]而
山川園池市肆租稅之入，自天子以至封君湯沐邑，[7]皆
各爲私奉養，不領於天子之經費。[8]漕轉關東粟以給中
都官，[9]歲不過數十萬石。[10]孝惠、高后之間，衣食滋
殖。文帝即位，躬修儉節，思安百姓。時民近戰國，
皆背本趨末，賈誼説上曰：[11]

　　[1]【今注】米石五千：米每石價至五千錢。案，陳直《漢書
新證》謂本書《食貨志下》有“漢興以爲秦錢重難用，更令民鑄
莢錢，米至石萬錢”，本文言米石五千，價祇半數，米價之貴，一
因年荒，二因榆莢半兩名實不符。

　　[2]【顔注】蘇林曰：無物可蓋臧（臧，蔡琪本同，大德本、

殿本作"藏")。【今注】亡蓋臧：金少英《漢書食貨志集釋》謂所以蓋臧爲有物，今無物，則無所用其蓋臧矣，故曰亡蓋臧。

[3]【顏注】師古曰：醇，不雜也。無醇色之駟，謂四馬雜色也。【今注】案，王先謙《漢書補注》謂《史記·平準書》"醇駟"作"鈞駟"。

[4]【顏注】師古曰：以牛駕車也。【今注】案，秦漢時期，馬車地位高於牛車。牛車主要用來載運物資，也是下層百姓的乘用車。大約從東漢後期開始，牛車地位上升，社會上層再不以乘坐爲恥（參見彭衛、楊振紅《中國風俗通史·秦漢卷》，上海文藝出版社 2002 年版，第 268—269 頁）。

[5]【今注】案，什五而稅一指按耕種面積的十五分之一徵收田租，旋即改爲十一之稅，張家山漢簡《算數書》中"稅田"均占十分之一、本書卷二《惠紀》"復十五稅一"，可證。又輕田租，晉文認爲，除了禾田租降爲十五稅一，漢初亦減輕了芻稾稅，頃芻稾不再按授田面積徵收，而改爲按實際耕種面積徵收（參見《張家山漢簡中的田制等問題》，《山東師範大學學報》2019 年第 4 期）。

[6]【顏注】師古曰：纔取足。

[7]【今注】湯沐邑：古封邑名稱。本指周天子在王畿內賜給來朝諸侯住宿和齋戒沐浴用的封邑。漢時沿用此名，指皇帝、皇后、公主以及諸侯王列侯收取賦稅以供私人奉養的封邑。

[8]【顏注】師古曰：言各收其所賦稅以自供，不入國朝之倉廩府庫也。經，常也。

[9]【今注】案，王先謙《漢書補注》謂《史記·平準書》"關東"作"山東"。

[10]【顏注】師古曰：中都官，京師諸官府也。

[11]【今注】賈誼：傳見本書卷四八。下文爲賈誼《論積貯疏》。

　　筦子曰“倉廩實而知禮節”。[1]民不足而可治者，自古及今未之嘗聞。古之人曰：“一夫不耕，或受之飢；一女不織，或受之寒。”[2]生之有時，而用之亡度，則物力必屈。[3]古之治天下，至孅至悉，[4]故其畜積足恃。今背本而趨末，食者甚眾，[5]是天下之大殘也；[6]淫侈之俗，日日以長，是天下之大賊也。殘賊公行，莫之或止；大命將泛，[7]莫之振救。[8]生之者甚少而靡之者甚多，[9]天下財產何得不蹷！[10]漢之爲漢幾四十年矣，[11]公私之積猶可哀痛。[12]失時不雨，民且狼顧；[13]歲惡不入，請賣爵、子。[14]既聞耳矣，[15]安有爲天下阽危者若是而上不驚者！[16]

[1]【顏注】師古曰：筦與管同。《管子》，管仲之書也。【今注】案，王先謙《漢書補注》謂《賈子》無“而”字，下又有“衣食足知榮辱”六字。

[2]【今注】案，引文見《管子·輕重甲》。

[3]【顏注】師古曰：屈，盡也。音其勿反。

[4]【顏注】師古曰：孅，細也。悉，盡其事也。孅與纖同。【今注】案，王先謙《漢書補注》謂《賈子》無“至孅”二字。

[5]【今注】案，王先謙《漢書補注》謂《賈子》作“今背本而以末食者甚眾”十字爲句。

[6]【顏注】師古曰：本，農業也。末，工商也。言人已棄農而務工商矣，其食米粟者又甚眾。殘謂傷害也（殿本“殘”後無“謂”字）。

[7]【顏注】孟康曰：泛，音方勇反。泛，覆也。師古曰：字本作氾，此通用也。【今注】大命將泛：謂國家將傾覆。案，王

先謙《漢書補注》謂《賈子》"將泛"作"泛敗"。

[8]【顏注】師古曰：振，舉也。

[9]【顏注】師古曰：靡，散也，音糜。【今注】生：生産。

[10]【顏注】應劭曰：厥，傾竭也。師古曰：厥音厥。【今注】案，金少英《漢書食貨志集釋》謂《賈子》作"天下之勢，何以不危"。

[11]【顏注】師古曰：幾，近也。音鉅衣反。【今注】案，四十年，當作"三十年"。賈誼《論積貯疏》作於文帝前二年（前178），漢興方二十九年。

[12]【顏注】師古曰：言年載已多，而無儲積。

[13]【顏注】鄭氏曰：民欲有畔意，若狼之顧望也。李奇曰：狼性怯，走喜還顧。言民見天不雨，今亦恐也。師古曰：李説是也。【今注】案，金少英《漢書食貨志集釋》謂《賈子》作"故失時不雨，民且狼顧矣"。

[14]【顏注】如淳曰：賣爵級又賣子也。【今注】賣爵子：謂朝廷賣爵，百姓賣子女。　案，王先謙《漢書補注》謂《賈子》作"請賣爵鬻子"。

[15]【顏注】如淳曰：聞於天子之耳。【今注】案，王先謙《漢書補注》謂《賈子》"既"下有"或"字。金少英《漢書食貨志集釋》謂《賈子·無蓄篇》文如王注，《憂民篇》作"天時不收，請賣宅鬻子"。

[16]【顏注】師古曰：阽危（殿本"危"後有"者"字），欲墜之意也。音閻，又音丁念反。【今注】案，王先謙《漢書補注》謂《賈子》"阽危"下無"者"字。

世之有飢穰，天之行也，[1]禹、湯被之矣。[2]即不幸有方二三千里之旱，國胡以相恤？[3]卒然邊境有急，數十百萬之衆，國胡以餽之？[4]兵旱相乘，[5]天下大屈，[6]有勇力者聚徒而衡擊，[7]罷夫贏老易子齩其骨。[8]政治未畢通也，[9]遠方之能疑者並舉而爭起矣，[10]迺駭而圖之，豈將有及乎？[11]

[1]【顏注】李奇曰：天之行氣，不能常執也。或曰，行，道也。師古曰：穰，豐也，音人常反。

[2]【顏注】師古曰：謂禹遭水，而湯遭旱也。

[3]【顏注】師古曰：胡，可也（可，蔡琪本、大德本、殿本作“何”）。【今注】案，金少英《漢書食貨志集釋》謂《賈子·無蓄篇》“胡”作“何”，《憂民篇》作“天下何以相救”。

[4]【顏注】師古曰：卒讀曰猝。餽亦饋字也。【今注】案，金少英《漢書食貨志集釋》謂《賈子·無蓄篇》“衆”作“聚衆”，“胡”作“何”。《憂民篇》作“卒然邊境有數十萬衆聚，天下將何以餽之矣”。

[5]【今注】案，賈誼《新書·憂民》“乘”作“承”。

[6]【顏注】師古曰：屈，音其勿反。

[7]【顏注】師古曰：衡，橫也。【今注】案，王先謙《漢書補注》謂《賈子》“衡”作“橫”。

[8]【顏注】師古曰：罷讀曰疲。齩，齧也，音五巧反。【今注】易子齩其骨：謂易子而食。王先謙《漢書補注》謂《賈子》“子”下有“孫”字。案，蔡琪本、大德本、殿本“子”下有“而”字。

[9]【今注】政治未畢通：金少英《漢書食貨志集釋》李慶善認爲，此指文帝時諸侯王尾大不掉，皇權尚未鞏固。

[10]【顏注】師古曰：疑讀曰擬。擬，僭也，謂與天子相比擬。【今注】案，王先謙《漢書補注》謂《賈子》無“能”字，文義自明。此“能”字誤衍。

［11］【顏注】師古曰：圖謂謀也。【今注】案，王先謙《漢書補注》謂《賈子》作"爲人上者乃試而圖之"。此用《無蓄篇》校《憂民篇》，語亦有同者。

　　夫積貯者，天下之大命也。苟粟多而財有餘，何爲而不成？[1]以攻則取，以守則固，以戰則勝。懷敵附遠，何招而不至？[2]今歐民而歸之農，皆著於本，[3]使天下各食其力，[4]末技游食之民轉而緣南畮，[5]則畜積足而人樂其所矣。可以爲富安天下，而直爲此廪廪也，[6]竊爲陛下惜之！

　　［1］【今注】案，王先謙《漢書補注》謂《賈子》作"何嚮而不濟"。

　　［2］【顏注】師古曰：懷，來也，安也。【今注】案，王先謙《漢書補注》謂《賈子》"懷敵"作"懷柔"。

　　［3］【顏注】師古曰：歐亦驅字。著音直略反。

　　［4］【今注】案，金少英《漢書食貨志集釋》謂《賈子·瑰瑋篇》作"則天下各食於力"。

　　［5］【顏注】師古曰：言皆趨農作也。【今注】末技：猶末業，謂工商業。　游食：棄農而四處謀食之人。　緣：依循。《廣雅·釋詁》："緣，循也。"　南畮：此泛指田畝。

　　［6］【顏注】李奇曰：廪廪，危也。師古曰：言務耕農，厚畜積，則天下富安，何乃不爲，而常不足廪廪若此。

　　於是上感誼言，始開耤田，[1]躬耕以勸百姓。鼂錯復說上曰：[2]

[1]【今注】耤田：古代天子、諸侯徵用民力耕种之田。東漢蔡邕《獨斷》：“王者耕耤田之別名：天子三推，三公五推，卿諸侯九推。”金少英《漢書食貨志集釋》李慶善謂本書卷四《文帝紀》載二年“春正月丁亥，詔曰：夫農，天下之本也，其開藉田，朕親率耕，以給宗廟粢盛”，此即志文所云“始開耤田”。十二年三月“詔曰：朕親率天下農，十年于今”，可證。案，耤，蔡琪本、大德本、殿本作“籍”。

[2]【今注】鼂錯：傳見本書卷四九。案，王先謙《漢書補注》謂本書《鼂錯傳》“錯言守邊備塞，勸農力本，當世急務二事”，傳止載守邊備塞一事，而以勸農力本之奏分載於此。

聖王在上而民不凍飢者，非能耕而食之，織而衣之也，[1]爲開其資財之道也。故堯、禹有九年之水，湯有七年之旱，而國亡捐瘠者，[2]以畜積多而備先具也。今海內爲一，土地人民之衆不避湯、禹，[3]加以亡天災數年之水旱，而畜積未及者，何也？地有遺利，民有餘力，生穀之土未盡墾，山澤之利未盡出也，游食之民未盡歸農也。民貧，則姦邪生。貧生於不足，不足生於不農，不農則不地著，[4]不地著則離鄉輕家，民如鳥獸，雖有高城深池，[5]嚴法重刑，猶不能禁也。

[1]【顏注】師古曰：食讀曰飤。衣音於既反。

[2]【顏注】孟康曰：肉腐爲瘠。捐，骨不埋者。或曰，捐謂民有飢相棄捐者。或謂貧乞者爲捐。蘇林曰：瘠音漬。師古曰：瘠，瘦病也。言無相棄捐而瘦病者耳。不當音漬也。貧乞之釋，尤疏僻焉。【今注】捐瘠：顧炎武《日知錄》卷二七謂“瘠”古

"殨"字，謂死而不葬者。楊樹達《漢書窺管》謂"捐瘠"即"棄捐不埋之骸骨"，吳恂《漢書注商》亦謂"捐瘠"即棄尸。

[3]【今注】不避：不少於。

[4]【今注】地著：附着於土地。

[5]【今注】池：謂護城河。

　　夫寒之於衣，不待輕暖；[1]飢之於食，不待甘旨；[2]飢寒至身，不顧廉恥。人情，一日不再食則飢，[3]終歲不製衣則寒。夫腹飢不得食，膚寒不得衣，雖慈父不能保其子，[4]君安能以有其民哉！明主知其然也，故務民於農桑，[5]薄賦斂，廣畜積，以實倉廩，備水旱，故民可得而有也。

[1]【顏注】師古曰：苟禦風霜，不求靡麗也。暖音乃短反（暖，蔡琪本、大德本、殿本作"煖"）。【今注】輕暖：又輕又暖的衣服。案，暖，蔡琪本、大德本、殿本作"煖"。

[2]【顏注】師古曰：旨，美也。【今注】甘旨：美食。

[3]【今注】再食：謂吃兩次飯。

[4]【今注】案，父，蔡琪本、大德本、殿本作"母"。

[5]【今注】務：勸勉。

　　民者，在上所以牧之，[1]趨利如水走下，四方亡擇也。[2]夫珠玉金銀，飢不可食，寒不可衣，然而眾貴之者，以上用之故也。其爲物輕微易臧，在於把握，可以周海内而亡飢寒之患。[3]此令臣輕背其主，而民易去其鄉，盜賊有所勸，[4]亡逃者得輕資也。[5]粟米布帛生於地，長於時，聚於力，[6]

非可一日成也；數石之重，中人弗勝，[7]不爲姦邪所利，一日弗得而飢寒至。是故明君貴五穀而賤金玉。

[1]【今注】牧：牧養，引申爲治理、統治。

[2]【顏注】師古曰：走音奏。

[3]【顏注】師古曰：周謂周徧而游行。

[4]【今注】勸：鼓動。

[5]【今注】輕資：王先謙《漢書補注》謂輕資即輕齎。許慎《説文解字》：“齎，持遺也。”本書卷五五《霍去病傳》“約輕齎”。古“資”“齎”字通。

[6]【今注】案，王念孫《讀書雜志·漢書第四》認爲，粟米布帛之生長與聚，皆由人力，不當專以“聚”言之。“力”當爲“市”，市者，粟米布帛之所聚，故曰“聚於市”。言始而生於地，繼而長於時，終而聚於市。其爲時甚久，故曰“非可一日成”。“力”字本作“力”，與“市”相似而誤。《太平御覽·百穀部一》引此，已誤作“力”。《漢紀·孝文紀》正作“市”。

[7]【顏注】師古曰：中人者，處彊弱之中也（彊，蔡琪本、大德本同，殿本作“强”）。

今農夫五口之家，其服役者不下二人，[1]其能耕者不過百畮，百畮之收不過百石。[2]春耕夏耘，秋穫冬臧，[3]伐薪樵，治官府，[4]給繇役；春不得避風塵，夏不得避暑熱，秋不得避陰雨，冬不得避寒凍，四時之閒亡日休息；又私自送往迎來，弔死問疾，養孤長幼在其中。[5]勤苦如此，尚復被水旱之災，急政暴賦，[6]賦斂不時，朝令而暮改當具。[7]有者半賈而賣，[8]亡者取倍稱之息，[9]於是有賣田宅鬻子孫以償責者矣。而商賈大者積貯倍息，小者坐列販賣，[10]操其奇贏，日游都市，[11]乘上之急，所賣必倍。[12]故其男不耕耘，女不蠶織，衣必文采，食必粱肉；[13]亡農夫之苦，有仟伯之得。[14]因其富厚，交通王侯，力過吏執，以利相傾；千里游敖，[15]冠蓋相望，乘堅策肥，履絲曳縞。[16]此商人所以兼并農人，農人所以流亡者也。

[1]【顏注】師古曰：服，事也，給公事之役也。

[2]【今注】案，"百畮之收不過百石"乃漢代低產論者的主要論據，持中產與高產論者則予以否定，認爲當如荀悦《漢紀》所録，"百畮之收不過三百石"。（參見吳朝陽、晉文《秦畮產新考——兼析傳世文獻中的相關畮產記載》，《中國經濟史研究》2013年第4期）。

[3]【今注】案，臧，蔡琪本、大德本同，殿本作"藏"。

[4]【今注】治官府：替官府修理房屋。

[5]【今注】長幼：撫養幼兒。

[6]【今注】暴賦：王念孫《讀書雜志·漢書第四》認爲"政"讀爲"徵"。"徵""賦""斂"其義同。言急其徵、暴其賦而斂之，又不以時。下文"賣田宅鬻子孫"，皆承急徵暴賦言。案，賦，蔡琪本、大德本、殿本作"虐"。

[7]【今注】案，王念孫《讀書雜志·漢書第四》謂"改"本作"得"。言急徵暴賦，朝出令而暮已得，非謂其朝令而暮改。今作"改"者，後人不曉文義而妄易之耳。《通典》已誤作"改"。《漢紀》正作"朝令暮得"。　具：謂收齊租税。

　　[8]【顏注】師古曰：本直千錢者，止得五百也。賈讀曰價。

　　[9]【顏注】如淳曰：取一償二爲倍稱。師古曰：稱，舉也，今俗所謂舉錢者也。

　　[10]【顏注】師古曰：行賣曰商，坐販曰賈。列者，若今市中賣物行也。賈音古。

　　[11]【顏注】師古曰：奇贏，謂有餘財而畜聚奇異之物也。一説，奇謂殘餘物也，音居宜反。

　　[12]【顏注】師古曰：上所急求，則其價倍貴。

　　[13]【顏注】師古曰：粱，好粟也，即今之粱米。

　　[14]【顏注】師古曰：仟謂千錢，伯謂百錢也。伯音莫白反。今俗猶謂百錢爲一伯。【今注】案，吳仁傑《兩漢刊誤補遺》卷四認爲，“仟伯”亦田畝之仟佰。蓋百畝之收不過百石，千畝之收不過千石，而商賈操奇贏取倍息，其所入豈止百石、千石之得哉！周壽昌《漢書注校補》謂吳説是，言商賈無農夫之苦，有農夫之利，即下所云“商人兼并農人”。

　　[15]【今注】游敖：游逛。

　　[16]【顏注】師古曰：堅謂好車也。縞，皓素也，繒之精白者也。【今注】案，金少英《漢書食貨志集釋》謂乘堅車，策肥馬，履絲履，曳縞裳，言商人之奢泰。

　　　今法律賤商人，[1]商人已富貴矣；尊農夫，農夫已貧賤矣。故俗之所貴，主之所賤也；吏之所卑，法之所尊也。上下相反，好惡乖迕，[2]而欲國富法立，不可得也。方今之務，莫若使民務農而已矣。欲民務農，在於貴粟；[3]貴粟之道，在於使民以粟爲賞罰。今募天下入粟縣官，[4]得以拜爵，得以除罪。如此，富人有爵，農民有錢，粟有所渫。[5]夫能入粟以受爵，皆有餘者也；取於有餘，以供上用，則貧民之賦可損，[6]所謂損有餘補不足，令出而民利者也。順於民心，所補者三：一曰主用足，二曰民賦少，三曰勸農功。今令：民有車騎馬一匹者，復卒三人。[7]車騎者，天下武備也，故爲復卒。[8]神農之教曰：“有石城十仞，[9]湯池百步，[10]帶甲百萬，而亡粟，弗能守也。”以是觀之，粟者，王者大用，政之本務。令民入粟受爵至五大夫以上，廼復一人耳，[11]此其與騎馬之功相去遠矣。爵者，上之所擅，出於口而亡窮；[12]粟者，民之所種，生於地而不乏。夫得高爵與免罪，人之所甚欲也。使天下人入粟於邊，以受爵免罪，不過三歲，塞下之粟必多矣。

[1]【今注】今法律賤商人：陳直《漢書新證》謂本書卷一《高帝紀》八年云：“賈人毋得衣錦繡綺縠絺紵罽，操兵乘騎馬。”漢初賤商，法令極嚴，但在人民思想方面，仍然重視商賈，漢鏡銘有“賈人大富長子孫。”靈帝熹平二年（173）鏡，有《宜古市》銘文。又漢印有“富貴成，泉金盈，賈市利，日將贏”及“巨八千萬”各印，皆爲兩漢人民重商之表示。晉文認爲，漢初不再像秦代那樣強調抑商，而是對商賈實行一種在政治上貶低、經濟上放縱的政策（參見《從商鞅變法到西漢前期抑商政策的轉變》，《光明日報》1985年2月13日“史學”版）。

[2]【顏注】師古曰：迕，違也。好音呼到反。惡音烏故反。迕音五故反。

[3]【今注】貴粟：重視糧食。

[4]【今注】縣官：或專指皇帝、天子，或泛指政府（參見楊

振紅《"縣官"之由來與戰國秦漢時期的"天下"觀》,《中國史研究》2019 年第 1 期)。

[5]【顏注】師古曰:渫,散也,音先列反。此下亦同也(此下亦同也,大德本同,蔡琪本無"也"字,殿本作"下同")。

[6]【顏注】師古曰:損,減也。

[7]【顏注】如淳曰:復三卒之算錢也(算,蔡琪本同,大德本作"如")。或曰,除三夫不作甲卒也。師古曰:當爲卒者,免其三人;不爲卒者,復其錢耳。復音方目反。【今注】今令:金少英《漢書食貨志集釋》認爲即當今律令,非假設之詞。　車騎馬:謂戰馬。

[8]【顏注】師古曰:爲,音于僞反。

[9]【顏注】應劭曰:仞,五尺六寸也。師古曰:此説非也。八尺曰仞,取人申臂之一尋也。

[10]【顏注】師古曰:池,城邊池也(殿本"邊"後無"池"字)。以沸湯爲池,不可輒近,喻嚴固之甚。

[11]【顏注】師古曰:五大夫,第九等爵也。復音方目反。

[12]【顏注】師古曰:擅,專也。

於是文帝從錯之言,令民入粟邊,六百石爵上造,[1]稍增至四千石爲五大夫,[2]萬二千石爲大庶長,[3]各以多少級數爲差。錯復奏言:"陛下幸使天下入粟塞下拜爵,[4]甚大惠也。[5]竊恐塞卒之食不足用大渫天下粟。邊食足以支五歲,可令入粟郡縣矣;[6]足支一歲以上,可時赦,[7]勿收農民租。如此,德澤加於萬民,民俞勤農。[8]時有軍役,若遭水旱,民不困乏,天下安寧;歲孰且美,則民大富樂矣。"上復從其言,迺下詔賜民十二年租稅之半。[9]明年，遂除民田之租稅。

[1]【顏注】師古曰：上造，第二等爵也。

[2]【顏注】師古曰：五大夫，第九等爵。

[3]【顏注】師古曰：大庶長，第十八等爵也。【今注】案，王先謙《漢書補注》引《史記·平準書》"於是募民能輸及轉粟於邊者拜爵，爵得至大庶長"，指出輸者、轉者皆得拜。金少英《漢書食貨志集釋》分析，照上述三種爵位入粟之數推算，上造以上每級約爲五百石，五大夫以上每級約爲八百石。

[4]【今注】案，蔡琪本、大德本、殿本"拜爵"前有"以"字。

[5]【今注】案，王先謙《漢書補注》引本書卷四九《鼌錯傳》："錯復言：'陛下幸募民相徙以實塞下，使屯戍之事益省，輸將之費益寡，甚大惠也。'"認爲"使天下入粟塞下拜爵"句，元文當在"募民相徙以實塞下"句，下"屯戍之事益省"，指募民徙塞下言，"輸將之費益寡"，指入粟塞下以拜爵言。此下奏文，皆與《傳》中所奏爲一篇，而班氏分載入《志》者。

[6]【顏注】師古曰：入諸郡縣，以備凶災也。【今注】案，李慈銘《越縵堂讀史札記·漢書二》認爲此言塞卒之食不足大散天下之粟。金少英《漢書食貨志集釋》贊同李說，謂入粟塞下，其數有限，能使粟有所漤，而不能以大漤天下之粟，故使人入粟郡縣。

[7]【今注】時赦：金少英《漢書食貨志集釋》稱時赦謂應時而赦，非時時赦也。

[8]【顏注】師古曰：俞，進也，音踰，又音愈也（蔡琪本、大德本、殿本"愈"後無"也"字）。

[9]【今注】十二年：漢文帝前元十二年（前168），一說乃此後十二年。（參見錢劍夫《秦漢賦役制度考略》，湖北人民出版社1984年版；黃今言《秦漢賦役制度研究》，江西教育出版社1988

年版；李恒全《戰國秦漢經濟問題考論》，江蘇人民出版社 2012 年版；臧知非《秦漢土地賦役制度研究》，中央編譯出版社 2017 年版等）

後十三歲，孝景二年，令民半出田租，三十而税一也。[1]其後，上郡以西旱，[2]復修賣爵令，而裁其賈以招民；[3]及徒復作，得輸粟於縣官以除罪。[4]始造苑馬以廣用，[5]宮室列館車馬益增修矣。然婁救有司以農爲務，[6]民遂樂業。至武帝之初七十年閒，國家亡事，非遇水旱，則民人給家足，[7]都鄙廩庾盡滿，[8]而府庫餘財。京師之錢累百鉅萬，貫朽而不可校。[9]太倉之粟陳陳相因，[10]充溢露積於外，腐敗不可食。衆庶街巷有馬，仟伯之間成群，[11]乘牸牝者擯而不得會聚。[12]守閭閻者食粱肉；[13]爲吏者長子孫；[14]居官者以爲姓號。[15]人人自愛而重犯法，[16]先行誼而黜媿辱焉。[17]於是罔疏而民富，[18]役財驕溢，或至并兼豪黨之徒以武斷於鄉曲。[19]宗室有土，公卿大夫以下爭於奢侈，[20]室廬車服僭上亡限。[21]物盛而衰，固其變也。

[1]【今注】案，金少英《漢書食貨志集釋》稱，三十税一，殆照歷年平均產量規定税額，非按實際產量徵收。一般認爲，此即《孟子·滕文公章句上》所言"按數歲之中以爲常"的定額租制。

[2]【今注】上郡：治膚施縣（今陝西榆林市東南）。

[3]【顏注】師古曰："賈"讀曰"價"（殿本此注中無"賈讀曰價"）。裁謂減省之也。【今注】案，王先謙《漢書補注》謂《史記·平準書》"裁"作"賤"。

[4]【顏注】師古曰：復音房目反（房，殿本、大德本同，蔡琪本作“方”）。解在《宣紀》（在，蔡琪本、大德本同，殿本作“見”）。【今注】徒復作：經朝廷赦免後形成的一種介乎刑徒和編户民之間的特殊身份，可得到免刑具、囚服的待遇，但仍然要爲官府勞作。徒復作的“復”在此處作“回報”“報答”理解。徒復作有兩種來源，一是刑徒復作，一是編户民債務復作。對刑徒復作而言，皇帝施恩赦免他們，讓他們脱離刑徒序列，身份得到提升。作爲報答，他們需要感恩戴德，繼續爲官府勞作。對編户民而言，官方在處理官私債務問題時，採用勞役抵債的方式而非直接入之於罪隸，也是一種施恩的姿態。因爲統治者爲編户民保留了身份，故而他們認爲自己有資格要求欠債者進行報答。（參見崔建華《西漢“復作”的生成機制及身份歸屬探討》，《中國史研究》2016年第 2 期）

[5]【顏注】師古曰：苑馬，謂爲苑以牧馬。【今注】案，本書卷五《景紀》如淳注“苑馬”云：“《漢儀注》太僕牧師諸苑三十六所，分布北邊、西邊。以郎爲苑監，官奴婢三萬人，養馬三十萬疋。”依此注，此“苑”即“牧師苑”，養“苑馬”以供軍用。（參見陳寧《秦漢馬政研究》，中國社會科學出版社 2015 年版）

[6]【顏注】師古曰：妻，古屡字也（殿本“字”後無“也”字）。

[7]【今注】案，王先謙《漢書補注》謂《史記·平準書》“則民”作“民則”。金少英《漢書食貨志集釋》推測，非遇水旱則民人給家足，然則水旱之時仍不足。

[8]【今注】都鄙：都城及邊邑。　廩庾：有屋之倉爲廩，露積之倉爲庾。此泛指倉庫。

[9]【顏注】師古曰：累百鉅萬，謂數百萬萬也。校謂計數也。【今注】案，王先謙《漢書補注》謂《史記·平準書》作“累巨萬”，無“百”字；裴駰《集解》引韋昭云：“巨萬，今萬萬。”

貫朽：謂穿錢之繩已腐爛。

[10]【顏注】師古曰：陳謂久舊也。【今注】太倉：古代設在京城中的官倉。商周時即設，西漢高祖七年（前 200）於長安城外東南立太倉，是中央政府直接控制的糧食總倉庫，藏粟最多。主管有太倉令及丞。

[11]【顏注】師古曰：謂田中之仟伯也。

[12]【顏注】孟康曰：皆乘父馬，有牝馬間其間則踶齧，故斥出不得會同。師古曰：言時富饒，故恥乘牸牝，不必以其踶齧也。踶，蹋也，音大奚反。【今注】牸：王先謙《漢書補注》謂《史記·平準書》“牸”作“字”。《廣雅·釋言》：“字，乳也。”又《釋獸》：“牸，雌也。”本意爲雌畜，這裏指母馬。　擯：排斥。

[13]【今注】閭閻：古代里巷內外的門，後泛指平民老百姓。粱肉：主食爲小米，菜中有肉。這在當時是很好的飯食。

[14]【顏注】如淳曰：時無事，吏不數轉，至於生長子孫而不轉職也。【今注】案，陳直《史記新證》謂高惠時任職最久者，有滕公官太僕三十五年，武帝時有郭廣意官光祿大夫等，至六十一年之久。

[15]【顏注】如淳曰：《貨殖傳》倉氏、庾氏是也。【今注】案，陳直《漢書新證》謂本書卷八六《王嘉傳》云：“孝文時，吏居官者或長子孫，以官爲氏，倉氏、庫氏則倉庫吏之後也。”

[16]【顏注】師古曰：重，難也。【今注】重犯法：難於犯法，即不觸犯法律。

[17]【顏注】師古曰：以行誼爲先，以媿辱相黜也。行音下更反。【今注】先行誼：把行爲正當看作首要的事情。先，意動用法，以……爲先。　絀：貶斥。　媿辱：指恥辱的行爲，即不正當的行爲。案，王先謙《漢書補注》謂《史記·平準書》作“而後絀恥辱焉”，“絀”“黜”字同。又太史公贊云“先本絀末”，是“先”與“絀”對文，明《史記》“後”字淺人妄加。

[18]【今注】案，金少英《漢書食貨志集釋》謂《史記·平準書》作"當此之時，罔疏而民富"。於是，猶言其時。罔疏，言法文不苛細也。

[19]【顏注】師古曰：恃其饒富，則擅行威罰也。斷音丁喚反。【今注】役財驕橫：倚仗財富驕奢放縱。役，役使。　武斷：王先謙《漢書補注》引司馬貞《史記索隱》："鄉曲豪富無官位，而以威勢主斷曲直，故曰武斷也。"瀧川資言《史記會注考證》卷三〇引中井積德："武斷祇是橫恣任意撓政也，未當以曲直解。"

[20]【顏注】師古曰：有土，謂國之宗姓受封邑土地者也。

[21]【今注】僭上亡限：超過朝廷的規定而毫無限制。

　　是後，外事四夷，[1]內興功利，[2]役費並興，而民去本。董仲舒說上曰：[3]"《春秋》它穀不書，至於麥禾不成則書之，以此見聖人於五穀最重麥與禾也。今關中俗不好種麥，是歲失《春秋》之所重，而損生民之具也。願陛下幸詔大司農，使關中民益種宿麥，令毋後時。"[4]又言："古者稅民不過什一，其求易共；[5]使民不過三日，其力易足。民財內足以養老盡孝，外足以事上共稅，下足以畜妻子極愛，故民說從上。[6]至秦則不然，用商鞅之法，改帝王之制，除井田，民得賣買，[7]富者田連仟伯，貧者亡立錐之地。又顓川澤之利，管山林之饒，[8]荒淫越制，踰侈以相高；邑有人君之尊，里有公侯之富，小民安得不困？又加月為更卒，已復為正，一歲屯戍，一歲力役，三十倍於古；[9]田租口賦，[10]鹽鐵之利，[11]二十倍於古。[12]或耕豪民之田，見稅什五。[13]故貧民常衣牛馬之衣，而食犬彘之食。

重以貪暴之吏，刑戮妄加，[14]民愁亡聊，[15]亡逃山林，轉爲盜賊，赭衣半道，斷獄歲以千萬數。漢興，循而未改。[16]古井田法雖難卒行，宜少近古，[17]限民名田，以澹不足，[18]塞并兼之路。鹽鐵皆歸於民。去奴婢，除專殺之威。[19]薄賦斂，省繇役，以寬民力。然後可善治也。"仲舒死後，功費愈甚，天下虛耗，人復相食。[20]

[1]【今注】外事四夷：指征討匈奴、西南夷、閩越、南越、朝鮮等。

[2]【今注】內興功利：指鹽鐵官營、榷酤、算緡、告緡等。

[3]【今注】董仲舒：傳見本書卷六五。

[4]【顏注】師古曰：宿麥，謂其苗經冬。

[5]【顏注】師古曰："共"讀曰"供"。次下亦同也（蔡琪本、大德本、殿本"同"後無"也"字）。

[6]【顏注】師古曰："說"讀曰"悅"也（讀，大德本、殿本同，蔡琪本作"說"；蔡琪本、殿本"悅"後無"也"字）。

[7]【今注】案，關於土地買賣即私有問題，學界亦有很大爭議。自睡虎地秦簡公布以後，以劉澤華、張金光和袁林等爲代表的主流看法認爲，《田律》所載授田的性質應爲土地國有，不得買賣。但始終都存在異議，有以唐贊功、張傳璽等主張的土地私有制說，有熊鐵基、朱紹侯等主張的土地爲農民永久或長期占有說，有林甘泉等主張的土地國有向土地私有的轉化說，等等。（參見晉文《睡虎地秦簡與授田制研究的若干問題》，《歷史研究》2018年第1期）

[8]【顏注】師古曰：顓與專同。管，主也。【今注】案，金少英《漢書食貨志集釋》謂"顓川澤之利"指魚鹽之類，"管山林之饒"指銅鐵與材木之類。

[9]【顔注】師古曰：更卒，謂給郡縣一月而更者也。正卒，謂給中都官者也。率計今人一歲之中，屯戍及力役之事三十倍多於古也。更音工衡反。【今注】案，關於秦漢徭役制度歷來聚訟紛紜，此句“月爲更卒”後亦有“爲正一歲，屯戍一歲，力役三十倍於古”的斷句。參見張金光《秦制研究》（上海古籍出版社 2004 年版）、王彦輝《秦漢户籍管理與賦役制度研究》（中華書局 2016 年版）、臧知非《秦漢土地賦役制度研究》等。

[10]【今注】口賦：泛指人頭税，是口錢、算賦的合稱。根據鳳凰山西漢簡牘等，漢起口錢專指對滿三歲至十四歲未成年人所徵人頭税，對十五歲至五十六歲成年人所徵人頭税則稱“算賦”。最初規定，口錢爲每人每年二十錢，武帝時改交二十三錢，二十錢供宮廷用費，三錢供補充車騎馬匹用。元帝時改爲從七歲起徵。參見高敏《從江陵鳳凰山 10 號漢墓出土簡牘看漢代的口錢、算賦制度》（《文史》第 20 輯）。至漢末，有自一歲起徵者。

[11]【今注】鹽鐵之利：官府專賣鹽鐵，占據其利。

[12]【顔注】如淳曰：秦賣鹽鐵貴，故下民受其困也。師古曰：既收田租，又出口賦，而官更奪鹽鐵之利。率計今人一歲之中，失其資產，二十倍多於古也。

[13]【顔注】如淳曰：十税其五。師古曰：言下户貧人，自無田而耕墾豪富貴家田（蔡琪本、大德本、殿本“富”後無“貴”字），十分之中，以五輸本田主也。【今注】案，楊樹達《漢書窺管》謂土地未改革前，長沙農人大率以其土地所出之半納之地主。觀此語，則自秦漢時已然矣。根據龍崗秦簡、嶽麓秦簡等，秦代（國）的租佃關係確已較多出現，而並非以漢況秦。參見晉文《龍崗秦簡中的“行田”“假田”等問題》（《文史》2020 年第 2 輯）。

[14]【顔注】師古曰：重，音直用反。

[15]【今注】亡聊：謂無以爲生。

[16]【今注】案，馬端臨《文獻通考》卷一五云，"史既言高祖省賦，而復言鹽鐵之賦仍秦者，蓋當時封國至多，山澤之利在諸侯王國者，皆循秦法取以自豐，非縣官經費所榷也"。非是。張家山漢簡《二年律令·金布律》便有私鹽收稅之規定，"有私鹽井煮者，稅之，縣官取一，主取五"。其稅率爲六分之一。

[17]【顏注】師古曰：卒，讀曰"猝"。近，音其靳反。

[18]【顏注】師古曰：名田，占田也。各爲立限，不使富者過制，則貧弱之家可足也。

[19]【顏注】服虔曰：不得專殺奴婢也。【今注】專殺：指擅殺奴婢。

[20]【顏注】師古曰：耗音呼到反（殿本此注位於"天下虛耗"後）。【今注】功費：指徭役、賦斂。 案，金少英《漢書食貨志集釋》説，武帝時，史書人相食凡兩次：一爲建元三年（前138）春"河水溢於平原，大飢，人相食"；一爲元鼎三年（前114）夏四月"雨雹，關東郡國十餘饑，人相食"。

武帝末年，悔征伐之事，迺封丞相爲富民侯。[1]下詔曰："方今之務，在於力農。"以趙過爲搜粟都尉。[2]過能爲代田，一晦三甽。[3]歲代處，故曰代田，[4]古法也。后稷始甽田，以二耜爲耦，[5]廣尺深尺曰甽，長終晦。[6]一晦三甽，一夫三百甽，而播種於甽中。[7]苗生葉以上，稍耨隴草，[8]因隤其土以附苗根。[9]故其《詩》曰："或芸或芋，黍稷儗儗。"[10]芸，除草也。芋，[11]附根也。言苗稍壯，每耨輒附根，比盛暑，隴盡而根深，[12]能風與旱，[13]故儗儗而盛也。其耕耘下種田器，皆有便巧。率十二夫爲田一井一屋，故晦五頃，[14]用耦犁，二牛三人，一歲之收常過縵田晦一斛以上，[15]善者倍之。[16]過使教田太常、三輔，[17]大農置工巧奴與從事，[18]爲作田器。二千石遣令長、三老、力田及里父老善田者受田器，[19]學耕種養苗狀。[20]民或苦少牛，亡以趨澤，[21]故平都令光教過以人輓犂。[22]過奏光以爲丞，教民相與庸輓犂。[23]率多人者田日三十晦，少者十三晦，以故田多墾闢。過試以離宮卒田其宮壖地，[24]課得穀皆多其旁田晦一斛以上。[25]令命家田三輔公田，[26]又教邊郡及居延城。[27]是後邊城、河東、弘農、三輔、太常民皆便代田，[28]用力少而得穀多。

[1]【顏注】韋昭曰：沛蘄縣也。師古曰：欲百姓之殷實，故取其嘉名也。【今注】丞相：即田千秋。傳見本書卷六六。

[2]【今注】趙過：漢武帝末年任搜粟都尉。曾總結出一種適合旱地耕作的代田法，在關中地區和西北邊郡加以推廣，用力少而得穀多。又改進耕耘下種的農器，製作三腳耬。因耕牛缺乏，乃推薦平都令光爲丞，教民挽犂共耕。　搜粟都尉：官名。漢武帝時始置，隸大司農。掌農耕及屯田諸事。

[3]【顏注】師古曰：甽，壟也，音工犬反，字或作“畎”。

[4]【顏注】師古曰：代，易也。

[5]【顏注】師古曰：併兩耜而耕。【今注】耦：同“偶”。

[6]【今注】長終晦：金少英《漢書食貨志集釋》謂此言甽廣尺深尺，長六百尺。六尺爲步，步百爲晦，六百尺爲一晦之長，故曰“長終晦”。

[7]【顏注】師古曰：播，布也。種謂穀子也。【今注】案，蔡琪本、殿本“於”後有“三”字。

[8]【顏注】師古曰：耨，鉏也。【今注】案，王念孫《讀書

雜志・漢書第四》謂"苗生葉以上，稍耨隴草"當作"苗生三葉以上，稍壯，耨隴草"，言自生三葉以上，禾苗稍壯，乃耨去隴草，而隤其土以附苗根。苗生三葉以上，故曰稍壯。脫"三"字，則"以上"二字義不可通。張文虎《舒藝室隨筆》卷五亦稱"三"字宜有，"壯"字則疑因下文"稍壯"而衍。

[9]【顏注】師古曰：隤謂下之也，音積。

[10]【顏注】師古曰：《小雅・甫田》之詩。儵儵，盛貌。芸音云。芓音子（子，蔡琪本、大德本同，殿本作"芋"）。儵音擬。

[11]【今注】芓，蔡琪本、大德本同，殿本作"芋"。

[12]【顏注】師古曰：比音必寐反（殿本此注位於"比盛暑"後）。【今注】案，王念孫《漢書雜志・漢書四》謂"隴盡而根深"當作"隴盡平而根深"。言每耨輒隤隴土以附苗根，及盛暑之時，則隴與甽平，而苗根深固。脫"平"字，則文義不明。

[13]【顏注】師古曰：能讀曰耐也（殿本"耐"後無"也"字）。

[14]【顏注】鄧展曰：九夫爲井，三夫爲屋。夫百畮，於古爲十二頃。古百步爲畮，漢時二百四十步爲畮，古千二百畮，則得今五頃（案，此亦說明當時大、小畮制並行，以大畮爲主）。

[15]【顏注】師古曰：縵田，謂不爲甽者也。縵，音莫幹反。

[16]【顏注】師古曰：善爲甽者，又過縵田二斛以上也。

[17]【顏注】蘇林曰：太常主諸陵，有民，故亦謂田種（謂，蔡琪本、大德本、殿本作"課"，且句末有"也"字）。【今注】太常：漢初名奉常，景帝時改名太常，掌宗廟禮儀。位列九卿之首，秩中二千石。　三輔：長安及周邊的三個郡級區劃，即京兆尹、左馮翊、右扶風。在十三州之外，由司隸校尉部負責監察。

[18]【今注】大農：漢景帝改治粟內史爲大農，後更名大司農。掌管全國租賦收入和國家財政開支。秩中二千石，位列九卿。

[19]【今注】二千石：官秩等級。因所得俸禄以米穀爲準，故以"石"名之。漢時二千石包括中央政府機構的太子太傅、太子少傅、將作大匠、詹事、水衡都尉、内史等列卿，及州牧郡守、諸侯王國相一級官員。　令長：縣令、縣長的合稱。本書《百官公卿表上》："縣令、長，皆秦官，掌治其縣。萬户以上爲令，秩千石至六百石。減萬户爲長，秩五百石至三百石。"　三老：先秦以來掌教化之鄉官，西漢時又增縣三老。掌管教化，幫助地方官推行政令。　力田：鄉官名。掌教民務農。

[20]【顔注】蘇林曰：爲法意狀也。

[21]【顔注】師古曰：趨讀曰趣。趣，及也。澤，雨之潤澤也。

[22]【顔注】師古曰：輓，引也，音晚。【今注】平都：縣名。治所在今陝西子長縣西南。

[23]【顔注】師古曰：庸，功也，言换功共作也。義亦與庸賃同。

[24]【顔注】師古曰：離宮，別處之宮，非天子所常居也。壖，餘也。宮壖地，謂外垣之内，内垣之外也。諸緣河壖地，廟垣壖地，其義皆同。守離宮卒，閑而無事，因令於壖地爲田也。壖音而緣反。

[25]【今注】案，顧炎武《日知録》卷二七謂壖地乃久不耕之地，地力有餘，其收必多，所以作代田之法。

[26]【顔注】李奇曰：令，使也。命者，教也。令離宮卒教其家田公田也。韋昭曰：命謂爵命者。命家，謂受爵命一爵爲公士以上，令得田公田，優之也。師古曰：令，音力成反。

[27]【顔注】韋昭曰：居延，張掖縣也。時有田卒也（田，蔡琪本、大德本、殿本作"甲"）。【今注】居延城：亦稱居延塞。在今甘肅金塔縣北邊、内蒙古額濟納旗。

[28]【今注】河東：郡名。治安邑縣（今山西夏縣西北）。

弘農：郡名。治弘農縣（今河南靈寶市東北）。

　　至昭帝時，流民稍還，田野益闢，頗有畜積。宣帝即位，用吏多選賢良，百姓安土，歲數豐穰，[1]穀至石五錢，[2]農人少利。時大司農中丞耿壽昌以善爲算能商功利，[3]得幸於上，五鳳中奏言：[4]“故事，[5]歲漕關東穀四百萬斛以給京師，[6]用卒六萬人。宜糴三輔、弘農、河東、上黨、太原郡穀足供京師，[7]可以省關東漕卒過半。”又白增海租三倍，[8]天子皆從其計。御史大夫蕭望之奏言：[9]“故御史屬徐宮[10]家在東萊，[11]言往年加海租，魚不出。長老皆言武帝時縣官嘗自漁，海魚不出，後復予民，魚迺出。夫陰陽之感，物類相應，萬事盡然。今壽昌欲近糴漕關內之穀，築倉治舩，[12]費直二萬萬餘，[13]有動衆之功，恐生旱氣，民被其災。[14]壽昌習於商功分銖之事，其深計遠慮，誠未足任，宜且如故。”上不聽。漕事果便，壽昌遂白令邊郡皆築倉，以穀賤時增其賈而糴，以利農，穀貴時減賈而糶，[15]名曰常平倉。[16]民便之。上迺下詔，賜壽昌爵關內侯。[17]而蔡癸以好農使勸郡國，[18]至大官。[19]

　　[1]【顏注】師古曰：數音所角反。穰音人常反。

　　[2]【今注】案，金少英《漢書食貨志集釋》謂穀石五錢爲中國歷史上最賤之穀價。

　　[3]【顏注】師古曰：商，度也。【今注】大司農中丞：西漢武帝置，大司農屬官。職掌財用度支、均輸漕運諸事。

［4］【今注】五鳳：漢宣帝年號（前57—前54）。

［5］【今注】故事：指政事先例。

［6］【顏注】師古曰：漕，水運。

［7］【今注】上黨：郡名。治長子縣（今山西長子縣西南）。太原：郡名。治晉陽縣（今山西太原市西南）。

［8］【今注】海租：周壽昌《漢書注校補》指出，“漢有海丞官，主海稅，屬少府，故有海租。此特增三倍耳。王莽初設六筦之令，諸采取名山澤衆物者稅之，由海租推廣也”。

［9］【今注】御史大夫：職官名。秦始置，西漢沿置，與丞相、太尉並稱“三公”。佐丞相理國政，兼司監察。秩中二千石。蕭望之：傳見本書卷七八。

［10］【顏注】李奇曰：御史大夫屬。

［11］【今注】東萊：郡名。治掖縣（今山東掖縣）。

［12］【今注】案，舩，大德本同，蔡琪本、殿本作“船”。

［13］【顏注】服虔曰（服虔，蔡琪本、殿本作“師古”）：萬萬，億也。

［14］【今注】案，金少英《漢書食貨志集釋》稱蕭望之所謂動衆生旱氣，實爲天人相應之説。動衆爲陽，旱亦陽，此以陽起陽。天旱則成災，穀將不登，故曰民被其災。

［15］【今注】案，王念孫《讀書雜志·漢書第四》認爲“減”後脱“其”字，而“糶”下有“以利民”三字。上文載李悝説云“糶甚貴傷民，甚賤傷農”，故壽昌請以穀賤時增賈而糴以利農，穀貴時減賈而糶以利民。今脱去“以利民”三字，則語意不完。

［16］【顏注】師古曰：賈並讀曰價。

［17］【今注】關內侯：爵名。秦漢二十等爵位中第十九等，僅低於徹侯（列侯）。見本書《百官公卿表》。

［18］【今注】蔡癸：邯鄲人，官弘農太守，見本書《藝文志》。

[19]【顏注】師古曰：爲使而勸郡國也。使，音山吏反。

元帝即位，天下大水，關東郡十一尤甚。二年，[1]齊地飢，穀石三百餘，民多餓死，琅邪郡人相食。[2]在位諸儒多言鹽鐵官及北假田官、常平倉可罷，[3]毋與民爭利。上從其議，皆罷之。又罷建章、甘泉宮衛，角抵，齊三服官，[4]省禁苑以予貧民，減諸侯王廟衛卒半。[5]又減關中卒五百人，轉穀振貸窮乏。其後用度不足，獨復鹽鐵官。

[1]【今注】二年：指漢元帝初元二年（前47）。

[2]【今注】瑯邪郡：秦置，漢治東武縣（今山東諸城市）。

[3]【顏注】孟康曰：北假，地名也。【今注】鹽鐵官：漢武帝時，任命齊地的煮鹽大商人東郭咸陽、南陽的冶鐵大商人孔僅爲大農丞。武帝元狩六年（前117），用二人之議，行鹽鐵專營之策。在鹽、鐵産地設鹽鐵官，管理鹽鐵專營之事。後由桑弘羊掌管。各地鹽鐵官見本書《地理志》。 北假：古地區名。指今内蒙古河套以北、陰山以南夾山帶河地區。

[4]【今注】角抵：類似於摔跤的體育活動（參見林友標、王頤《漢代角抵考》，《體育文化導刊》2008年第5期）。 齊三服官：本書卷九《元紀》李斐注曰：“齊國舊有三服之官。春獻冠幘縰爲首服，紈素爲冬服，輕綃爲夏服，凡三。”吳仁傑《兩漢刊誤補遺》卷二曰：“《地理志》齊郡臨淄縣有服官。所謂三服官者，蓋言其有官舍三所，非謂其爲首服、冬服、夏服而名官也。”

[5]【今注】案，楊樹達《漢書窺管》謂諸事皆从貢禹之請爲之，見本書卷七二《貢禹傳》。

　　成帝時，天下亡兵革之事，號爲安樂，然俗奢侈，不以畜聚爲意。永始二年，[1]梁國、平原郡比年傷水災，[2]人相食，刺史守相坐免。[3]

　　[1]【今注】永始：漢成帝年號（前16—前13）。

　　[2]【顏注】師古曰：比，頻也（殿本此注位於“人相食”後）。【今注】梁國：都睢陽（今河南商丘市睢陽區）。　平原郡：治平原（今山東平原縣西南）。

　　[3]【今注】刺史：官名。又稱刺使、部刺史。“刺”是檢核問事，司監察之職。“史”爲“御史”之意。武帝各部始置刺史一人，秩六百石，位低權重。

　　哀帝即位，師丹輔政，[1]建言：“古之聖王莫不設井田，然後治迺可平。[2]孝文皇帝承亡周亂秦兵革之後，天下空虛，故務勸農桑，帥以節儉。民始充實，未有并兼之害，故不爲民田及奴婢爲限。[3]今累世承平，豪富吏民訾數鉅萬，而貧弱俞困。蓋君子爲政，貴因循而重改作，[4]然所以有改者，將以救急也。亦未可詳，宜略爲限。”[5]天子下其議。丞相孔光、大司空何武奏請：[6]“諸侯王、列侯皆得名田國中。[7]列侯在長安，公主名田縣道，及關內侯、吏民名田皆毋過三十頃。諸侯王奴婢二百人，列侯、公主百人，關內侯、吏民三十人。期盡三年，犯者沒入官。”時田宅奴婢賈爲減賤，丁、傅用事，董賢隆貴，皆不便也。[8]詔書且須後，[9]遂寢不行。[10]宮室苑囿府庫之臧已侈，百姓訾富雖不及文景，然天下户口最盛矣。[11]

［1］【今注】師丹：傳見本書卷八六。

［2］【顏注】師古曰：建，立也，立其議也。

［3］【顏注】師古曰：不爲作限制。上爲音于僞反。

［4］【顏注】師古曰：重，難也。

［5］【顏注】師古曰：詳謂悉盡也。

［6］【今注】孔光：傳見本書卷八一。　大司空：官名。秦置御史大夫，漢沿襲，受公卿奏事，舉劾按章，掌圖籍秘書，外督部刺史，銀印青綬，地位僅次於丞相。成帝綏和元年（前8）改御史大夫爲大司空，金印紫綬，禄比丞相。號爲三公之一，然職權漸移尚書，漸成虛位。　何武：傳見本書卷八六。

［7］【今注】名田國中：言在其封國内占田。

［8］【顏注】師古曰：丁、傅及董賢之家皆不便此事也。【今注】丁：漢哀帝母丁太后一族。哀帝即位，丁氏外戚封侯者二人，二千石以上凡七人，其中帝舅丁明爲陽安侯，先後以大司馬衞將軍、大司馬驃騎將軍輔政。　傅：漢哀帝祖母傅太皇太后一族，其外家傅氏、鄭氏封侯者六人，九卿侍中諸曹十餘人。　董賢：漢哀帝寵臣，事見本書卷九三《佞幸傳》。

［9］【顏注】師古曰：須，待也。

［10］【今注】寖：擱置。

［11］【今注】案，據本書《地理志上》，漢平帝元始二年（2），全國户一千二百二十三萬三千六十二。

　　平帝崩，王莽居攝，[1]遂篡位。王莽因漢承平之業，匈奴稱藩，百蠻賓服，舟車所通，盡爲臣妾，府庫百官之富，天下晏然。莽一朝有之，其心意未滿，[2]陋小漢家制度，以爲疏闊。[3]宣帝始賜單于印璽，與天子同，而西南夷鉤町稱王。[4]莽乃遣使易單于印，貶鉤町王爲侯。二方始怨，侵犯邊境。莽遂興，發三十萬衆，欲同時十道並出，一舉滅匈奴；慕發天下囚徒丁男甲卒轉委輸兵器，自負海江淮而至北邊，[5]使者馳傳督趣，[6]海內擾矣。又動欲慕古，不度時宜，[7]分裂州郡，改職作官，下令曰："漢氏減輕田租，三十而稅一，常有更賦，[8]罷癃咸出，[9]而豪民侵陵，分田劫假，[10]厥名三十，[11]實什稅五也。富者驕而爲邪，貧者窮而爲姦，俱陷於辜，刑用不錯。[12]今更名天下田曰王田，奴婢曰私屬，皆不得賣買。其男口不滿八，而田過一井者，分餘田與九族鄉黨。"[13]犯令，法至死，制度又不定，吏緣爲姦，天下謷謷然，陷刑者衆。[14]

[1]【今注】王莽：傳見本書卷九九。

[2]【顏注】師古曰：謂愛惜之意未厭飽也。【今注】心意未滿：楊樹達《漢書窺管》認爲，"心意未滿"謂心有所不足，下文"陋小漢家制度"，即其證。顏云愛惜之，非是。

[3]【顏注】師古曰：莽以漢家制度爲泰疏闊，而更之令陋小。

[4]【顏注】師古曰：鉤，音鉅于反。町，音大鼎反。【今注】鉤町王：名毋波，見本書卷九五《西南夷傳》。

[5]【顏注】如淳曰：負，背也（殿本此注位於"自負海"後）。

[6]【顏注】師古曰：傳，音張戀反。趣，讀曰"促"。

[7]【顏注】師古曰：度，音大各反。

[8]【今注】更賦：一种代役稅。漢景帝二年（前155）冬規定，男子二十三歲至五十六歲之間，要服兵役兩年。此外，每人每年在本郡服役一个月，因役人輪番服役，所以叫"更"，役人叫作

"更卒"。不服役的每月出錢二千，叫作"踐更"。每人每年還要戍邊三天，不服役的出錢三百，叫作"過更"。而所出之錢，謂之更賦。

[9]【顏注】晉灼曰：雖老病者，皆復出口算。師古曰：更，音工衡反。罷，讀曰"疲"。

[10]【顏注】師古曰：分田，謂貧者無田而取富人田耕種，共分其所收也。假亦謂貧人賃富人之田也。劫者，富人劫奪其稅，侵欺之也。【今注】案，"分田劫假"亦有很多爭議。參見張錫忠《"分田劫假"辨析》（《新疆大學學報》1982 年第 4 期）、王彥輝《漢代的"分田劫假"與豪民兼併》（《東北師大學報》2000 年第 5 期）。

[11]【今注】厥名三十：名爲三十稅一。荀悅《漢紀》卷八《孝文皇帝紀下》曰："古者什一而稅，以爲天下之中正也。今漢民或百一而稅，可謂鮮矣。然豪強富人占田逾侈，輸其賦太半。官收百一之稅，民收太半之賦。官家之惠優於三代，豪強之暴酷於亡秦。是上惠不通，威福分於豪強也。今不正其本，而務除租稅，適足以資富強。"

[12]【顏注】師古曰：錯，置也。

[13]【今注】一井：九百畝。　九族：泛指親屬。九族有古文說，認爲九族僅限於父宗。上自高祖、下至玄孫，即玄孫、曾孫、孫、子、身、父、祖父、曾祖父、高祖父。又有今文說：父族四、母族三、妻族二。父族四是指姑之子、姊妹之子、女兒之子、己之同族；母族三是指母之父、母之母、從母子；妻族二是指岳父、岳母。

[14]【顏注】師古曰：嗸嗸，衆口愁聲也，音敖。

後三歲，莽知民愁，下詔諸食王田及私屬皆得賣買，勿拘以法。然刑罰深刻，它政誖亂。[1]邊兵二十餘萬人仰縣官衣食，[2]用度不足，數橫賦斂，[3]民俞貧困。常苦枯旱，亡有平歲，穀賈翔貴。[4]

[1]【顏注】師古曰：誖，乖也，音布内反。

[2]【顏注】師古曰：仰音牛向反。

[3]【顏注】師古曰：數音所角反。橫音胡孟反。

[4]【顏注】晉均曰（均，蔡琪本、大德本、殿本作"灼"，當據改）：翔音常。師古曰：晉說非也。翔言如鳥之回翔，謂不離於貴也。若暴貴，稱騰踊也。【今注】平歲：謂正常年成。 翔貴：指穀價飛漲。

末年，盜賊群起，發軍擊之，將吏放縱於外。北邊及青徐地人相食，雒陽以東米石二千。[1]莽遣三公將軍開東方諸倉振貸窮乏，又分遣大夫謁者教民煑木爲酪；[2]酪不可食，重爲煩擾。[3]流民入關者數十萬人，置養澹官以稟之，[4]吏盜其稟，[5]飢死者什七八。莽恥爲政所致，迺下詔曰："予遭陽九之阨，百六之會，[6]枯旱霜蝗，飢饉荐臻，[7]蠻夷猾夏，[8]寇賊姦軌，百姓流離。予甚悼之，害氣將究矣。"[9]歲爲此言，以至於亡。

[1]【今注】青：青州。青州轄境大致在今山東北部。 徐：徐州。徐州轄境大致在今江蘇北部及山東東南部。 雒陽：縣名。治所在今河南洛陽市東北。

[2]【顏注】服虔曰：煑木實，或曰如今餌虎之屬也。如淳曰：作杏酪之屬也。師古曰：如說是也。【今注】案，周壽昌《漢書注校補》謂"木不皆有實，术亦不多有，杏酪更非饑歲所常服

也。《王莽傳》‘分教民煮草木爲酪’，多一‘草’字，是。蓋猶近世饑歲，民屑榆樹爲粥，取穀樹汁爲羹之類”。

[3]【顏注】師古曰：重，音直用反。

[4]【今注】案，王先謙《漢書補注》謂本書卷九九《王莽傳》“澹”作“瞻”。

[5]【顏注】師古曰：稟，給也。盜其稟者（殿本無“盜其稟者”），盜所給之物。稟音彼甚反。

[6]【顏注】師古曰：此曆法應有災歲之期也。事在《律曆志》。

[7]【今注】荐臻：連續到來。

[8]【今注】猾夏：擾亂中原。

[9]【顏注】師古曰：究，竟盡也。